TECNO FEUDALISMO

O que matou o capitalismo

YANIS VAROUFAKIS

Tradução
Érika Nogueira Vieira

Revisão técnica
Gabriel Ol...  ...a

CRÍTICA

Primeira edição publicada pela primeira vez em 2023 por The Bodley Head
Copyright © Yanis Varoufakis, 2023
Copyright © Editora Planeta do Brasil, 2025
Copyright da tradução © Érika Nogueira Vieira, 2025
Todos os direitos reservados.
Título original: *Technofeudalism: What Killed Capitalism*

Preparação: Cássia da Rosa e Oliveira
Revisão: Ana Maria Fiorini e Caroline Silva
Diagramação: Negrito Produção Editorial
Capa: Kris Potter
Adaptação de capa: Isabella Teixeira

Dados Internacionais de Catalogação na Publicação (CIP)
Angélica Ilacqua CRB-8/7057

Varoufakis, Yanis
 Tecnofeudalismo / Yanis Varoufakis ; tradução de Érika Nogueira Vieira. - São Paulo : Planeta do Brasil, 2025.
 240 p.

ISBN 978-85-422-3319-3
Título original: Technofeudalism: What Killed Capitalism

1. Economia 2. Capitalismo 3. Tecnologia I. Título II. Vieira, Érika Nogueira

25-0682   CDD 330

Índice para catálogo sistemático:
1. Economia

Ao escolher este livro, você está apoiando o manejo responsável das florestas do mundo

2025
Todos os direitos desta edição reservados à
Editora Planeta do Brasil Ltda.
Rua Bela Cintra, 986, 4º andar – Consolação
São Paulo-SP – CEP 01415-002
www.planetadelivros.com.br
faleconosco@editoraplaneta.com.br

*Para o meu pai, que me mostrou como tudo
o que importa está repleto de seu oposto*

SUMÁRIO

Prefácio.. 7

1. O lamento de Hesíodo............................... 11
2. As metamorfoses do capitalismo....................... 31
3. O capital-nuvem 61
4. A ascensão dos capitalistas-nuvem e a derrocada do lucro.... 91
5. O que há em uma palavra?........................... 113
6. O impacto global do tecnofeudalismo: a Nova Guerra Fria... 139
7. Fuga do tecnofeudalismo 165

Apêndice 1. A economia política do tecnofeudalismo.......... 199
Apêndice 2. A loucura dos derivativos 221

Influências, leituras e agradecimentos 225
Notas 228

PREFÁCIO

Há alguns anos, decidi escrever uma breve história do capitalismo. Para atenuar a enormidade dessa tarefa, e me obrigar a me concentrar naquilo a que o sistema se resume, decidi imaginar que estava contando a história do capitalismo para minha filha, então com doze anos. Assim, sem pedir permissão a Xenia (o que ela nunca vai me deixar esquecer!), comecei a escrever o livro no formato de uma extensa carta destinada a ela. Tomando cuidado para não usar qualquer jargão (nem sequer o termo "capitalismo"!), avancei tendo em mente que minha narrativa fazer ou não sentido para uma jovem era um teste decisivo da minha compreensão da essência do capitalismo. O resultado foi um volume fino intitulado *Conversando sobre economia com a minha filha*. O livro tinha como ponto de partida uma pergunta aparentemente simples da parte dela: por que há tanta desigualdade?

Mesmo antes de seu lançamento, em 2017, eu estava apreensivo. No meio-tempo entre concluir o manuscrito e ter o livro publicado em mãos, eu tinha a sensação de estar na década de 1840, prestes a lançar um livro sobre o feudalismo; ou, ainda pior, era como se eu esperasse um volume sobre a planificação central soviética ver a luz do dia no fim de 1989. Ou seja, tardiamente.

Nos anos que seguiram à publicação, primeiro em grego, depois em inglês, minha estranha hipótese de que o capitalismo estava chegando ao fim (e não apenas passando por uma de suas muitas metamorfoses impressionantes) ganhou força. Durante a pandemia, isso se tornou uma convicção, que virou um ímpeto de explicar meu raciocínio em livro, nem que fosse para dar a amigos e oponentes indignados com minha teoria uma chance de menosprezá-la adequadamente, depois de examiná-la a fundo.

Então, qual é a minha hipótese? A de que o capitalismo já está morto, no sentido de que suas dinâmicas já não regem nossas economias. Ele foi substituído nesse papel por algo fundamentalmente distinto, que chamo de tecnofeudalismo. No cerne da minha tese, está uma ironia que pode a princípio soar confusa, mas que espero mostrar que faz perfeito sentido: o que matou o capitalismo foi... o próprio capital. Não o capital como o conhecemos desde a aurora da era industrial, mas uma nova forma de capital, uma mutação que veio à tona nas duas últimas décadas, tão mais poderosa que sua antecessora que, como um vírus estúpido e excessivo, aniquilou seu hospedeiro. O que levou isso a acontecer? Dois desdobramentos centrais: a privatização da internet pelas Big Techs dos Estados Unidos e da China; e o modo como os governos e os bancos centrais do Ocidente reagiram à grande crise financeira de 2008.

Antes de dizer um pouco mais a respeito, devo enfatizar que este livro não trata do que a tecnologia *irá* fazer conosco. Ele não fala de como os *chatbots* de IA vão roubar nossos empregos, de robôs autônomos que irão ameaçar nossas vidas, ou do metaverso mal concebido de Mark Zuckerberg. Não, este livro trata do que *já* foi feito com o capitalismo, e, portanto, conosco, pelos dispositivos centrados em telas e conectados a nuvens que todos nós usamos, nossos enfadonhos notebooks e nossos smartphones, junto com o modo como os bancos centrais e os governos passaram a atuar depois de 2008. A mutação histórica do capital que destaco já aconteceu, mas, enredados em nossas tragédias prementes, de preocupações com dívidas e uma pandemia a guerras e à emergência climática, nós mal reparamos. Já passou da hora de prestarmos atenção!

Se de fato prestarmos atenção, não é difícil enxergar que a mutação do capital para aquilo que chamo de *capital-nuvem* demoliu os dois pilares do capitalismo: os mercados e os lucros. É claro que os mercados e os lucros continuam onipresentes – aliás, os mercados e os lucros também eram onipresentes na época do feudalismo –, eles só não estão mais apitando o jogo. O que aconteceu ao longo das duas últimas décadas é que o lucro e os mercados foram despejados do epicentro de nosso sistema econômico e social, escanteados e substituídos. Pelo quê? Os mercados, o suporte do capitalismo, foram substituídos por plataformas de comércio digital que parecem mercados, mas não são, e que são mais bem entendidas como feudos. E o lucro, o motor do capitalismo, foi substituído por seu antecessor feudal: a renda. Para ser mais específico, é uma forma de renda que se deve pagar para ter acesso a essas plataformas e às nuvens de maneira mais ampla. Eu chamo isso de *renda das nuvens*.

Como resultado, o verdadeiro poder hoje não está com os detentores do capital tradicional, como maquinário, edifícios, ferrovias e redes telefônicas, robôs industriais. Eles continuam a obter lucros a partir dos trabalhadores, do trabalho assalariado, mas já não estão no comando como antigamente. Como vamos ver, eles se tornaram vassalos em relação a uma nova classe de senhores feudais, os proprietários do capital-nuvem. Quanto ao restante de nós, retornamos à nossa antiga posição de servos, contribuindo para a riqueza e o poder de uma nova classe dominante com nosso trabalho não remunerado – além do trabalho assalariado que realizamos, quando temos a chance.

E tudo isso importa para o modo como levamos e vivenciamos nossas vidas? Com certeza importa. Como vou mostrar nos capítulos 5, 6 e 7, reconhecer que nosso mundo se tornou tecnofeudal nos ajuda a resolver grandes e pequenos enigmas: desde a elusiva revolução da energia renovável e a decisão de Elon Musk de comprar o Twitter à Nova Guerra Fria entre os Estados Unidos e a China, e a como a Guerra na Ucrânia está ameaçando o domínio do dólar; desde a derrocada do indivíduo liberal e a impossibilidade da social-democracia à falsa promessa das criptomoedas e a questão urgente de como podemos recuperar nossa autonomia, e quem sabe também nossa liberdade.

No fim de 2021, armado com essas convicções e incentivado por uma pandemia que as reforçou, a sorte havia sido lançada: eu ia sentar e escrever uma breve introdução ao tecnofeudalismo – a realidade social muito, mas muito mais horrenda que substituiu o capitalismo. Uma questão continuava em aberto: a quem destiná-la? Sem ponderar demais, decidi destiná-la à pessoa que me apresentara o capitalismo numa idade absurdamente precoce – e que, como sua neta, uma vez me fez uma pergunta aparentemente simples que estrutura quase todas as páginas deste livro. Meu pai.

Para o leitor impaciente, uma palavra de advertência: minha descrição do tecnofeudalismo só começa no Capítulo 3. E para a minha descrição fazer sentido, preciso primeiro recontar as impressionantes metamorfoses do capitalismo ao longo das décadas anteriores: esse é o Capítulo 2. O início do livro, entretanto, não é, em absoluto, sobre o tecnofeudalismo. O Capítulo 1 conta a história de como meu pai, com a ajuda de alguns fragmentos de metal e da poesia de Hesíodo, me apresentou, quando eu tinha seis anos de idade, à relação atribulada da tecnologia com a humanidade e, em última instância, à essência do capitalismo. Nele, apresento os princípios norteadores em que está baseado todo o raciocínio que se segue, e o encerro com aquela pergunta aparentemente simples que meu pai me fez em 1993. O restante do livro assume o formato de uma carta destinada a ele. É minha tentativa de responder à sua dificílima pergunta.

1
O LAMENTO DE HESÍODO

Meu pai foi o único esquerdista que conheço que não conseguia entender por que chamar Maggie Thatcher de "Dama de Ferro" era de algum modo depreciativo. E eu devo ter sido a única criança que cresceu acreditando que o ouro era o primo pobre do ferro.

Meu catecismo nas qualidades mágicas do ferro começou no inverno de 1966, que me lembro de ter sido especialmente frio. Na pressa de deixar para trás o apartamento apertado onde morávamos de aluguel enquanto nossa casa em Palaio Faliro, um subúrbio litorâneo ateniense, era reformada, meus pais se mudaram conosco de volta para a casa ainda não finalizada no meio do inverno, antes que o aquecimento central tivesse sido instalado. Felizmente, meu pai insistira que nossa nova sala de estar contasse com uma lareira de tijolos vermelhos bastante decente. Foi lá, diante daquela luz cálida, que ao longo de muitas noites de inverno ele me apresentou a seus amigos, como ele os chamava, um de cada vez.

Os amigos do meu pai

Seus amigos chegaram num saco grande e cinzento que ele trouxe para casa da "fábrica", a usina siderúrgica em Elêusis onde ele trabalharia como engenheiro químico por seis décadas. Eles eram extremamente desinteressantes. Alguns pareciam pedras amorfas, pedaços de minério, como eu mais tarde ficaria sabendo. Outros eram barras e placas de metal de formatos diversos, também desinteressantes. Se não fosse pelo modo carinhoso como ele as dispôs, uma a uma, sobre a toalha de mesa branca, bordada a mão, dobrada diante da lareira, eu nunca teria pensado que eram especiais.

O estanho foi o primeiro amigo que ele me apresentou. Depois de me dar um pedaço para segurar, sentir como era macio, ele o colocou dentro de uma tigela de ferro que, em seguida, levou ao fogo crepitante. Quando o estanho começou a derreter, o líquido metálico foi enchendo a tigela e os olhos do meu pai se iluminaram. "Tudo que é sólido derrete e se torna líquido e então, se receber calor suficiente, vira vapor. Até os metais!" Depois de se assegurar de que eu tinha compreendido a grande transição do estado sólido para o líquido, despejamos juntos o líquido em um molde, o mergulhamos na água para esfriá-lo, e então o abrimos para que eu pudesse, mais uma vez, segurar o estanho e constatar que nosso amigo tinha voltado ao normal – que ele tinha retornado ao seu estado inicial.

Na noite seguinte, o experimento foi com outro amigo: uma barra comprida feita de bronze. Dessa vez não houve uma grande transição; o ponto de fusão do bronze é pelo menos cinco vezes mais alto que o do estanho. Ainda assim, a barra começou a fulgurar num brilho vermelho-alaranjado, e meu pai me mostrou como dar a forma que eu quisesse à sua ponta ardente com a ajuda de um martelinho de aço. Quando me cansei, mergulhamos o bronze na água gelada para também fazê-lo voltar, frio e inalterado, ao seu estado original e maleável.

Na terceira noite, meu pai parecia mais animado que nunca. Ele estava prestes a me apresentar ao seu melhor amigo, o ferro. Para dar mais tensão ao momento, ele tirou sua aliança de ouro do dedo e me mostrou. "Está vendo como o ouro brilha?", disse ele. "Os humanos sempre gostaram desse metal por causa de sua aparência. Mas não se dão conta de que isto é tudo o que ele é: chamativo – não especial." Se eu quisesse, ele ficaria contente em demonstrar que quando o ouro é aquecido e mergulhado na água para voltar a esfriar, ele retoma, como o estanho e o bronze, o seu estado anterior. Feliz por eu não ter insistido em uma demonstração, ele passou à sua parte favorita.

Erguendo um pedaço de minério de ferro e fitando aquele torrão insípido como Hamlet contemplando o crânio de Yorick, meu pai declarou: "Agora, se você quer uma substância mágica de verdade, aqui está: o ferro. O Mago dos Materiais". E então passou à comprovação do que afirmara sujeitando uma barra de ferro à mesma tortura que infligira à barra de bronze na noite anterior, mas com algumas diferenças cruciais.

Antes de aquecer o ferro, eu tive a oportunidade de martelar sua ponta, para verificar que era macio e quase tão maleável quanto o bronze. Quando o colocamos na lareira, um pequeno fole nos ajudou a atiçar as chamas, até o brilho do ferro deixar escarlate a sala mal iluminada. Tiramos a barra da lareira e, com o martelinho, a modelamos em algo que, aos meus olhos de menino, parecia uma espada. Mergulhá-la na água fria fez o ferro chiar como em triunfo. "Pobre Polifemo!", observou misteriosamente meu pai.

"Esquente ela de novo", disse ele. Eu tornei a colocar a barra no fogo. "Desta vez, mergulhe ela na água *antes* de ela brilhar." Animado com o chiado do ferro, fiquei feliz por repetirmos o processo de "arrefecimento", como os metalúrgicos o chamam, três ou quatro vezes. Antes que eu tivesse a oportunidade de admirar minha nova espada, meu pai anunciou que tinha chegado a hora da verdade. "Pegue o martelo e dê uma bela de uma pancada na ponta da espada", instruiu ele.

"Mas eu não quero estragá-la", protestei.

"Vamos, faça isso, você vai ver. Não economize na força!"

Não economizei. O martelo acertou a ponta da espada e rebotou de volta. Martelei de novo e de novo. Não fazia diferença nenhuma. Minha espada saía incólume dos golpes. Endurecida.

A apresentação de uma criança ao materialismo histórico

Meu pai não conseguia se aguentar. O que eu tinha testemunhado, explicou ele, não era meramente uma grande transição – como no caso do estanho que derretera –, mas uma grande transformação. É verdade, o cobre tinha facilitado nossa libertação da Pré-história: sua capacidade de se ligar ao arsênico e ao estanho para produzir o bronze, metal mais forte, proporcionou novas tecnologias aos mesopotâmios, egípcios e aqueus, incluindo novos arados, machados e a irrigação, o que em última instância lhes permitiu produzir os grandes excedentes agrícolas que financiaram a construção de templos esplêndidos e a criação de exércitos sanguinários. Mas para a história acelerar o suficiente e ocasionar o que agora chamamos de civilização, a humanidade precisava de alguma coisa muito mais rígida do que o bronze. Precisava que seus arados, seus martelos e suas estruturas de metal tivessem a solidez da ponta da minha espada. Precisava aprender o truque que eu tinha visto em nossa sala de estar: como transformar o aço doce em aço endurecido ao "batizá-lo" na água fria.

As comunidades da Idade do Bronze que não aprenderam a batizar o ferro pereceram, ele insistiu.

As espadas de seus inimigos em armaduras de ferro cortavam seus escudos de bronze, seus arados não eram capazes de cultivar os solos menos férteis, as braçadeiras de metal que seguravam suas barragens e templos eram frágeis demais para concretizar as ambições de arquitetos visionários. Em contrapartida, comunidades que dominaram a *techne* – a arte – de transformar o ferro em aço prosperaram nas lavouras, nos campos de batalha, nas navegações, no comércio, nas artes. A magia do ferro sustentou o novo papel da tecnologia como a força motriz que levou à civilização e a seus desgostos.

Para que eu não duvidasse da pertinência cultural de nosso pequeno experimento – e da chegada da Idade do Ferro –, meu pai explicou sua referência anterior ao "pobre Polifemo", o gigante de um só olho que, de acordo com Homero, aprisionou Odisseu e seus homens em uma caverna, sem pressa para devorá-los um a um. Para libertar a si e aos demais, Odisseu esperou Polifemo cair num estupor ébrio, aqueceu uma estaca de madeira na fogueira da caverna e, com a ajuda dos companheiros, cravou-a no único olho de Polifemo. "Lembra do som do ferro chiando?", meu pai perguntou. Bem, Homero também deve ter ficado muito impressionado com ele, a julgar pelo verso na *Odisseia* que capta esse momento cruel: "Como quando o ferreiro mergulha na água fria/ grande machado ou enxó, ao querer enrijá-los,/ e alto eles sibilam: este, de novo, é o vigor do aço –/ assim chiava seu olho em torno da estaca de oliveira".[1]

Odisseu e seus contemporâneos antecederam a Idade do Ferro e não tinham como saber que o chiar do ferro anunciava um endurecimento molecular de significado histórico. Mas Homero, que viveu alguns séculos depois da Guerra de Troia, foi um filho da Idade do Ferro e, portanto, chegou à idade adulta em meio à revolução tecnológica e social que o aço tinha forjado. Para o caso de eu achar que Homero fosse um ponto fora da curva, meu pai indicou a influência duradoura da magia do ferro citando Sófocles, que quatro séculos depois descreveu uma alma como "endurecida como ferro imerso".

A Pré-história deu lugar à história, disse meu pai, quando o bronze substituiu as ferramentas e as armas de pedra. Quando o bronze se difundiu, depois de 4000 a.C., civilizações poderosas surgiram na Mesopotâmia, no Egito, na China, na Índia, em Creta, em Micenas e em outras partes. Mas, ainda assim, a história era contada em milênios. Para ser contada em séculos, nós tivemos que descobrir a magia do ferro. Uma vez iniciada a Idade do Ferro, por volta do século IX a.C., três eras diferentes e extraordinárias se sucederam rapidamente, dentro de não mais do que sete séculos no total: o período geométrico, o período clássico e a civilização helenística.

Do passo lento da Idade do Bronze, a humanidade tinha sido propelida aos acontecimentos vertiginosos da Idade do Ferro. Mas, por muito tempo, o ferro e o aço continuaram difíceis demais de produzir, caros demais. Mesmo depois da Revolução Industrial, os primeiros navios a vapor eram quase todo de madeira, com o aço oferecendo apenas os componentes essenciais (caldeira, chaminé, juntas). Entra em cena outro dos heróis do meu pai, Henry Bessemer, que inventou uma técnica para produzir grandes quantidades de aço a baixo custo, insuflando ar no ferro-gusa fundido para queimar as impurezas. Foi então, de acordo com meu pai, que a história acelerou às velocidades com as quais estamos familiarizados hoje. Articulada ao domínio do eletromagnetismo, que devemos a outro vitoriano, James Maxwell, a técnica de Bessemer nos deu a Segunda Revolução Industrial – o período de rápida inovação tecnológica a partir de 1870, que deve ser diferenciado da chegada das fábricas no início daquele mesmo século, na Primeira Revolução Industrial –, suas maravilhas firmemente entrelaçadas aos seus horrores.

Quando me recordo daquelas poucas noites de inverno de 1966, fica claro para mim que eu estava sendo apresentado ao "materialismo histórico" – o método de entender a história como um ciclo perpétuo de retroalimentação entre, de um lado, o modo como os humanos transformam a matéria e, de outro, o modo como o pensamento humano e as relações sociais são transformados em contrapartida. Felizmente, o materialismo histórico do meu pai era matizado, seu entusiasmo pela tecnologia atenuado por doses criteriosas de angústia com a capacidade infinita da humanidade de estragar as coisas, de transformar tecnologias milagrosas num inferno na terra.

O ferro, como todas as tecnologias revolucionárias, acelerou a história. Mas em que direção? Com que propósito? Com qual efeito sobre nós? Como meu pai explicou, desde o início da Idade do Ferro houve quem previsse suas consequências trágicas. Hesíodo escrevia poemas por volta da mesma época que Homero. Sua obra *Os trabalhos e os dias* teve uma influência salutar sobre meu pai, arrefecendo seu entusiasmo pelo ferro e, de modo mais geral, pela tecnologia:

> Antes não estivesse eu entre os homens da quinta raça [a Idade do Ferro],/ mais cedo tivesse morrido ou nascido depois./ Pois agora é a raça de ferro e nunca durante o dia/ cessarão de labutar e penar e nem à noite de se/ destruir [...] Entretanto a esses males bens estarão misturados [...] graça alguma haverá a quem jura bem, nem ao justo/ nem ao bom [...] com justiça na mão [...] o covarde ao mais vil lesará [...] e tristes pesares vão deixar/ aos homens mortais. Contra o mal força não haverá.[2]

De acordo com Hesíodo, o ferro endurecia não apenas nossos arados, mas também nossas almas. Sob sua influência, nosso espírito era martelado e forjado no fogo, nossos desejos novos em folha saciados como o metal chiando no caldeirão do ferreiro. Virtudes eram testadas e valores destruídos, na mesma medida que nossas dádivas abundaram e nossas propriedades se expandiram. A força gerou novas alegrias, mas também fadiga e injustiças. Zeus não teria escolha, Hesíodo previu, a não ser um dia destruir uma humanidade incapaz de restringir seu próprio poder, induzido pela tecnologia.

Meu pai queria discordar de Hesíodo. Queria acreditar que nós, humanos, poderíamos nos tornar os mestres da nossa tecnologia em vez de escravizar a nós mesmos e uns aos outros com ela. Quando Prometeu roubou de Zeus o fogo, simbolizando o calor branco da tecnologia, em nome da humanidade, ele o fez na esperança de que ele iluminaria nossas vidas sem incendiar a Terra. Meu pai queria acreditar que podíamos deixar Prometeu orgulhoso.

Do calor à luz

Um otimismo inato era apenas uma das razões por que meu pai continuava esperançoso de que a humanidade não desperdiçaria os poderes mágicos que ele tinha me apresentado diante de nossa lareira. Uma outra foi seu encontro com a natureza da luz.

Uma vez, enquanto eu tirava uma barra de ferro do fogo, meu pai me perguntou: "Consegue adivinhar o que sai do metal aquecido e alcança seus olhos, para que você consiga enxergar seu brilho vermelho?". Eu não fazia ideia. Felizmente, eu não estava sozinho.

Durante séculos, a luz dividiu as melhores mentes, ele disse. Alguns, como Aristóteles e James Maxwell, pensavam na luz como um tipo de perturbação no éter, uma onda que se propaga para fora a partir de uma fonte inicial – como o som. Outros, como Demócrito e Isaac Newton, apontaram que, ao contrário do som, a luz não é capaz de fazer curvas – algo que as ondas fazem por sua própria natureza – e, portanto, ela deveria ser feita de coisas minúsculas, ou partículas, viajando numa linha reta antes de atingir nossa retina. Quem estava certo?

A vida do meu pai mudou, ou foi o que ele me disse, quando leu a resposta de Albert Einstein: eles estavam *todos* certos! A luz é, ao mesmo tempo, um fluxo de partículas *e* uma série de ondas. Mas como podia ser? As partículas diferem fundamentalmente das ondas. Elas estão localizadas em apenas um único ponto em um dado instante no tempo, têm momento e só se movimentam em uma linha reta, a não ser e até que alguma coisa entre em seu caminho. As ondas, em contrapartida, são oscilações de um meio, que é o que lhes permite fazer curvas e transportar energia em muitas direções diferentes ao mesmo tempo. Provar, como Einstein tinha feito, que a luz era tanto partículas como ondas era admitir que algo pode ser duas coisas absolutamente contraditórias de uma única vez.

Para o meu pai, a natureza dual da luz era a porta de entrada para reconhecer o dualismo essencial subjacente a toda a natureza, e também à sociedade. "Se a luz pode ser duas coisas muito diferentes ao mesmo tempo", ele se perguntava em uma carta que escreveu quando jovem para sua mãe, "se a matéria é energia e a energia é matéria", como Einstein também tinha descoberto, "por que temos que retratar a vida em termos de preto e branco ou, ainda pior, em alguma nuance de cinza?".

Quando cheguei aos doze ou treze anos, estava claro para mim de nossas conversas recorrentes que o amor do meu pai pela magia do ferro – a tecnologia – e pela física de Einstein – a dualidade contraditória de todas as coisas – tinha alguma coisa a ver com sua orientação política de esquerda, pela qual ele passou vários anos em campos de prisioneiros. Meu palpite se confirmou quando me deparei com o texto de um discurso da primeira pessoa a formular a noção de materialismo histórico: Karl Marx. Era como se meu pai estivesse dizendo as palavras:

> Em nossos dias, tudo parece repleto de seu contrário: o maquinário, dotado do maravilhoso poder de diminuir e frutificar o trabalho humano, contemplamos esfomeados e estafados; as fontes modernas de riqueza, por algum estranho feitiço, são transformadas em fontes de necessidade; as vitórias da arte parecem compradas pela perda de caráter.[3]

O poder de reduzir o trabalho humano e torná-lo mais frutífero resultava da grande transformação de matéria que meu pai havia demonstrado com tanto entusiasmo em meu benefício: o ferro virando aço em nossa lareira, o calor virando energia cinética no milagroso motor a vapor de James Watt, os pequenos milagres acontecendo dentro dos ímãs e fios do telégrafo. Mas, desde a Quinta Raça de Hesíodo, esse era um poder repleto também de seu oposto: o poder de esfaimar e estafar, de transformar uma fonte de riqueza numa fonte de necessidade.

Tornou-se impossível não perceber a ligação entre as duas devoções gêmeas do meu pai – de um lado, as fornalhas, a metalurgia e a tecnologia em geral, de outro, sua visão política – quando li o *Manifesto comunista* pela primeira vez, principalmente a frase: "Tudo o que era sólido e estável se desmancha no ar, tudo o que era sagrado é profanado e os homens são obrigados finalmente a encarar sem ilusões a sua posição social e as suas relações com os outros homens".[4]

Ela trouxe de volta a lembrança de seu entusiasmo infantil ao ver o metal derreter em frente à nossa lareira ou, com muito mais espetáculo, na siderúrgica, cujo departamento de controle de qualidade ele administrava e onde as temperaturas eram altas o bastante para o ferro literalmente "se desmanchar no ar".

Mas, ao contrário de Hesíodo – ou, aliás, dos moralistas de nossa própria era –, meu pai não sentia necessidade de tomar algum partido, ser ou um tecnófobo, ou um entusiasta da tecnologia. Se a luz pode ter duas naturezas contraditórias, e se tudo na natureza repousa em uma oposição binária, então o ferro enrijecido, os motores a vapor e os computadores em rede também podem ser, ao mesmo tempo, libertadores ou escravizadores em potencial. E assim cabe a nós, coletivamente, determinar qual dessas duas coisas eles serão. É aí que entra a política.

Uma introdução muito peculiar ao capitalismo

Os esquerdistas costumam se radicalizar em reação às vis injustiças e à desigualdade entorpecente que o capitalismo gera. Não no meu caso. Claro, crescer em meio a uma ditadura fascista teve seu papel, mas o meu esquerdismo teve origens muito mais esotéricas: uma sensibilidade, que me foi passada pelo meu pai, em relação à dualidade das coisas.

Bem antes de eu ler uma única palavra que Marx ou qualquer outro economista tivesse escrito, achei que podia discernir as diversas dualidades enterradas bem fundo nos alicerces das nossas sociedades. O primeiro indício de tal dualidade me atingiu uma noite quando minha mãe reclamou com meu pai que, na fábrica de fertilizantes em que trabalhava como química, era paga pelo seu tempo, mas nunca pelo seu entusiasmo. "Meu salário é uma porcaria porque meu tempo é barato", disse ela. "Minha paixão por alcançar os resultados corretos sai de graça para os patrões!" Pouco depois, ela pediu demissão e arrumou outro emprego como bioquímica num hospital público. Depois de alguns meses no novo trabalho, ela nos disse contente: "Pelo menos no hospital eu adoro o fato de que meus esforços beneficiam os pacientes, ainda que eu seja tão invisível para eles quanto costumava ser para os donos da fábrica".

Aquelas palavras ficaram comigo. Minha mãe tinha inadvertidamente me apresentado à dualidade do trabalho assalariado. O salário que ela recebia por seu tempo e suas habilidades formais (seus diplomas, formações) refletiam o "valor de troca" das horas que ela passava no trabalho. Mas não era isso que injetava valor de verdade no que quer que estivesse sendo fabricado em seu lugar de trabalho. Este era acrescentado ao que era produzido na fábrica ou no hospital por meio do esforço, do entusiasmo, da aplicação e até do talento dela – e nada disso era remunerado. É como ir assistir a um filme no cinema: o preço do ingresso que você paga reflete o valor de troca do filme, mas isso é bastante apartado do prazer que ele lhe proporciona, o que podemos chamar de "valor-experiência" [*experiential value*]. Do mesmo modo, o trabalho é dividido em trabalho-mercadoria [*commodity labour*] (o tempo da minha mãe, comprado por seu salário) e o trabalho-experiência [*experiential labour*] (o esforço, a paixão, o talento que ela aplica ao seu trabalho).

Quando finalmente li Marx, eu me lembro claramente de como fiquei entusiasmado ao descobrir que, graças às lições do meu pai junto da lareira e à explicação da minha mãe, eu tinha tropeçado em um dos princípios centrais dos grandes economistas. No mundo que hoje damos por garantido, o trabalho parece uma mercadoria como qualquer outra. Desesperadas para ganhar a vida, as pessoas promovem suas habilidades como vendedores anunciando seus produtos. Elas aceitam um preço determinado pelo mercado (o salário) por seu trabalho, o que reflete seu valor de troca, isto é, quanto ele vale comparado a outras mercadorias comercializáveis. Isso é o trabalho-mercadoria. Só que, como vimos, ao contrário de sabão em pó, batatas ou iPhones, que não passam de mercadorias, o trabalho é algo além disso.

Para ilustrar a segunda natureza do trabalho, o trabalho-experiência para o qual minha mãe primeiro me alertou, considere a ideia brilhante evocada por um grupo de arquitetos contratados por uma construtora transnacional fazendo um *brainstorming*. Ou as vibrações positivas que um garçom exala no salão de um restaurante. Ou a lágrima de alegria de um professor quando um aluno com dificuldades resolve um problema difícil de matemática. Nada disso pode de fato ser transformado em mercadoria. Por quê? Porque nenhuma recompensa monetária pode incitar um momento de verdadeira inspiração, nenhum sorriso genuíno pode ser comprado, nenhuma lágrima autêntica pode ser derramada por um preço. Na verdade, qualquer tentativa de fazer isso imediatamente as invalidaria. De fato, patrões que tentam quantificar, precificar ou transformar em mercadoria o trabalho-experiência soam como o tolo que grita para você: "Seja espontâneo!".

O que eu chamo de trabalho-experiência, a parte que nunca pode ser vendida, Marx chamava simplesmente de trabalho. E o que eu rotulei de trabalho-mercadoria, Marx definiu como força de trabalho. Mas a ideia é a mesma: "O que o trabalhador vende não é diretamente seu Trabalho, mas sua Força de Trabalho, cuja disposição temporária ele transfere para o capitalista".[5] Imagine minha alegria, então, quando descobri que, com base nas duas naturezas do trabalho, Marx tinha construído toda uma teoria do capitalismo.

Pois aqui reside o segredo do capitalismo: o que insufla valor de troca nas mercadorias que os empregadores então vendem para consumidores ávidos são o suor, o esforço, a inspiração, a boa vontade, o cuidado e as lágrimas dos empregados, elementos que não podem ser mercantilizados – é isso o que na verdade torna o prédio, o restaurante ou a escola desejáveis.

Pode-se protestar que há muitas fábricas povoadas por trabalhadores robotizados, sem inspiração e sem alegria, produzindo latas ou dispositivos que valem mais do que o custo de remunerar os trabalhadores. É verdade. Mas isso acontece apenas porque os empregadores não podem comprar o *esforço* empregado por trabalhadores braçais e não qualificados. Só podem comprar o tempo deles, durante o qual os pressionam, de diversos modos, a um trabalho duro e suado. A questão aqui é que esse suor operário, do mesmo modo que o talento do arquiteto assalariado, nunca pode ser diretamente comprado ou vendido. Esse é, de fato, o poder secreto dos empregadores: para extrair qualquer mais-valor, seja do trabalho altamente especializado ou do trabalho sem inspiração, repetitivo e robotizado, eles devem pagar pelo tempo dos empregados (trabalho-mercadoria), mas não podem realmente comprar seu suor ou talento (trabalho-experiência).

Você pode pensar que é extremamente frustrante para os empregadores o fato de eles não poderem comprar diretamente o momento *eureca* dos arquitetos, o sorriso espontâneo do garçom, a lágrima do professor, sem os quais o trabalho de seus empregados não produz valor. Pelo contrário, os empregadores são como o consumidor que comprou uma jaqueta por mil dólares e acabou encontrando 2 mil dólares costurados dentro de seu forro. Aliás, se eles não encontrarem, vão à falência!

Quando me deparei pela primeira vez com essa explicação reveladora do segredo do capitalismo, achei-a fascinante: pensar que os capitalistas devem seus lucros a uma incapacidade, à impossibilidade de comprar o trabalho-experiência diretamente. E, no entanto, que vantagem padecer de tal incapacidade! Pois, no fim das contas, são eles que embolsam a diferença entre o valor de troca que pagam aos empregados por seu trabalho-*mercadoria* (salários) e o valor de troca das mercadorias criadas graças ao seu trabalho-*experiência*. Em outras palavras, a natureza dual do trabalho é o que gera o lucro.

Não é apenas o trabalho que tem uma natureza dual. A propaganda predominante hoje e quando eu era criança é que o lucro é o preço, ou a recompensa, de uma coisa chamada capital, e que as pessoas que possuem capital – como ferramentas, matéria-prima, dinheiro, qualquer coisa que possa ser usada para produzir bens comercializáveis – obtêm lucro mobilizando-o, do mesmo modo que um trabalhador obtém um salário mobilizando seu trabalho. Mas a conclusão de que o lucro é resultado das duas naturezas gêmeas e contraditórias do trabalho me levou a rejeitar também essa noção. Mais uma vez, mesmo antes de ler Marx, e graças à atenção que prestei à minha mãe e ao meu pai, quanto mais eu pensava no capital, mais eu me convencia de que, como a luz e o trabalho, ele também apresentava duas naturezas.

Uma é o capital-mercadoria [*commodity capital*], por exemplo, uma vara de pescar, um trator, a torre de servidores de uma empresa ou qualquer bem que é produzido para ser usado na produção de outras mercadorias. A segunda natureza do capital, no entanto, não se parece em nada com uma mercadoria. Imagine que eu descobri que possuo ferramentas de que você precisa para produzir as coisas para a subsistência da sua família, como os anteriormente mencionados, vara de pescar, trator, servidor. De repente, adquiri o poder de impelir você a fazer coisas, como trabalhar para mim, em troca do uso das minhas ferramentas. O capital, para resumir, é tanto uma coisa (capital-mercadoria) quanto uma força (capital-poder) – assim como o trabalho está dividido entre trabalho-mercadoria e trabalho-experiência.

Quando comecei a ler Marx, eu não conseguia deixar de filtrar suas palavras pelas lentes que me tinham sido dadas pela disforia laboral da minha mãe e pela inspiração do meu pai no grande físico do século XX. Encantado como eu estava pelas dualidades que via, no fundo eu me perguntava o que Einstein teria pensado das minhas extrapolações selvagens – partindo de sua teoria da luz, ou melhor, da minha frágil compreensão dela, até a essência do capitalismo. Será que o meu pai tinha inadvertidamente deturpado Einstein, levando minha imaginação a escapar pela tangente graças a uma metáfora inconsistente e talvez falsa?

Muitos anos depois, eu por acaso tropecei nesta frase escrita pelo próprio Einstein: "É importante entender que mesmo em teoria o salário do trabalhador não é determinado pelo valor de seu produto". Ela figurava em um artigo intitulado "Por que o socialismo?", publicado em maio de 1949. Ao lê-lo, dei um suspiro de alívio. Não, no fim das contas, eu não vinha tomando liberdades com as ideias de Einstein. Ele também acreditava que a essência do capitalismo era a divisão do trabalho em duas naturezas incongruentes.

Uma introdução igualmente curiosa ao dinheiro

O tio Albert, como meu pai às vezes se referia a Einstein, não tinha concluído minha educação no que diz respeito ao capitalismo. Depois de abrir meus olhos para a natureza dual tanto do trabalho como do capital, ele me guiou para a natureza dual do dinheiro através de um caminho ainda mais sinuoso, que envolvia um certo John Maynard Keynes.

Em 1905, Einstein, aos 26 anos, arranjou coragem para dizer a um mundo profundamente cético que a luz era um campo contínuo de ondas formado por coisas parecidas com partículas e que, além disso, a energia e a matéria eram, essencialmente, uma só "coisa" conectada pela equação mais famosa da história: $E=mc^2$ (ou seja, a energia de um corpo é igual à sua massa vezes a velocidade da luz multiplicada por ela mesma). Uma década depois, Einstein ampliou essa Teoria da Relatividade Especial para elucidar um dos maiores enigmas: a gravidade.

A Teoria da Relatividade Geral resultante não era para os fracos. Para compreendê-la, primeiro tínhamos que abraçar uma mentalidade que rejeitava o que nossos sentidos nos diziam. Se você quiser entender a gravidade, explicou Einstein, precisa parar de pensar no espaço como uma caixa dentro da qual vem o universo. Matéria e energia, operando como uma só coisa, modelam os contornos do espaço e dão forma ao fluxo do tempo. O único jeito de compreender o espaço e o tempo, ou a matéria e a energia, é pensar neles como parceiros travados no mais íntimo e insolúvel abraço. Gravidade é o que sentimos ao pegar o caminho mais curto através desse espaço-tempo de quatro dimensões.

Não surpreende que seja difícil para nossos cérebros compreender a realidade revelada pela Teoria da Gravidade Geral de Einstein. Nós evoluímos na superfície de um planeta que é minúsculo em comparação ao universo lá fora. Em nosso domínio limitado, podemos sobreviver muito bem com as ilusões úteis de nossos sentidos; por exemplo, a crença de que a grama é verde, de que linhas retas existem, ou de que o tempo é constante e independente de nosso movimento. Essas crenças são falsas, mas úteis na medida em que permitem que nossos arquitetos projetem prédios seguros e que nossos relógios coordenem nossas reuniões em pontos pré-acordados do tempo. No bilhar, quando a bola branca acerta uma bola colorida, ficamos convencidos de um claro efeito casual. Mas se confiássemos nessas ilusões para viajar além de nosso planeta, para o macrocosmo lá fora, literalmente nos perderíamos no espaço. Do mesmo modo, quando perscrutamos a fundo o mundo das partículas subatômicas que constituem nosso próprio corpo, ou a cadeira em que estamos sentados, até a relação entre causa e efeito desaparece.

E o que é que essas coisas têm a ver com dinheiro? O título do livro de economia mais famoso do século XX é *Teoria geral do emprego, do juro e da moeda*. Publicado em 1936, foi escrito por John Maynard Keynes para explicar por que o capitalismo não estava conseguindo se recuperar da Grande Depressão, e a alusão à Teoria Geral de Einstein foi intencional. Keynes, que conhecera Einstein e sabia sobre seu trabalho, o escolheu para anunciar uma ruptura completa com a economia convencional – uma ruptura tão clara e decisiva quanto a de Einstein em relação à física clássica.

De seus colegas economistas, que insistiam que o dinheiro tinha de ser entendido como mais uma mercadoria, Keynes uma vez disse que eles "parecem geômetras euclidianos em um mundo não euclidiano", mais uma vez confirmando em termos inequívocos a influência de Einstein. O pensamento econômico convencional sobre dinheiro estava prejudicando a humanidade, Keynes achava. Os economistas pareciam projetistas de veículos espaciais se baseando desastrosamente em Euclides, não em Einstein. Eles estavam usando ilusões que, embora úteis no microcosmo de um único mercado (por exemplo, o mercado de batatas, no qual se costuma poder confiar numa queda no preço para aumentar as vendas), eram catastróficas quando aplicadas à economia de modo geral – a macroeconomia, na qual uma queda do valor do dinheiro (a taxa de juros) pode nunca impelir o fluxo de dinheiro na forma de investimento e emprego.

Da mesma forma que Einstein tinha acabado com nossa ilusão de que o tempo é externo ao espaço e separado dele, Keynes queria que parássemos de pensar no dinheiro como uma coisa, como simplesmente mais uma mercadoria, que é externa às nossas outras atividades nos mercados e locais de trabalho e separada delas.

Hoje, somos bombardeados por uma fantasmagoria de idiotices sobre o dinheiro. Políticos desinformados invocam metáforas mesquinhas para justificar uma austeridade contraproducente. Presidentes de bancos centrais, enfrentando tanto a inflação quanto a deflação, parecem o asno de Buridan, sedento e faminto, que desmorona por não conseguir se decidir a beber ou comer primeiro. Os entusiastas das criptomoedas nos convidam a reparar o mundo abraçando a forma suprema de dinheiro-mercadoria: o *Bitcoin* e seus diversos rebentos. As Big Techs estão criando seu próprio dinheiro digital com o qual nos atraem para os recônditos de sua teia venenosa de plataformas.

Não consigo pensar numa defesa melhor diante dessa ofuscação orquestrada do que o conselho de Keynes (derivado de Einstein): pare de pensar no dinheiro como algo separado daquilo que fazemos uns com os outros no trabalho, no lazer, em cada canto e nicho de nosso universo social. Sim, o dinheiro é uma coisa, uma mercadoria como qualquer outra. Mas também é algo muito maior do que isso. Ele é, acima de tudo o mais, um reflexo da nossa relação uns com os outros e com nossas tecnologias; em outras palavras, o meio e as formas como transformamos a matéria. Ou, na formulação poética de Marx:

> [O dinheiro] é a *capacidade* exteriorizada (*entäusserte*) da *humanidade*. O que eu qua *homem* não consigo, o que, portanto, todas as minhas forças essenciais individuais não conseguem, consigo-o eu por intermédio do *dinheiro*. O dinheiro faz assim de cada uma dessas forças essenciais algo que em si ela não é, ou seja, seu *contrário*.[6]

Livres para escolher? Ou para perder?

No início de 2015, um acidente histórico fez de mim ministro da Fazenda da Grécia. Com um mandato para ir de encontro a algumas das pessoas e instituições mais poderosas do mundo, a imprensa internacional perscrutou meus artigos, livros e palestras atrás de pistas do que esperar. Eles ficaram perplexos com minha alegação de ser um marxista libertário – uma autodescrição que foi automaticamente ridicularizada por muitos libertários e pela maioria dos marxistas. Quando um dos entrevistadores mais rudes me perguntou sobre a fonte de minha "óbvia confusão", respondi jocosamente: meus pais!

Piadas à parte, meu pai foi, pelo menos indiretamente, responsável por outro componente crucial da minha educação política: minha incapacidade de entender como alguém pode genuinamente prezar a liberdade e tolerar o capitalismo (ou, vice-versa, como alguém pode ser ao mesmo tempo não liberal e de esquerda). Combinados, ele e minha mãe feminista me legaram uma perspectiva obliquamente oposta ao que se tornou, infelizmente, uma falácia convencional: que o capitalismo é sobre liberdade, eficiência e democracia, enquanto o socialismo gira em torno de justiça, igualdade e estatismo. Na verdade, desde o início, a esquerda tinha tudo a ver com emancipação.

Durante a era feudal, que se arraigou plenamente por toda a Europa no século XII, a vida econômica não envolvia escolhas econômicas.

Se você nascesse na aristocracia fundiária, nunca passaria pela sua cabeça vender as terras de seus ancestrais. E se você nascesse servo, seria obrigado a labutar a terra, em favor do proprietário, livre de qualquer ilusão de que, um dia, você mesmo poderia ser dono de terras. Para resumir, nem a terra nem a força de trabalho eram uma mercadoria. Elas não tinham preço de mercado. Na grande maioria do tempo, as terras mudavam de mãos apenas através de guerras de conquista, decretos reais ou como resultado de alguma catástrofe.

Então, no século XVIII, aconteceu algo extraordinário. Devido aos avanços nos transportes marítimos e na navegação, o comércio internacional de artigos como lã, linho, seda e especiarias as tornou lucrativas, dando assim uma ideia aos senhores de terras britânicos: por que não despejar em massa os servos de uma terra que produzia nabos sem valor e substituí-los por ovelhas cujos dorsos produziam a lã preciosa para os mercados internacionais? A expulsão dos camponeses, que hoje lembramos como os "cercamentos" – já que envolvia a instalação de cercas para mantê-los fora da terra que seus ancestrais tinham labutado por séculos –, deu à maioria das pessoas algo que elas tinham perdido na época do advento da agricultura: escolha.

Os senhores de terras podiam escolher arrendar terras por um preço que refletia a quantidade de lã que elas eram capazes de produzir. Os servos despejados podiam escolher oferecer seu trabalho por um salário. É claro, na realidade, estar livre para escolher não era diferente de estar livre para perder. Antigos servos que se recusavam a fazer um trabalho esquálido por um salário deplorável morriam de fome. Aristocratas orgulhosos que se recusavam a aceitar a mercantilização de suas terras faliam. Conforme o feudalismo recuava, a escolha econômica chegava, mas era tão livre quanto aquela oferecida pelo mafioso que, sorrindo, lhe diz: "Vou lhe fazer uma oferta que você não vai poder recusar".

Em meados do século XIX, as ideias de Marx e de outros pensadores seminais de esquerda tinham tudo a ver com a nossa *libertação*. Especificamente, nessa era, tinham a ver com a nossa libertação de um fracasso *à la* dr. Frankenstein em controlar nossas criações – notavelmente, as máquinas da Revolução Industrial. Nas palavras atemporais do *Manifesto comunista*: "a sociedade burguesa moderna, que conjurou gigantescos meios de produção e de troca, assemelha-se ao feiticeiro que já não pode controlar os poderes infernais que invocou".[7]

Por mais de um século, a esquerda esteve principalmente preocupada com o livramento da falta de liberdade autoinfligida – motivo pelo qual esteve tão fundamentalmente alinhada com o movimento abolicionista, com as sufragistas, com os grupos que abrigavam judeus perseguidos nos anos 1930 e 1940, com as organizações de libertação negra nos anos 1950 e 1960, com os primeiros manifestantes gays e lésbicas nas ruas de São Francisco, Sydney e Londres nos anos 1970. Então, como chegamos à situação, hoje, em que "marxista libertário" parece uma piada?

A resposta é que, em algum momento do século XX, a esquerda trocou a liberdade por outras coisas. No Oriente (da Rússia à China, ao Camboja e ao Vietnã), a busca por emancipação foi substituída por um igualitarismo totalitário. No Ocidente, a liberdade foi deixada para seus inimigos, abandonada em troca de uma noção mal definida de justiça. Assim que as pessoas acreditaram que tinham que escolher entre liberdade e justiça, entre uma democracia iníqua e um igualitarismo miserável imposto pelo Estado, o jogo tinha acabado para a esquerda.

No dia 26 de dezembro de 1991, eu estava em Atenas para passar alguns dias com meus pais. Enquanto conversávamos durante o jantar diante daquela mesma lareira de tijolos vermelhos, a bandeira vermelha estava sendo baixada sobre o Kremlin. Graças ao passado comunista do meu pai e às inclinações social-democratas da minha mãe, eles compartilhavam um ânimo comum. Eles sabiam que, naquela exata noite, a história marcava não apenas a queda da União Soviética, mas também o fim do sonho social-democrata: de uma economia mista, na qual o governo oferecia bens públicos enquanto o setor privado produzia inúmeros bens para satisfazer nossos caprichos – em suma, uma forma civilizada de capitalismo na qual a desigualdade e a exploração eram mantidas sob controle no contexto de uma trégua politicamente mediada entre os detentores do capital e aqueles que não tinham nada para vender a não ser seu trabalho.

Circunspectos, ainda que não desalentados, nós três concordamos que estávamos testemunhando uma derrota que se tornara inevitável quando nosso lado perdeu a convicção de que o capitalismo era iníquo porque era ineficiente, que era injusto porque era não liberal, que era caótico porque era irracional. Voltando aos fundamentos, perguntei à minha mãe e ao meu pai o que a liberdade significava para eles. Minha mãe respondeu: a habilidade de escolher seus parceiros e seus projetos. A resposta do meu pai foi parecida: tempo para ler, experimentar e escrever. Seja qual for a *sua* definição, caro leitor, cara leitora, estar livre para perder de diversos modos assoladores não pode ser a resposta.

A pergunta do meu pai

Quase todo mundo hoje em dia se acostuma com o capitalismo como um peixe com a água – sem nem notar que está lá, tratando-o como o éter invisível, insubstituível e natural pelo qual nos movemos. Como Fredric Jameson celebremente disse, as pessoas acham mais fácil imaginar o fim do mundo do que o fim do capitalismo. Para a geração de esquerdistas da idade do meu pai, no entanto, houve um breve momento de meados ao fim da década de 1940 em que o fim do capitalismo parecia apenas uma questão de poucos anos, se é que não poucos meses. Mas então uma coisa levou a outra e a queda do capitalismo foi cada vez mais postergada até que, depois de 1991, ela desapareceu além do horizonte.

Por ser da geração que acreditou que o capitalismo era transitório, meu pai continuou contemplando a expiração do capitalismo mesmo depois de concluir que não viveria para vê-la. Ainda assim, mais ou menos uma década depois de nossos experimentos junto da lareira, com o sonho do socialismo em profunda recessão, e enquanto eu mergulhava nas obras dos economistas políticos, meu pai começou a se entranhar cada vez mais no estudo de tecnologias antigas.

De vez em quando, sentindo que podia inocentemente deixar por minha conta a exploração dos mistérios do capitalismo enquanto se deleitava com as alegrias puras da arqueometria, ele especulava sobre como o capitalismo poderia, um dia, terminar – e sobre o que o substituiria. Tinha o desejo de que ele não terminasse abruptamente, porque finais abruptos tinham a tendência de vitimar boas pessoas em números terríveis; de que ilhas socialistas brotassem espontaneamente em nosso vasto arquipélago capitalista e se expandissem gradualmente, formando por fim continentes inteiros em que prevaleceriam comunas tecnologicamente avançadas.

Em 1987, ele pediu minha ajuda para instalar seu primeiro computador de mesa. Uma máquina de escrever glorificada, ele o chamava, mas com uma impressionante função de edição na tela. "Imagine de quantos outros volumes a obra completa de Marx consistiria se o barbudo tivesse um desses", ele brincou. Como se para defender a tese, ele o usou ao longo dos anos seguintes para produzir artigos e livros volumosos sobre a interação entre a tecnologia e a literatura dos gregos antigos.

Seis anos depois, em 1993, eu cheguei na casa de Palaio Faliro com um modem desajeitado, dos primeiros modelos, para conectar seu computador à novata internet. "Isso é um divisor de águas", disse ele. Pelejando com o acesso discado a um provedor de internet grego terrivelmente lento, ele me fez a pergunta matadora que acabou por inspirar este livro: "Agora que os computadores conversam uns com os outros, essa rede vai tornar impossível derrubar o capitalismo? Ou vai finalmente revelar seu calcanhar de Aquiles?".

Envolvido com meus próprios projetos e dramas, eu nunca achei tempo para responder à pergunta do meu pai. Quando por fim decidi que tinha uma resposta para ele, meu pai já estava com 95 anos e com dificuldade para seguir minhas reflexões. E assim, cá estou, alguns anos depois, apenas algumas semanas após seu falecimento, escrevendo minha resposta – tardia, mas espero que não em vão.

2
AS METAMORFOSES DO CAPITALISMO

Pai, no fim das contas, aquilo *era* o calcanhar de Aquiles do capitalismo: as tecnologias interconectadas digitalmente que o capitalismo criou se provaram seu castigo merecido. O resultado? A humanidade agora está sendo tomada por algo que só posso descrever como uma forma de feudalismo tecnologicamente avançada. Um tecnofeudalismo que com certeza não é o que esperávamos que suplantaria o capitalismo.

Dá para ver que você está intrigado, pai. Para onde quer que olhemos hoje, o capital triunfa. Novos monumentos ao seu poder surgem por toda parte – monumentos materiais nas nossas cidades e por nossos horizontes, monumentos digitais em nossas telas e em nossas mãos. Enquanto isso, os desprovidos de capital afundam mais na precariedade e nossas democracias se curvam às vontades do capital. Então como é que eu tenho a ousadia de imaginar que o capitalismo está nas últimas, que está sendo dominado? Será que esqueci que nada fortalece mais o capitalismo do que a ilusão de que ele está deixando de existir e evoluindo para uma nova forma – uma economia mista, um Estado de bem-estar social, uma aldeia global?

Não, é claro que não esqueci. A metamorfose é para o capitalismo o que a camuflagem é para um camaleão: essência e mecanismo de defesa combinados. E, apesar disso, não estamos falando de meros disfarces. Algumas das transformações do capitalismo transformaram eras. Uma delas estava se desenrolando por volta da mesma época em que você me instruía sobre a magia do ferro diante da nossa lareira. E, aliás, para explicar o que quero dizer com tecnofeudalismo, preciso primeiro descrever em alguns detalhes essa transformação – a última série de metamorfoses do capitalismo, que são o tema deste capítulo. Só então, no capítulo seguinte, vou conseguir começar a explicar devidamente o que o substituiu.

Recuperar o irrecuperável

Em um episódio de *Mad Men*, a série de televisão sobre a ascensão da publicidade na década de 1960, o lendário diretor de criação Don Draper orienta sua protegida, Peggy, sobre como pensar a Hershey, uma barra de chocolate que sua agência está representando. A filosofia de marketing de Draper condensa perfeitamente o espírito da época: "Você é o produto. Você, sentindo alguma coisa". Ou, como James Poniewozik interpreta a fala de Draper na revista *Time*: "Você não compra uma barra de Hershey por alguns gramas de chocolate. Você compra para recuperar o sentimento de ser amado que experimentava quando seu pai lhe comprava uma por ter cortado a grama".[1]

A comercialização em massa da nostalgia a que Draper alude marcou um ponto de inflexão para o capitalismo. Embora as grandes questões da década de 1960 fossem a Guerra do Vietnã, os direitos civis e as instituições que poderiam civilizar o capitalismo (seguro-saúde governamental, vale-refeição, Estado de bem-estar social), Draper identificou uma mutação fundamental em seu DNA. Fabricar com eficácia coisas que as pessoas desejavam já não era suficiente. O capitalismo agora envolvia a engenhosa fabricação do desejo.

O capitalismo tinha dado início a um impulso implacável de precificar coisas que antes não tinham preço: terras comuns, trabalho humano, todas as coisas que as famílias antigamente produziam para seu próprio consumo – de pão e vinho caseiro a blusas de lã e diversas ferramentas. Se havia uma coisa que os humanos compartilhavam e de que desfrutavam, mas que não tinha preço e importava para nós apenas por seu "valor-experiência" ou intrínseco – como a toalha de mesa feita à mão por uma avó, ou um belo pôr do sol, ou uma música cativante –, o capitalismo deu um jeito de mercantilizá-la: subjugar seu valor-experiência por um valor de troca.

Estava na natureza da fera. Capitalismo é sinônimo de triunfo do valor de troca porque esse é o único valor que pode ser cristalizado em mais capital. Assim como os Borg em *Star Trek* dependem da assimilação das particularidades biológicas e tecnológicas de outras espécies para sobreviver, o capitalismo dominou o planeta Terra assimilando sempre que possível qualquer valor-experiência que encontra à sua cadeia de valor de troca. Tendo assimilado cada recurso, lavoura e artefato que podia, o capitalismo passou a mercantilizar as ondas sonoras, os úteros das mulheres, a arte, os genótipos, os asteroides e até o próprio espaço. No processo, o valor-experiência de todas as coisas é reduzido a um montante em dólares, a um ativo comercial, a um contrato negociável.

Mesmo assim, ao contrário da assustadora saudação dos Borg – "Você será assimilado. Resistir é inútil!" –, a resistência do valor-experiência não tem sido em vão. Sempre que a ofensiva do valor de troca supera suas defesas, o valor-experiência vai parar clandestinamente nas catacumbas de nossa psique. Foi lá que Don Draper – ou, de forma mais precisa, os homens e mulheres nos quais *Mad Men* se baseia – o encontrou, o recuperou e, sim, o transformou em mercadoria. No processo, o capitalismo mudou radicalmente.

Assistindo a *Mad Men*, a audiência se pergunta por que a agência paga uma nota a Draper pelo que ele faz. Quase sempre deitado num sofá confortável em sua sala, ele consome quantidades impressionantes de uísque, tem uma série de crises, se comporta de maneira errática e não profissional, e quando de fato se digna a compartilhar o que está pensando, costuma oferecer apenas ideias enigmáticas e desarticuladas. Mas bem quando você espera que ele se autodestrua ou seja mandado embora, ele inventa jeitos mágicos de reimaginar qualquer coisa, de um chocolate medíocre e produtos de aço enfadonhos a redes de lanchonetes de segunda categoria, de modo a torná-los emocionalmente ressonantes e intensamente desejáveis. Nos dois aspectos de seu comportamento, Draper captura a essência da transformação do capitalismo no pós-guerra: a descoberta de um novo mercado, mais exatamente o mercado por nossa atenção, enxertado em uma estrutura industrial nova em folha, mas tudo dentro de um sistema que continua absolutamente dependente da natureza dual do trabalho.

Pois a natureza dual do trabalho de Draper está estampada em cada episódio de *Mad Men*. Seus chefes adorariam poder comprar suas ideias sem ter de tolerá-lo à toa no escritório meio embriagado. Na linguagem do capítulo anterior, eles agarrariam com unhas e dentes a oportunidade de comprar diretamente o trabalho-experiência de Draper. Só que não podem, mesmo que Draper quisesse vendê-lo a eles. São obrigados, sim, a comprar seu trabalho-mercadoria (isto é, seu tempo e potencial), na esperança de que, durante seu torpor ébrio, seu gênio espontaneamente gere a famosa mágica de Draper. E quando isso acontece, os lucros imensos que eles obtêm voltam a confirmar que o capital nasce da incapacidade dos capitalistas de adquirir o trabalho-experiência diretamente.

O gênio de Draper, por sua vez, é apreender, e confrontar, o paradoxo da mercantilização. Sim, o capitalismo deve mercantilizar tudo o que encontra. Mas, ao mesmo tempo, um alto valor de troca, e, portanto, lucros substanciais, dependem de seu fracasso em fazê-lo plenamente. Para evitar o destino de uma escola de predadores que devora suas presas com tanta eficiência que acaba por morrer de fome, o capitalismo conta com a existência de um suprimento infinito de valores-experiência para seus valores de troca surrarem e canibalizarem. Ele deve estar sempre descobrindo e mercantilizando o que até então lhe escapou.

Publicitários sagazes fazem exatamente isso: acessam emoções que antes tinham escapado da mercantilização para capturar nossa atenção. E então vendem nossa atenção para uma entidade cujo negócio é mercantilizar quaisquer valores-experiência que estivessem se escondendo em nossa alma, fugindo da mercantilização. Com seu discurso sobre a barra de chocolate Hershey, Draper revela um aspecto crucial de como, pouco depois da guerra, o capitalismo alcançou sua idade de ouro. Como os lucros poderiam continuar fluindo se, aparentemente, tudo já tinha sido mercantilizado? A resposta de Draper: por meio do acionamento de emoções não mercantilizadas que guardamos bem no fundo de nós mesmos.

Assim, uma barra de chocolate Hershey se torna o simulacro do afago de um pai morto. A Bethlehem Steel é reformulada como o espírito da pólis norte-americana, com os produtos de aço simbolizando a própria Idade do Ferro do Novo Mundo. Quando Draper e Peggy vão a uma filial do Burger Chef, percebem a possibilidade de um anúncio televisivo que promova a cadeia como uma oportunidade para as famílias se reunirem em torno de suas mesas de plástico – longe da casa da família, onde a intimidade já não é possível porque a atenção de todos foi tomada pela... televisão.

Então, como era o capitalismo antes de sua grande transformação? E como essa transformação aconteceu?

Tecnoestrutura

Outra maneira de fazer a mesma pergunta seria: onde a Sterling Cooper & Partners (a agência fictícia de Draper) conseguiu o dinheiro ou a disposição para tratá-lo como um acadêmico? Pagar a ele um bom dinheiro para pensar profundamente em um ritmo da escolha dele? Os primeiros defensores do capitalismo teriam ficado perplexos. Sua ideia de empreendedorismo assumia a forma de parcimoniosos padeiros, açougueiros e cervejeiros se empenhando avidamente para satisfazer as necessidades básicas de seus clientes com trabalho duro e decisões rápidas, economizando em tudo, espremendo a última gota de valor de troca de qualquer matéria-prima em que pudessem colocar as mãos. O que mudou para que um personagem como Draper pudesse se tornar um ícone da nossa cultura empresarial? Acho que você vai gostar da minha resposta, pai: o eletromagnetismo!

Depois de James Clerk Maxwell escrever as equações que ligavam a corrente elétrica à força magnética, foi só uma questão de tempo até que alguém como Thomas Edison as transformasse em eletricidade e redes telegráficas que, por fim, geraram as megacorporações interconectadas e comandadas de cima para baixo que conhecemos hoje – escanteando os padeiros, açougueiros e cervejeiros do início do capitalismo. O problema era que nenhuma das primeiras instituições do capitalismo – especificamente, seus bancos e mercados acionários – estava pronta para esses impérios corporativos. Trocando em miúdos, os bancos eram pequenos e frágeis demais, e os mercados acionários, rarefeitos e ilíquidos demais para oferecer a quantidade de fundos de que Edison precisava para construir sua famosa central elétrica de Pearl Street, que dirá o resto de sua rede de eletricidade.

Para produzir os rios de crédito necessários para financiar os Edisons, os Westinghouses e os Fords do capitalismo do início do século XX, pequenos bancos se fundiram para formar outros maiores, emprestando diretamente para os industriais ou para especuladores ávidos por comprar ações das novas corporações. Foi assim que o eletromagnetismo transformou o capitalismo: enquanto suas redes seguiriam fornecendo energia para megaempresas e seus megawatts se traduziriam em megalucros, ele também criou as primeiras megadívidas na forma de amplas linhas de crédito para os Edisons, os Westinghouses e os Fords. E isso levou à emergência da Big Finance, que cresceu junto do Big Business para lhes fazer empréstimos cuja verba era efetivamente emprestada do futuro: de lucros ainda não obtidos, mas que o Big Business prometia gerar. Essas apostas em lucros futuros financiaram não apenas a construção das redes e linhas de produção do Big Business, mas também intensos movimentos especulativos.

A parcimônia tinha acabado, e a prodigalidade se tornou a nova virtude. A crença vitoriana de que as empresas devem ser pequenas e sem poderes, de modo que a concorrência pudesse fazer sua mágica de manter os empreendedores honestos, foi substituída pela crença de que "o que é bom para o Big Business é bom para os Estados Unidos". A Era do Jazz escanteou a moderação, a má fama da dívida foi limpa nas enxurradas de lucros antecipados, a prudência foi varrida pelos ventos do crédito.

Uma década depois, o eletromagnetismo tinha acendido os Loucos Anos Vinte, cuja inevitável e comovente crise aconteceu em 1929, ano em que as vinhas da ira começaram a se avolumar e crescer para a colheita. Há quem acredite que foi o New Deal de Franklin Roosevelt que acabou com a Grande Depressão ou que foi a guerra que fez isso, mas uma coisa está clara: o New Deal também mudou profundamente o capitalismo mundial. Os projetos de obras públicas do New Deal, seus programas de bem-estar social e, acima de tudo, seus títulos financeiros públicos, junto com controles rigorosos daquilo que os banqueiros podiam fazer sem ser punidos, constituíram um ensaio geral completo para a Economia de Guerra.

Pois, imediatamente depois de o bombardeio japonês a Pearl Harbor levar os Estados Unidos para a Segunda Guerra Mundial, o governo norte-americano começou a emular... o soviético. Ele dizia aos proprietários das fábricas quanto produzir e com quais especificações, de porta-aviões a alimentos processados. Ele até contratou um czar dos preços – o economista John Kenneth Galbraith –, cujo trabalho, literalmente, era decidir o preço de tudo, combater a inflação e garantir uma transição econômica tranquila da época de guerra para os tempos de paz. Não é exagero dizer que o capitalismo norte-americano era administrado de acordo com os princípios de planificação soviéticos, com a importante exceção de que as fábricas interconectadas continuavam sob a propriedade privada do Big Business.

No governo do presidente Roosevelt, o acordo do governo norte-americano com os Big Business era simples: eles produziriam o que era necessário para vencer a guerra e, em troca, o Estado os recompensaria com quatro dádivas incríveis. Primeira, vendas garantidas pelo Estado, que se traduziam em lucros garantidos pelo Estado. Segunda, ausência de competição, já que os preços eram fixados pelo governo. Terceira, imensas pesquisas científicas financiadas pelo governo (por exemplo, o Projeto Manhattan, a propulsão a jato) que forneciam ao Big Business novas e maravilhosas inovações e uma reserva de pessoal altamente qualificado para recrutamento durante a guerra e depois dela. E, quarta, uma aura patriótica para ajudar a limpar o fedor de ganância corporativa que se agarrou a eles depois da Crise de 1929 e a remodelá-las como empresas heroicas que ajudaram os Estados Unidos a vencer a guerra.

O experimento da Economia de Guerra foi um sucesso sem precedentes. A produção quadruplicou em menos de cinco anos. A inflação foi firmemente controlada, diferentemente do que acontecera durante a guerra mundial anterior. O desemprego desapareceu, e foi mantido distante mesmo depois que os soldados, marinheiros e aviadores voltaram do front. Para o Big Business, era a realização de um sonho que os compensava generosamente pela subjugação da Big Finance aos planos e restrições do governo.

Só que, sob a superfície, o calor da guerra tinha transformado o capitalismo norte-americano em um nível molecular, assim como o calor da nossa lareira tinha transformado o ferro em aço. Quando a guerra acabou, o capitalismo norte-americano estava irreconhecível. O empresariado e o governo tinham se entremeado profundamente. De fato, a alta rotatividade entre departamentos do governo e corporações garantiu que o mesmo grupo de matemáticos, cientistas, analistas e administradores profissionais ocupasse ambos. O empreendedor heroico no comando da corporação e o político eleito democraticamente no comando do governo foram ambos usurpados por essa nova rede de tomada de decisões público-privada, cujos valores e prioridades – sua sobrevivência, na verdade – se resumiam a uma única coisa: a sobrevivência e o crescimento dos conglomerados agora que a guerra, com sua demanda infinita por coisas e tecnologias, tinha acabado. Galbraith chamou essa rede de tecnoestrutura.

A lucratividade continuava essencial para o exército de técnicos e funcionários influentes que criava a tecnoestrutura. Só que o lucro já não era sua principal prioridade. Como acontece com todas as burocracias, seu objetivo primordial era manter seus subordinados empregados e ocupados. Isso significava que, mais do que evitar a redução de seus conglomerados no fim da guerra, eles precisavam fazê-los crescer. Com a guerra para trás, uma questão tirava o sono da boa gente da tecnoestrutura: se o governo deixasse de garantir vendas e preços, onde eles encontrariam clientes o bastante, prontos e dispostos a pagar por todas as barras de chocolate, carros e máquinas de lavar que eles planejavam fabricar usando a capacidade até então dedicada a produzir munição, metralhadoras e lança-chamas?

Os responsáveis pelo New Deal no governo se encarregaram de ajudar a tecnoestrutura a obter clientes estrangeiros – os quais, como veremos, provocaram outra das grandes metamorfoses do capitalismo do século XX. Mas, quanto aos clientes domésticos, foi aí que entrou Don Draper. Sua habilidade? Abrir os olhos da tecnoestrutura para as possibilidades ilimitadas de fundar um novo mercado para nossa atenção sobre uma base de emoções puras. A tecnoestrutura tinha a fabricação de coisas completamente sob seu controle. Com a ajuda de Draper, ela podia agora ansiar pela fabricação do necessário desejo por essas coisas. Pagar um alto salário a Draper para ficar à toa durante a maior parte do dia de trabalho era um preço pequeno por um poder tão extraordinário.

Mercados de atenção e a vingança dos soviéticos

Num dia frio de janeiro de 1903, diante de um grande público no Luna Park, em Coney Island, Thomas Edison usou a corrente alternada para matar eletrocutado Topsy, um elefante indefeso. Seu intuito? Chamar a atenção do público para a letalidade do tipo de eletricidade apregoada por George Westinghouse, seu concorrente. Apesar do horror inédito, nada significativamente novo tinha acontecido: um homem poderoso tinha usado o velho truque de prender a atenção do público para vender a si mesmo e suas ofertas.

Das penas de um pavão à marcha triunfal de um imperador romano, à indústria da moda de hoje, competir pela atenção dos outros é quase tão antigo quanto a reprodução sexual. Mas foi só no século XX que o processo de prender a atenção foi mercantilizado. Mais uma vez, foi o eletromagnetismo que conseguiu esse feito revolucionário – não matando um elefante, mas possibilitando a invenção do rádio e, ainda mais importante, do aparelho de televisão.

De início, o rádio e a televisão foram uma dor de cabeça para o Big Business. Ofereciam a ele oportunidades imensas de engajar e persuadir as massas, mas fundamentalmente seus produtos – os programas que transmitiam – tinham as propriedades de um pôr do sol mais do que as de uma lata de feijão: por mais que você adorasse assistir a *I Love Lucy* na tevê, e mesmo se você estivesse *preparado* para pagar um bom dinheiro para assistir, ninguém tinha a capacidade de *fazer* você pagar por isso (pelo menos não até a introdução da tevê a cabo). Mas isso deixou de ser um problema quando eles perceberam que o programa não era a mercadoria: a atenção das pessoas que assistiam a ele é que era. Ao transmitir o programa de graça, eles conseguiam garantir a atenção da audiência, de modo que pudessem vendê-la – na forma de intervalos comerciais – aos clientes de Draper, que agora estavam ávidos por instilar novos desejos no coração do público norte-americano.

Com o nascimento da televisão comercial, a tecnoestrutura anexou um turbulento mercado da atenção ao seu mercado de trabalho. A natureza dual do trabalho passou a se articular com a natureza dual do espetáculo: de um lado, um produto cultural com amplo valor-experiência, mas sem valor de troca; de outro, a atenção capturada dos telespectadores com valor de troca substancial, mas sem valor-experiência.

O impacto cultural foi enorme. Mas o impacto menos visível não foi menos significativo. Um novo grupo de especialistas tinha sido enxertado à tecnoestrutura: além de cientistas, analistas e administradores profissionais, agora havia tipos criativos como Draper, bem como toda uma profusão de estrategistas e engenheiros trabalhando em novos modos de manipular e mercantilizar nossa atenção.

Foi outra transformação histórica. No início dos anos 1960, as mercadorias que rendiam um bom dinheiro já não eram as que prevaleciam num tipo de luta darwiniana pela existência em algum mercado competitivo. Não, os produtos que ornavam todas as casas eram os que os Drapers e os executivos dos conglomerados criavam juntos em reuniões nos arranha-céus da tecnoestrutura. Lá, com muito cigarro e muita bebida, eles decidiam juntos os preços, as quantidades, as embalagens e até os sentimentos transmitidos pelos principais produtos do capitalismo. Se o capitalismo tinha vindo à luz transformando as sociedades com mercados do feudalismo em sociedades de mercado descentralizadas, a ascensão da tecnoestrutura transformou o capitalismo norte-americano de uma sociedade de mercado descentralizada em uma economia com mercados centralizada. Era o que os planejadores soviéticos sempre desejaram conquistar, mas não conseguiram.

E aí está a ironia. Nos anos 1960, uma década marcada por um choque ideológico e nuclear entre os Estados Unidos e a União Soviética que quase mandou o mundo pelos ares, os princípios de planificação soviéticos foram implementados com um sucesso notável nos... Estados Unidos. Poucas vezes a ironia se vingou com tanta eficácia da ideologia fervorosa.

Esses eram os limites dos consumidores domésticos da tecnoestrutura – os que viviam nos Estados Unidos. Mas e quanto ao resto do mundo? Tudo bem fazer as indústrias norte-americanas que antes produziam tanques, munição, aviões de combate e porta-aviões fabricarem em grandes quantidades máquinas de lavar, carros, aparelhos de televisão e aviões comerciais. O problema era que a capacidade industrial dos Estados Unidos tinha crescido tanto durante a guerra que, para manter as fábricas ativas e seus operários empregados, elas tinham que produzir muito mais coisas do que os americanos sozinhos eram capazes de absorver. Infundir novos desejos no consumidor norte-americano nunca bastaria, porque o país não tinha lares de classe média em número suficiente para consumir o necessário. Era preciso encontrar mercados estrangeiros.

O audacioso Plano Global

Eu me lembro de você chegar uma noite em casa em 1975 com uma notícia "extraordinária": trinta dracmas já não bastavam para comprar um dólar americano, você anunciou. Não que isso fizesse alguma diferença para nós, já que não tínhamos nem o dinheiro nem o direito legal de comprar mais do que um punhado de dólares. Mas você estava apreensivo porque uma taxa de câmbio que ficara estancada desde 1957 tinha acabado de ir por água abaixo. O que isso queria dizer para o nosso futuro como família e para o nosso pequeno país, onde as ondas sísmicas causadas por grandes rupturas originadas nos Estados Unidos costumavam levar um tempo para chegar? Hoje vejo que o seu palpite estava absolutamente certo: essa era de fato uma reverberação local de alguma coisa que tinha se originado nos Estados Unidos e que pressagiava uma metamorfose violenta, e dessa vez mundial, do capitalismo.

O colapso da taxa de câmbio dracma-dólar que o impressionara tanto foi uma consequência do declínio quatro anos antes, em agosto de 1971, do chamado sistema Bretton Woods. (Como no caso da crise financeira de 2008, que levou dois longos anos para arrasar a Grécia, o colapso de Bretton Woods também demorou algum tempo para nos atingir. Um amigo alemão uma vez gracejou: "Se alguém disser que o fim do mundo está próximo, vou me mudar na mesma hora para a Grécia – lá tudo leva uns dois anos a mais".) Bretton Woods foi o audacioso sistema financeiro global concebido pelos responsáveis pelo New Deal em 1944, cujo objetivo era nobre: impedir a volta da Grande Depressão depois do fim da guerra.[2] Só que talvez sua estratégia não tenha sido tão nobre assim: visava incluir a Europa e o Japão do pós-guerra na novíssima Economia de Guerra dos Estados Unidos.

Os responsáveis pelo New Deal sabiam que, uma vez derrotado o exército alemão, a Europa estaria arruinada e a população, sem um tostão.

Então, Washington entendeu que sua primeira tarefa seria remonetizar a Europa – literalmente, lhe fornecer dinheiro para gastar a fim de que suas economias voltassem a funcionar. Era mais fácil falar do que fazer. Com o ouro da Europa gasto ou roubado, suas fábricas e sua infraestrutura destroçadas, hordas de refugiados vagando por rodovias e estradas vicinais, os campos de concentração ainda exalando o fedor da inefável crueldade humana, a Europa precisava de muito mais do que papel-moeda recém-emitido. Alguma coisa tinha que instilar valor às novas notas. Afinal, o que dá valor a qualquer moeda senão a economia por trás dela?

Apenas uma coisa poderia driblar o problema: o dólar! O projeto financeiro do sistema Bretton Woods era audacioso: "dolarizar" as moedas da Europa e do Japão vinculando as moedas europeias e o iene ao dólar com taxas de câmbio fixas – daí as trinta dracmas para um dólar cujo fim inquietou você em 1975. Essencialmente, era uma união monetária global baseada no dólar americano. Com a poderosa economia dos Estados Unidos por trás delas, as moedas reteriam um valor significativo e estável.

Naturalmente, devia haver limites para quantos dólares uma pessoa podia comprar com seu "dinheiro de mentirinha" – dracmas gregas, liras italianas etc. Esses limites eram conhecidos como controles de capital: restrições na movimentação de dinheiro de uma moeda para outra. Elas tornaram a vida dos banqueiros maravilhosamente enfadonha ao negar-lhes a oportunidade de especular sobre mudanças no valor relativo das moedas, o que em outras circunstâncias eles teriam feito movendo grandes quantidades de dinheiro de uma moeda para outra, de um país para outro. Isso, é claro, foi intencional. Tendo sido afetados pela catástrofe de 1929, os responsáveis pelo New Deal queriam que os banqueiros vivessem numa camisa de força de controles de capital e taxas de juros quase fixas, com apenas um minúsculo espaço de manobra de 1% aqui ou ali.

Junto com esse projeto financeiro audacioso havia um projeto político. No Oriente, os responsáveis pelo New Deal reescreveram a constituição do Japão e supervisionaram sua transformação em uma tecnoestrutura com características nipônicas. Na Europa, eles guiaram a fundação da União Europeia como um cartel de indústrias pesadas centrado na manufatura alemã, adaptando seu modelo de tecnoestrutura às particularidades europeias. Para fazer isso acontecer, eles tiveram que reescrever a constituição alemã e, prometendo entregar a supervisão administrativa e política para Paris, frustrar a ambição francesa de desindustrializar a Alemanha.

Esse projeto deslumbrante, o Plano Global dos Estados Unidos para reconstruir a Europa e o Japão à imagem de sua tecnoestrutura, levou o capitalismo à sua Idade de Ouro. Do fim da guerra até 1971, os Estados Unidos, a Europa e o Japão gozaram de baixo desemprego, baixa inflação, grande crescimento e desigualdade massivamente reduzida. O trabalho dos responsáveis pelo New Deal estava quase terminado. E ele tinha sido feito de um jeito que até os magnatas republicanos mais ferrenhos tinham apreciado. Voltando a *Mad Men* para mais um *insight* simbólico, há uma cena em que Conrad Hilton, o magnata dos hotéis, compartilha com Don Draper sua verdadeira ambição, que sintetiza o espírito desse Plano Global: "Meu propósito na vida é levar os Estados Unidos para o mundo, quer as pessoas gostem ou não. Sabe, nós somos uma força do bem, Don, porque temos Deus".

Se o roteirista quis usar Deus como um substituto para o dólar ou não, é justo dizer que a hegemonia norte-americana nessa era dependia do enorme poder de sua moeda: a única moeda que todos queriam, mesmo que nunca se interessassem em comprar nada que viesse dos Estados Unidos.

Mas tudo isso dependia de um fator crucial. Para que o dólar fosse a menina dos olhos de todos, às taxas de câmbio fixas que o sistema Bretton Woods garantia, os Estados Unidos tinham que ser um país acumulador de superávit – o que quer dizer que tinham que vender mais bens e serviços para o resto do mundo do que importavam. É claro, vender bens para os europeus e os japoneses era mais do que apenas um resultado suplementar: era como a tecnoestrutura garantiria para si os vastos novos mercados de que precisava para sustentar suas indústrias e manter sua economia crescendo. Mas o sistema todo também dependia integralmente desse superávit, já que era ele que garantia que os dólares emitidos pelo Federal Reserve (o banco central norte-americano) e entregues aos europeus e aos japoneses (na forma de empréstimos ou auxílio) acabassem, por fim, voltando aos Estados Unidos em troca de bens norte-americanos. A cada avião da Boeing ou máquina de lavar da

General Electric vendido para os europeus, uma pilha de dólares atravessava o Atlântico de volta para casa. E contanto que os dólares migratórios estivessem gravitando de volta para casa, o dólar continuaria uma pechincha na dada taxa de câmbio, garantindo que os alemães, os britânicos, os franceses, os japoneses e até os gregos desejassem trocar seu dinheiro de mentirinha por muito mais dólares do que as autoridades lhes permitiam à taxa de câmbio oficial.

Enquanto os Estados Unidos fossem a nação com maior superávit, o Bretton Woods seria seguro como um forte. E foi por isso que, no fim da década de 1960, o sistema Bretton Woods tinha esticado as canelas. A razão? Três desdobramentos que fizeram com que os Estados Unidos perdessem seu superávit comercial e se tornassem uma economia cronicamente deficitária. O primeiro foi a escalada da Guerra do Vietnã, que forçou o governo norte-americano a gastar bilhões de dólares no Sudeste Asiático com suprimentos e serviços para seu exército. O segundo foi a tentativa do presidente Lyndon Johnson de reparar os maus efeitos do alistamento militar sobre a classe trabalhadora norte-americana, sobretudo nas comunidades negras. Seu programa Great Society – corajoso, mas dispendioso –, reduziu substancialmente a pobreza, porém, ao mesmo tempo, tragou para os Estados Unidos muitos bens importados do Japão e da Europa. Por último, as fábricas japonesas e alemãs ultrapassaram as norte-americanas em termos de qualidade e de eficiência, em parte devido ao apoio que sucessivos governos dos Estados Unidos estenderam aos setores manufatureiros do Japão e da Alemanha – a indústria automotiva sendo um exemplo óbvio.

Sempre pronta a aceitar a realidade, Washington exterminou sua melhor criação: em 15 de agosto de 1971, o presidente Nixon anunciou a exclusão da Europa e do Japão da zona do dólar. Bretton Woods estava morto.[3] A porta tinha sido aberta para uma nova e verdadeiramente sombria fase da evolução do capitalismo.

Números insanos

Em 2002, trinta anos depois do Choque de Nixon, os rendimentos totais da humanidade se aproximavam dos 50 trilhões de dólares. No mesmo ano, financistas no mundo todo tinham arriscado 70 trilhões de dólares em diversos tipos de apostas. Eu me lembro dos seus olhos arregalados quando você ouviu esse número escandaloso. Como a maioria das pessoas, você se recusou a aceitá-lo. Acostumado a pensar no dinheiro em termos de coisas que faziam sentido, como toneladas de aço ou o número de hospitais que se podiam construir com ele, você não conseguia entender como a Terra era grande o bastante para conter aquele número de 70 trilhões de dólares.

Em 2007, os rendimentos totais da humanidade tinham aumentado de 50 trilhões de dólares para 75 trilhões de dólares – um aumento decente de 33% em cinco anos. Mas o montante de apostas no mercado monetário global tinha subido de 70 trilhões de dólares para 750 trilhões de dólares – um crescimento de mais de 1.000%. Foi aí que perdi você. Ou, mais precisamente, foi aí que concordamos que os números tinham enlouquecido, um reflexo aritmético da presunção do capitalismo.

Como esses números insanos tinham surgido? O que os tinha impulsionado? Um jeito de responder a essa pergunta é técnico: envolve uma descrição de instrumentos financeiros como as opções de ações (ou derivativos) – as armas de uma potencial destruição financeira em massa, como Warren Buffett as chamou –, que propiciaram, se é que não causaram, a imensa bolha financeira que estourou na calamidade de 2008.[4] Esses instrumentos, conhecidos como opções, já estavam disponíveis sob Bretton Woods, mas foi só com o fim dele que os banqueiros, livres das amarras do New Deal, tiveram permissão para apostar no mercado de ações, primeiro com o dinheiro de outras pessoas e, depois, com dinheiro – efetivamente conjurado do nada – emprestado em somas estratosféricas pelos bancos para... eles mesmos.

Conjurado do nada? Para ser claro, sim. A maioria das pessoas acha que os bancos pegam as economias de Jill e as emprestam para Jack.* Não é isso que os bancos fazem. Quando um banco empresta dinheiro para Jack, não vai até seu cofre para saber se tem dinheiro o bastante para garantir o empréstimo. Se ele acredita que Jack vai pagar o empréstimo,

---

* Jack e Jill, em inglês, representam nomes comuns e fictícios, assim como João e Maria no Brasil. [N.E.]

mais os juros acertados, tudo que o banco precisa fazer é acrescentar à conta de Jack o valor em dólares que lhe está emprestando. Não é necessário nada além de uma máquina de escrever ou, hoje, alguns toques num teclado.

Agora, se os Jacks do mundo usarem seus empréstimos com ponderação, a fim de ganhar dinheiro suficiente para pagar os empréstimos mais os juros, está tudo bem. Mas está na natureza dos bancos acomodar um excesso de Jacks ávidos por pegar empréstimos de valores cada vez mais altos para seguir pagando uns aos outros mais e mais, enquanto os bancos recolhem lucros enormes provenientes do financiamento de um esquema Ponzi gigantesco. Inevitavelmente, esse castelo de cartas financeiro desmorona – quando então as pessoas comuns são esmagadas pelos escombros que desabam do capitalismo global, como aconteceu na esteira de 1929. Bretton Woods foi projetado para nunca mais deixar que esse tipo de imprudência incitada pela ganância levasse a humanidade para a beira de outra Grande Depressão, de fato outra guerra mundial. Mas, depois de seu fim, os banqueiros estavam livres para agir desgovernados – mais uma vez.

Conhecendo você, sua aversão costumeira ao risco e sua relutância em presumir que os poderosos são estúpidos, você acharia essa explicação insatisfatória. Se você e eu somos espertos o suficiente para reconhecer a instabilidade inerente ao castelo de cartas deles, não há dúvida de que eles também a enxergam, certo? Então por que não estavam apavorados com o que poderia acontecer se suas diversas apostas caíssem por terra? Há muitas razões. Uma é que eles tinham desenvolvido um novo jeito de lucrar com o empréstimo a Jack sem depender da capacidade ou disposição de Jack para pagá-lo de volta. O truque era fazer o empréstimo para Jack e imediatamente dividir seu empréstimo em pedaços minúsculos de dívidas e passar esses pedaços adiante – vendê-los dentro de "produtos" financeiros múltiplos e muito complexos – para compradores inocentes muito longe dali que, por sua vez, os reempacotariam e os venderiam para outra pessoa, e assim sucessivamente. Essa prática fez com que os banqueiros ocidentais se deixassem levar por um falso sentimento de segurança: o empréstimo de Jack já não era problema deles. Mesmo que Jack desse um calote, seu empréstimo tinha sido dividido em tantos pedaços minúsculos que nenhum banqueiro sofreria isoladamente seu impacto. O risco tinha sido dividido e dispersado, e, portanto, minimizado, acreditavam eles.

Após internalizar essa crença, eles puderam internalizar uma outra: a de que a prudência era para os fracos e que as pessoas espertas, como eles próprios, na verdade estavam dando um impulso conveniente ao capitalismo. Só que ao produzir cada vez mais dívidas, entrançá-las em pedaços cada vez menores e dispersá-las pelo planeta, eles não estavam minimizando o risco, eles o estavam agravando. A ruína pairava no horizonte, mas os financistas simplesmente eram incapazes de imaginar que todos aqueles pedaços minúsculos de dívidas, sobre os quais o sistema financeiro ocidental repousava, poderiam sofrer um *crash* em uníssono.

"Por quê?", você pergunta. Se isso era tão óbvio para nós, por que os banqueiros superespertos não consideraram a alta probabilidade de calotes simultâneos – de todos os pedaços de dívidas emitidas aos vários Jacks caírem por terra de uma vez? Dizer que os banqueiros não esperavam por isso porque foram arrebatados por um turbilhão de ganância descontrolada é reformular a pergunta, não respondê-la.

A ganância não nasceu na década de 1980. Não, outra coisa aconteceu depois que Nixon extinguiu Bretton Woods. Algo que ajudou a loucura dos apostadores a infectar Wall Street, ampliando a ganância no processo, gerando esses números insanos. Seja lá o que foi essa coisa, deve ter sido substancial, a julgar por sua consequência mundial avassaladora: ela mudou o poder capitalista da esfera econômica – isto é, da indústria e do comércio – para a esfera financeira, o mundo dos banqueiros. O que era essa coisa?

Você vai ficar satisfeito de saber que a resposta – a minha resposta – evoca um mito antigo.

O destemido Minotauro Global

Era uma vez uma criatura tão feroz quanto trágica que morava no intricado labirinto do palácio do rei de Creta. Vivendo em imensa solidão, comparável apenas ao pavor que inspirava por toda parte, o Minotauro tinha um apetite voraz. Satisfazê-lo era essencial para manter a paz que o rei Minos tinha imposto, permitindo que o comércio cruzasse os mares, estendendo o alcance benevolente da prosperidade para todos. Infelizmente, o apetite da fera só podia ser aplacado com carne humana. De tempos em tempos, um navio carregado com jovens zarpava da distante Atenas com destino a Creta. Ao chegar, entregava seu tributo humano para ser devorado pelo Minotauro. Um ritual abominável, apesar de preservar a paz da época e de multiplicar sua prosperidade.

Milênios depois, outro Minotauro se ergueu. Furtivamente. Das cinzas do sistema Bretton Woods. Seu covil, um tipo de labirinto, ficava nas entranhas da economia dos Estados Unidos. Ele começou a vida como o déficit comercial norte-americano – o fato de que o país passou a comprar mais produtos importados de outros países do que vendia a eles devido à Guerra do Vietnã, ao programa Great Society e à eficiência cada vez maior das fábricas alemãs e japonesas. O tributo que ele consumia eram as exportações do resto do mundo, importadas da Europa e da Ásia para serem devoradas nos shoppings dos Estados Unidos profundos. Quanto mais o déficit norte-americano crescia, maior ficava o apetite do Minotauro pelos produtos fabricados na Europa e, ainda mais, na Ásia. Só que o que lhe dava força e relevância global – o que significava que ele garantia a paz e a prosperidade não apenas nos Estados Unidos, mas também na Europa e na Ásia – eram os túneis clandestinos que ligavam o Walmart a Wall Street.

Ele funcionava do seguinte modo: o apetite do novo Minotauro Norte-Americano mantinha as brilhantes fábricas alemãs ativas. Ele devorava tudo o que era produzido no Japão e, posteriormente, na China. Isso mantinha a Europa e a Ásia pacíficas e prósperas (por ora). Em troca, os proprietários estrangeiros (e muitas vezes os norte-americanos) dessas fábricas distantes mandavam seus lucros, seu dinheiro, de volta para Wall Street para ser investido – uma forma adicional de tributo, que enriquecia a classe dominante dos Estados Unidos, apesar de seu déficit. Desse modo, o Minotauro Global ajudava a reciclar o capital financeiro (lucros, poupança, dinheiro excedente) *e também* as exportações líquidas do resto do mundo. Sustentado por esse fluxo constante de tributos, ele possibilitou e manteve a ordem mundial pós-Bretton Woods – tanto quanto seu antecessor cretense tinha preservado a *Pax Cretana* nas brumas da Pré-história.

Essa era a estratégia por trás do Choque de Nixon de 15 de agosto de 1971. E funcionou às maravilhas, pelo menos para aqueles que o tinham provocado. Entenda, a sorte estivera lançada para Breton Woods desde meados para fins dos anos 1960. Quando o superávit comercial dos Estados Unidos começou a virar déficit, os financistas passaram a antecipar sua queda. Eles sabiam que, mais cedo ou mais tarde, a taxa de câmbio dólar-ouro, fixada artificialmente em 35 dólares americanos por onça em 1944, desvalorizaria. Quando isso acontecesse, seu estoque de dólares compraria menos ouro. Naturalmente, eles começaram a trocar avidamente seus dólares por ouro norte-americano antes que isso acontecesse. Se isso tivesse continuado, os Estados Unidos teriam ficado sem ouro. O Choque de Nixon estancou a deterioração.

O dólar desvalorizou rapidamente em relação ao ouro, como previsto, mas, curiosamente, aquele foi o momento em que o dólar recuperou seu encanto. Como? Pouco depois de o dólar ser desvinculado do ouro, as moedas europeias foram desvinculadas do dólar. Quando perderam seu câmbio fixo com o dólar, o valor em dólar do dinheiro europeu e japonês começou a flutuar desenfreadamente, como madeira à deriva num oceano tempestuoso. O dólar se tornou o único porto seguro, cortesia de seu privilégio exorbitante: a saber, que, se qualquer companhia francesa, japonesa ou indonésia, na verdade qualquer companhia, quisesse importar petróleo, cobre, aço ou até espaço em um navio de carga, teria que pagar em dólares. Os Estados Unidos eram, portanto, o único país do mundo cuja moeda tinha demanda até por parte de pessoas que não queriam comprar nada dele. Foi por isso que, com uma nuvem carregada de incertezas pairando sobre o futuro econômico da Europa e do Japão, o mundo das finanças respondeu clamando por transformar suas poupanças em dólares.

De repente, o dólar voltou a reinar. O Choque de Nixon tinha produzido um truque de mágica memorável: o país afundando cada vez mais no vermelho era o país cuja moeda, o dólar, se tornava cada vez mais hegemônica. Era o epítome do paradoxo. O tumulto desencadeado por Nixon deu aos capitalistas do mundo um forte ímpeto pela dolarização de seus lucros. Esse se tornaria um padrão inconfundível. Até hoje, sempre que Wall Street sofre um baque, a reação dos financistas é comprar mais dólares para mandar para... Wall Street!

Mas houve outra razão para o crescimento da hegemonia do dólar: o empobrecimento intencional da classe trabalhadora norte-americana. Um cínico irá lhe dizer, bastante precisamente, que grandes quantidades de dinheiro são atraídas para países onde a taxa de lucro é mais alta. Para Wall Street exercer plenamente suas forças magnéticas sobre o capital estrangeiro, as margens de lucro nos Estados Unidos tinham que alcançar as taxas de lucro da Alemanha e do Japão. Um jeito rápido e sujo de fazer isso foi sufocar os salários norte-americanos: trabalho mais barato leva a custos mais baixos, que leva a margens maiores. Não é coincidência que, até hoje, os rendimentos da classe trabalhadora norte-americana continuem, em média, abaixo de seu nível de 1974. Também não é coincidência que a repressão aos sindicatos tenha se tornado corrente nos anos 1970, culminando na demissão por parte de Ronald Reagan de cada um dos controladores de tráfego aéreo sindicalizados – uma jogada emulada na Inglaterra por Margaret Thatcher, que pulverizou indústrias inteiras para eliminar os sindicatos que as ocupavam. E confrontadas com um Minotauro tragando a maior parte do capital para os Estados Unidos, as classes dominantes europeias consideraram que não havia alternativa a não ser fazer o mesmo. Reagan determinou o ritmo, Thatcher mostrou o caminho. Mas foi na Alemanha, e depois na Europa continental, que a nova guerra de classes – você pode chamá-la de austeridade universal – foi empreendida mais efetivamente.

Uma nova era tinha começado. A trégua do pós-guerra entre o capital e o trabalho estava agora agonizando. A gota d'água veio em 1991, com o fim da União Soviética. Depois disso a Rússia e, de maneira mais significativa, a China se iniciaram voluntariamente no capitalismo globalizado. Dois bilhões de trabalhadores de baixos salários entraram nos domínios do Minotauro. Os salários ocidentais se estagnaram ainda mais. Os lucros aumentaram. A enxurrada de capital que fluía para os Estados Unidos para nutrir a fera se tornou um tsunami.

E foi esse tsunami de capital, fluindo em direção aos Estados Unidos, que deu aos banqueiros de Wall Street a confiança, na verdade a louca arrogância, para conjurar os números insanos que você achou tão incompreensíveis.

A pergunta que agora escuto você fazer talvez seja a mais importante de todas: por que Nixon não tentou *salvar* Bretton Woods? Mesmo desvalorizando o dólar em relação ao ouro, ele poderia ter mantido as restrições aos banqueiros. Ele poderia ter preservado as taxas de câmbio fixas do dólar com as moedas da Europa e do Japão. O que inspirou essa dramática meia-volta entre os governantes da tecnoestrutura?

Do descontentamento incontrolável à desintegração controlada

É 1965. O Flower Power e o Make Love Not War estão no ar. Indo contra a maré, Don Draper explica sua teoria do amor para uma mulher com quem saiu: "O que você chama de amor foi inventado por caras como eu para vender meias-calças". O personagem ficcional (que, insisto, encarna o espírito da tecnoestrutura) recorreu ao cinismo exagerado para transmitir uma ideia: tendo criado desejos e expectativas que, em última instância, seus bens de consumo não podiam de fato satisfazer, e bem antes de sua base econômica ter sido pisoteada pelo voraz Minotauro, a tecnoestrutura estava encarando uma reação negativa indicativa de uma crise espiritual em toda a sociedade.

A Guerra do Vietnã fez muito para radicalizar os jovens após 1965. Só que os jovens vinham se voltando contra o *establishment* de seus pais, e inventando a "diferença geracional", anos antes de o presidente Johnson intensificar a guerra na Indochina. O descontentamento foi inflamado pela guerra, mas não foi causado por ela. Então por que a juventude norte-americana e europeia se ergueu na segunda metade dos anos 1960, numa época de pleno emprego, desigualdade acentuadamente diminuída, novas universidades públicas e todos os adereços de um Estado de bem-estar em expansão?

Falando sozinho, em outro episódio, Draper oferece uma resposta na forma da autocrítica mais severa possível de um homem que dedicou a vida à fabricação de desejos: "Somos falhos porque queremos tantas coisas mais. Estamos arruinados porque conseguimos essas coisas e desejamos o que tínhamos antes".

Uma coisa é nossos sonhos não se realizarem. Outra bastante diferente é perceber que nossos sonhos não realizados, nossos desejos frustrados, foram fabricados por outras pessoas. Quanto mais nossos anseios produzidos em massa são satisfeitos, menos satisfeitos nos sentimos. Quanto maior a capacidade da tecnoestrutura de alvoroçar as paixões, maior o vazio interior quando elas eram atendidas. Para preencher esse vazio, os jovens sentiram uma profunda necessidade de romper com a ordem estabelecida, de se rebelar sem uma causa bem definida, de proclamar sua indignação moral em relação aos caminhos da tecnoestrutura. Os protestos de Maio de 1968, Woodstock, até mesmo o fervor com que os jovens se lançaram nas campanhas pelos direitos civis exalavam a rebeldia que costuma prenunciar um *fin de siècle*; o fim de um regime e sua substituição por algo novo.

Jovens rebeldes que rejeitavam a audácia da tecnoestrutura de planejar tudo, inclusive seus desejos, não eram os únicos a se sentir descontentes. Os anos 1950 e 1960 tinham sido um pesadelo para os que acreditavam de verdade no capitalismo como um sistema natural de ordem espontânea. Para onde quer que se voltassem, eles viam uma planificação centralizada – não a esplêndida operação de forças de mercado independentes que nenhum planejador, por mais bem-intencionado que fosse, deveria ser capaz de questionar. Ainda que ingênuos quanto ao modo como a tecnoestrutura vinha fabricando desejos e fixando preços, eles não podiam deixar de notar a longa mão do Estado direcionando fundos de investimento, impedindo que banqueiros movimentassem dinheiro e fixando o valor em dólares de outras moedas – incluindo a nossa dracma. A seus olhos de livres comerciantes, o Plano Global era próximo demais da planificação soviética para ser aceitável. O Ocidente estava, em suma, psicologicamente preparado para uma ruptura como o Choque de Nixon. Tanto os jovens anticapitalistas como os fanáticos do livre mercado estavam atrás de uma chance de derrubar o que eles enxergavam como um sistema moribundo.

Só que, no fim, não foi nem a esquerda hippie nem a direita libertária que desintegrou o Plano Global. Foi o trabalho de funcionários que tinham servido bem à tecnoestrutura. Sabemos disso direto da fonte, o ex-responsável pelo New Deal que esteve no centro do Choque de Nixon de 1971 e que, entre 1979 e 1987, presidiu o banco central norte-americano, o Fed. Em um discurso de 1978 na Universidade de Warwick, Paul Volcker explicou sucinta e cinicamente o que eles estavam tramando: "[Uma] desintegração controlada do mundo econômico é um objetivo legítimo para a década de 1980".

Era exatamente esse o objetivo do Choque de Nixon: assim como uma implosão controlada derruba um arranha-céu indesejado, Bretton Woods foi demolido para abrir caminho para o Minotauro Global dos Estados Unidos. Para que não haja nenhuma dúvida, as próprias palavras de Volcker, do mesmo discurso em Warwick, dizem tudo: "[P]esando as exigências de um sistema internacional estável e a conveniência de manter liberdade de ação para a política nacional, diversos países, incluindo os Estados Unidos, optaram pela última...".

Onde antes estivera o sistema capitalista global mais estável de todos os tempos, pessoas como Volcker agora erguiam entusiasmadas o sistema internacional mais instável possível, fundado em déficits, dívidas e apostas que inflavam sem parar. Sua desintegração controlada de Bretton Woods logo completaria o novo sistema global. A maioria das pessoas se refere a ele como Globalização ou Financeirização. Sob a talvez excessiva influência de seu gosto por parábolas antigas, eu a chamo de fase Minotauro Global do capitalismo.

As servas favoritas do Minotauro: o neoliberalismo e o computador

A desintegração controlada do antigo sistema planificado e sua substituição pelo recalcitrante Minotauro sempre prejudicaria os trabalhadores norte-americanos. Depois de décadas subindo penosa e agonizantemente a escada socioeconômica degrau por degrau, eles foram sem cerimônia jogados de volta no buraco dos salários que só davam para sobreviver. De que outra forma os sempre crescentes déficits norte-americanos poderiam coexistir com a reforçada hegemonia dos Estados Unidos e uma elite fabulosamente mais rica?

Na prática, a desintegração controlada de Volcker do antigo sistema exigia, além da neutralização dos sindicatos, uma recessão arquitetada para reduzir o poder de barganha dos trabalhadores e a eliminação das amarras que o presidente Roosevelt tinha colocado nos banqueiros para controlar sua imprudência. Esses eram pré-requisitos para a ascensão do Minotauro. Mas também eram grandes demandas políticas com repercussões no mundo todo. Como acontece com toda transformação sistêmica que prejudica inúmeras pessoas, as crueldades necessárias para promovê-la tinham que ser banhadas pela luz de uma ideologia libertadora e redentora. Foi aí que o neoliberalismo entrou.

Nem novo nem liberal, o neoliberalismo era uma miscelânea desinteressante de antigas filosofias políticas. Como teoria, tinha tanto a ver com o capitalismo que de fato existia quanto o marxismo tinha a ver com o comunismo que de fato existia: nada! Ainda assim, o neoliberalismo ofereceu o verniz ideológico necessário para legitimar o ataque ao trabalho organizado e à promoção da dita "desregulamentação" que deixaram Wall Street avançar desgovernado. Junto com ele veio a revitalização de teorias econômicas que a humanidade tinha, corretamente, abandonado durante a Grande Depressão – teorias que presumiam astutamente aquilo que elas alegavam explicar, como a grande falácia de que mercados financeiros desregulamentados sabem o que é melhor.

Por volta da mesma época, no fim dos anos 1970, os primeiros computadores pessoais começaram a ser empregados na engenharia, na arquitetura e, é claro, nas finanças. A piada de então era que errar é humano, mas para bagunçar mesmo as coisas era preciso um computador. Infelizmente, em grandes finanças isso não era piada. Quando dei uma explicação bastante superficial sobre as opções financeiras, ou derivativos, que foram a causa do *crash* de 2008, você percebeu imediatamente que elas estavam prontas para a destruição – só foi preciso uma queda nos preços das ações subjacentes. Por que os financistas não conseguiram enxergar isso? Minha resposta anterior, de que a lógica fora superada pela realização de lucros, era verdade, mas não toda a verdade. O que ficou de fora da minha resposta? Os computadores!

Os computadores permitiram que os financistas complicassem imensamente suas apostas. Em vez de uma simples opção de venda de velhas e enfadonhas ações para Jill, Jack agora podia comprar opções muito mais estilosas, chamadas derivativos. Por exemplo, ele podia comprar um derivativo que era em essência uma opção de compra de um pacote que continha ações de uma variedade de empresas diferentes mais fragmentos de dívidas que proprietários de imóveis do Kentucky, corporações alemãs e até o governo japonês deviam. Como se isso não fosse complexo o bastante, Jack também podia comprar um derivativo equivalente à opção de compra de um pacote de muitos desses... derivativos que algum supercomputador criasse. Quando esses derivativos que continham outros derivativos saíam do computador, nem sequer o "engenheiro" financeiro genial que os criara era capaz de entender o que havia neles. A complexidade, assim, se tornou uma grande desculpa para não examinar os derivativos que eram comprados. Ela liberou as Jills e os Jacks da necessidade de explicar a si próprios por que eles os estavam comprando. Assim que os computadores garantiram que ninguém seria capaz de entender de que esses derivativos eram compostos, todo mundo passou a querer comprá-los porque... todo mundo os estava comprando. E, desde que todo mundo os estivesse comprando, qualquer um que pudesse tomar quantidades imensas de dinheiro emprestado podia ficar bilionário (e evitar ser rotulado de covarde, desmancha-prazeres ou babaca por seus colegas) simplesmente os comprando. Por anos, foi exatamente isso o que aconteceu. Até que, em 2008, a coisa mudou.

Como um breve parêntese, você pode muito bem perguntar: quando a bolha por fim estourou, por que não deixamos os banqueiros ir pelos ares? Por que eles não foram responsabilizados por suas dívidas absurdas? Por duas razões. Primeiro, porque o sistema de pagamentos, o simples meio de transferir uma soma de dinheiro de uma conta para outra, do qual todas as transações dependem, é monopolizado pelos mesmos banqueiros que estavam fazendo as apostas. Imagine ter dado suas artérias e veias de presente para um apostador. Assim que ele perde para valer no cassino, pode te chantagear por qualquer coisa que você tenha simplesmente ameaçando cortar sua circulação. Segundo, porque as apostas dos financistas continham, bem lá no fundo, as escrituras das casas da maioria das pessoas. Um colapso completo do mercado financeiro levaria, portanto, a um despejo em massa e a uma completa quebra do contrato social.

Não se surpreenda com o fato de que os todos-poderosos financistas de Wall Street se deram ao trabalho de financeirizar as modestas casas de pessoas pobres: depois de ter pegado emprestado o máximo que podiam de bancos e clientes abastados para fazer suas apostas insanas, eles estavam ávidos por mais – já que quanto mais apostavam, mais ganhavam.

Então eles criaram mais dívidas do nada para usar como matéria-prima para mais apostas. Como? Fazendo empréstimos para trabalhadores de colarinho azul que sonhavam com a segurança de uma casa própria. E se esse "povinho" não conseguisse de fato arcar com suas hipotecas no médio prazo? Ao contrário dos banqueiros das antigas, as Jills e os Jacks que agora lhes faziam os empréstimos não ligavam se os pagamentos eram feitos, porque nunca tiveram a intenção de receber. Em vez disso, depois de conceder a hipoteca, eles a colocavam em seu moedor computadorizado, a picavam digitalmente em pedaços ínfimos de dívidas e as reembalavam em um de seus confusos derivativos – que eles então vendiam com uma margem de lucro. Quando por fim o pobre "proprietário" ficava inadimplente e sua casa era tomada, o financista que primeiro fizera o empréstimo já estava em outra havia muito tempo.

Eu me lembro de um economista famoso, nos anos 1980, dizendo sarcasticamente que, para onde quer que olhasse, ele "via" os ganhos de produtividade que os computadores tinham trazido – "em toda parte", continuou ele, "exceto nas estatísticas de produtividade". Ele estava certo: assim como as primeiras gerações de computadores não economizaram papel nenhum, já que tendíamos a imprimir qualquer coisa importante (com frequência duas vezes), eles também fizeram pouco para estimular a produção industrial. Mas o computador teve, sim, um enorme impacto nas finanças. Ele multiplicou a complexidade dos instrumentos financeiros ao esconder a feiura no interior deles. E permitiu que sua negociação frenética chegasse quase à velocidade da luz.

Será que agora você consegue entender como, em 2007, o mundo das finanças tinha conseguido fazer apostas que valiam dez vezes mais do que os rendimentos totais da humanidade? Três foram as servas dessa insanidade motivada: as enxurradas de dinheiro que corriam para o Minotauro Norte-Americano, a complexidade dos derivativos financeiros gerada pelos computadores e a fé neoliberal de que os mercados sabem o que é melhor.

De volta à sua pergunta

"Agora que os computadores conversam uns com os outros, essa rede vai tornar impossível derrubar o capitalismo? Ou vai finalmente revelar seu calcanhar de Aquiles?"

Você tem sido extremamente paciente comigo. Tudo neste capítulo ladeou a sua pergunta, oferecendo só um prelúdio para sua resposta: as grandes metamorfoses do capitalismo que aconteceram desde a descoberta do eletromagnetismo. Mas eu devo pedir ainda um pouco mais da sua paciência.

Primeiro, preciso abrir o coração sobre uma coisa. Ao ouvir sua pergunta, senti uma pontada de tristeza. Pela primeira vez, você não estava mais me instruindo com confiança – me explicando como a mudança tecnológica arruinou a ordem social existente, impulsionou a história e engendrou o progresso, acompanhado por lamentos ao estilo de Hesíodo sobre o que foi perdido. Não, de repente você estava *me* pedindo para *lhe* explicar uma transformação tecnológica e social! A tristeza inexplicável começa a fazer sentido. A pergunta – a internet fez com o capitalismo o que a magia do ferro fez com a Pré-história ou ela tornou o capitalismo invencível? – não é apenas difícil de responder. A responsabilidade de respondê-la marcou um rito de passagem, um fechar de cortinas de uma infância abençoada. Colocou sobre mim a incumbência de levar adiante o *seu* método de raciocínio.

Então deixe-me tentar fazer isso: não, pai, ainda que ela tenha dado ao capitalismo uma alavancada impressionante por algumas décadas, a internet não tornou o capitalismo invencível. Mas ela também não se provou ser, por si só, seu calcanhar de Aquiles, como sugeri inicialmente. O que a internet fez com o capitalismo foi mais sutil: junto com o mercado de atenção que a tecnoestrutura tinha fabricado, e sob as circunstâncias criadas pela espetacular ascensão do Minotauro, para não mencionar sua queda em 2008, a internet destruiu a adaptação evolutiva do capitalismo. E, como vou explicar no capítulo seguinte, ela fez isso incubando uma nova forma de capital, que em última instância habilitou seus detentores a se libertar do capitalismo e a se tornar uma nova classe dominante em direito próprio.

Sim, o *capital* ainda existe e floresce, ainda que o capital*ismo* não. Nada disso deveria surpreendê-lo – afinal, isso é o que você me ensinou. Assim como mutações consecutivas multiplicam as variantes de um organismo até que, a determinada altura, uma espécie nova em folha apareça, a mudança tecnológica age dentro de um sistema social até que, de repente, o sistema tenha sido transformado em algo bastante distinto, ainda que isso não signifique que todos os materiais dos quais o sistema é construído – capital, trabalho, dinheiro – tenham necessariamente mudado. Melhoras na navegação e na construção naval não acabaram por si só com o feudalismo. Só que, quando os volumes de comércio resultantes e a riqueza mercantil acumulada alcançaram uma massa crítica, eles desencadearam a mercantilização da terra, depois do trabalho, pouco depois de quase tudo. Antes que qualquer um percebesse, o feudalismo tinha se metamorfoseado no capitalismo.

Da mesma forma com a tecnoestrutura, que controlava os mercados durante e depois da guerra; com os *Mad Men* de Don Draper, que transformaram nossa atenção em uma mercadoria essencial; e com o Choque de Nixon, cuja demolição do Plano Global permitiu que os números insanos de Wall Street financiassem a ascensão do Minotauro. Nenhum desses desdobramentos derrubou o capitalismo, mas eles podem ser pensados como mutações em seu DNA que levaram a uma série de metamorfoses impressionantes à medida que ele se adaptava e evoluía, como um vírus encarando uma miscelânea de vacinas. Mas chega uma hora em que alguma coisa evoluiu tanto que provavelmente é melhor chamá-la por outro nome.

Antes de mergulhar na metamorfose final do capitalismo, no que eu chamo de tecnofeudalismo, talvez seja oportuno dedicar algumas últimas palavras ao Minotauro Global – a fera metafórica que representa o sistema de reciclagem financeira global centrado nos Estados Unidos que, entre o fim da década de 1970 e 2008, ofereceu todos os adereços da nossa tragédia presente: a Big Finance, as Big Techs, o neoliberalismo, a desigualdade em escala industrial, para não mencionar democracias tão atrofiadas que são necessários filmes como *Não olhe para cima* para explicar a paralisia da humanidade diante da catástrofe climática.

Então, aqui vem o mais breve dos discursos fúnebres: o Minotauro de Creta foi morto por um príncipe de Atenas, Teseu. Sua morte pôs fim à Pré-história e marcou o início da era clássica da tragédia, da história, da filosofia. A morte do Minotauro de nossa época é menos heroica: é uma vítima de banqueiros covardes de Wall Street cuja arrogância foi recompensada com massivos planos estatais de resgate financeiro que não serviram de nada para ressuscitar o Minotauro. Pois, ainda que o déficit norte-americano tenha voltado ainda pior um ano depois do *crash* de 2008 e dos subsequentes resgates financeiros aos banqueiros, ele nunca restaurou a capacidade da fera de reciclar os lucros mundiais.

É verdade, o resto do mundo continuava a mandar a maior parte de seus lucros para Wall Street. Mas o mecanismo de reciclagem se quebrou: apenas uma pequena fração do dinheiro que corria para Wall Street retornava em forma de investimentos tangíveis para fábricas, tecnologias, agricultura. A maior parte do dinheiro do mundo corria para Wall Street para ficar em Wall Street. Lá, ele chapinhava sem fazer nada de útil. À medida que ele se acumulava, aumentava os preços das ações, dando, assim, às Jills e aos Jacks das finanças mais uma oportunidade de fazer coisas estúpidas em escala colossal.

Alguns de nós tinham ousado esperar que a morte do Minotauro pudesse nos ajudar a construir um novo sistema no qual a riqueza já não precisasse da pobreza para florescer e o desenvolvimento fosse pensado em termos de "melhor" e não de "mais". Os que tinham uma disposição hiperotimista chegaram até a sonhar com o dia em que a exploração definharia, a política seria democratizada – talvez até com a ajuda da internet – e a resiliência de nosso meio ambiente sobrepujaria outras prioridades. Essas esperanças se dissiparam depois de 2009, e, embora para alguns de nós elas tenham sido retomadas durante a grande crise seguinte, a pandemia, não era para ser.

Nosso Minotauro vai, no fim, ser lembrado como uma fera triste e bravia cujo domínio de trinta anos criou, e depois destruiu, a ilusão de que o capitalismo pode ser estável; a ganância, uma virtude; e as finanças, produtivas. Ao morrer, ele forçou o capitalismo a entrar em sua metamorfose final e fatal, dando à luz um sistema em que o poder está nas mãos de ainda menos indivíduos, que possuem um admirável tipo de capital novo.

3
O CAPITAL-NUVEM

Em *Liga da Justiça*, um sucesso de bilheteria de Hollywood que reuniu uma série de super-heróis em uma tentativa de salvar a Terra da desertificação, há uma cena em que o Aquaman entra no carro de Bruce Wayne, o homem por trás do lendário Batman. "Qual é mesmo o seu superpoder?", pergunta ele com a impertinência de um super-herói pentelho.

"Eu sou rico", responde Wayne.

A implicação é tanto simples quanto profunda: poder de peso vem da riqueza de peso, não dos músculos extraterrestres do Super-Homem nem da armadura acerada do Homem de Ferro.

Nada de novo aqui, você vai dizer. Como cantava o Abba, "*It's a rich man's world*" [O mundo é dos ricos]. Mas o que *precisamente* transforma riqueza em um superpoder? No nível mais rudimentar, é o acesso assimétrico a recursos escassos. Imagine que você está vagando perdido no deserto do Saara, prestes a morrer de sede, e eu me aproximo de você em um camelo carregado de garrafas d'água. De repente, tenho o poder de fazer você "se voluntariar" a realizar coisas em meu favor. O mesmo acontece com Jill e Gail, fazendeiras vizinhas atingidas pela seca: quando Jill é a única a encontrar uma fonte de água em sua terra, ela imediatamente obtém poder sobre Gail.

A posse exclusiva de terra fértil e irrigada é uma fonte de poder clássica. Há mais de três mil anos, como você uma vez me explicou, os dórios se lançaram do norte sobre a península grega. Como eles tinham armas de ferro e os micênicos não, tomaram posse das terras boas. Uma vez que eles as possuíam, obtiveram o poder sobre aqueles que as tinham perdido. E até bem recentemente, era essa exata combinação – de terras e armamento sofisticado – que decidia quem fazia o que com quem; quem tinha poder e quem tinha que obedecer. Isso era o feudalismo.

Então uma coisa estranha aconteceu: o poder se dissociou da terra e passou a se investir, em um grau até então sem paralelos, nos detentores de algo chamado capital. O que é o capital? Não é dinheiro, ainda que o dinheiro possa lhe comprar capital – do mesmo modo que pode comprar terras, artefatos, boa publicidade. E não são armas, ainda que as armas possam ajudá-lo a expropriar capital, bem como terras.

Antes do capitalismo, era fácil definir o capital. Ele tomava a forma de *bens materiais* que eram produzidos especificamente com o propósito de *produzir outros bens*. Uma espada de aço, nesse sentido, não era capital – já que ela não era capaz de produzir nada, a não ser uma cabeça cortada ou um torso perfurado. Mas um arado de aço ou uma vara de pescar eram típicos bens de capital ou, para reformular a definição, *meios de produção produzidos*.

Os bens de capital já tinham importância milênios antes do capitalismo. Sem as ferramentas sofisticadas dos antigos engenheiros, nenhuma cidade como a Babilônia, nenhum templo como o Partenon e nenhuma fortificação como a Grande Muralha da China teriam sido erguidos. Do personagem fictício Robinson Crusoé, que sobreviveu à sua provação graças às varas de pescar, armas, martelos e cinzéis que resgatou de seu naufrágio, às grandes propriedades feudais que financiaram as esplêndidas catedrais da Europa, os bens de capital armaram as mãos humanas com novos poderes, mexeram com nossa imaginação e aumentaram nossa produtividade, para não dizer nossa capacidade de matar uns aos outros com cada vez mais eficiência.

Mas então veio o capitalismo, surfando na novíssima capacidade do capital: o poder de comandar.

Capital de comando

Em 1829, um inglês de 36 anos decidiu deixar a Inglaterra e tentar a sorte na Austrália. Thomas Peel, um homem de posses e conexões políticas, zarpou para a Oceania com três bons navios que levavam, além de sua família, 350 trabalhadores (homens, mulheres e crianças), sementes, ferramentas e outros bens de capital, além de 50 mil libras esterlinas em dinheiro – uma soma considerável na época, mais ou menos equivalente a 4,6 milhões de libras hoje. A ideia era fundar uma pequena, mas moderna, colônia agrícola nos mil quilômetros quadrados de terra que as autoridades tinham expropriado dos nativos em favor dele. Mas, pouco depois de sua chegada, seus planos foram arruinados.

A principal causa do fracasso de Peel lhe era inimaginável. Seus planos eram meticulosos. Sim, haveria dificuldades, desde safras ruins à resistência de australianos nativos e conflitos com as autoridades coloniais do lugar. Só que com sua influência política, seus trabalhadores ingleses qualificados, bens de capital importados e de ponta e com dinheiro suficiente para pagar os trabalhadores e comprar as matérias-primas necessárias por um bom tempo, ele imaginou que tinha tudo sob controle. Lamentavelmente, como Karl Marx gracejou décadas mais tarde, havia uma coisa que Peel não tinha conseguido levar da Inglaterra: o capitalismo![1]

A ruína de Peel chegou quando algo inesperado aconteceu: seus trabalhadores o abandonaram em massa, uma versão austral oitocentista da Grande Renúncia.* Eles simplesmente seguiram em frente, arranjaram terrenos para si mesmos nas cercanias e entraram sozinhos nos negócios. Foi um desastre para o qual Peel estava mal preparado devido à sua formação inglesa. Embalado por uma falsa sensação de controle pela situação nas Ilhas Britânicas, ele supôs que o capital que tinha levado consigo da Mãe Inglaterra lhe conferia todo o poder de que precisava sobre seus empregados ingleses.

A suposição de Peel era a de que seus empregados *não tinham opção além do trabalho remunerado*. Era uma suposição sensata na Grã-Bretanha, onde, depois dos cercamentos – a privatização em massa das terras comuns que aconteceu a partir do fim do século XVIII –, os camponeses expulsos não tinham acesso a nenhuma terra. Trabalhadores sem terra

---

* A Grande Renúncia [Great Resignation] foi um movimento de demissão voluntária em massa que impactou a economia dos Estados Unidos entre 2021 e 2022, durante a pandemia de Covid-19, motivado pela precariedade das condições de trabalho. [N.R.]

que abdicassem de um trabalho assalariado em Manchester, Liverpool ou Glasgow simplesmente morreriam de fome. Só que no Oeste da Austrália, as terras abundantes (que possibilitavam até a presença dos habitantes nativos da Austrália) ofereciam uma alternativa a eles: demissão e trabalho autônomo. E, assim, o desafortunado sr. Peel foi deixado com bens de capital esplêndidos e produzidos na Inglaterra, dinheiro na mão, mas sem poder para comandar seus trabalhadores.

A terra é o que é: o solo fértil em que os vegetais crescem, os animais pastam, as construções são erguidas e sobre o qual os humanos devem ficar antes de corrermos, zarparmos ou alcançarmos os céus e as estrelas. Mas o capital, tal como o trabalho, é diferente da terra por possuir uma segunda natureza – algo de que comecei a me dar conta quando você me apresentou a peculiar natureza dual da luz. Efetivamente, uma das naturezas do capital é tangível, física e produtora de um aumento mensurável de produtividade. Mas sua segunda natureza é um poder inefável de comandar os outros – um poder potente mas frágil que Peel entendeu mal, para seu grande prejuízo.

A transição do feudalismo para o capitalismo foi, em essência, um deslocamento do poder de comando dos proprietários de terra para os detentores de bens de capital. Para isso acontecer, os camponeses tiveram primeiro que perder o acesso autônomo às terras comuns. É por isso que os cercamentos na Inglaterra foram essenciais para o nascimento do capitalismo: eles negaram à mão de obra inglesa as oportunidades que os trabalhadores de Peel descobriram no Oeste da Austrália. Eu me lembro de você me dizer que todos os anos os funcionários de Chalyvourgiki, a siderúrgica grega onde você trabalhou a vida toda, tiravam uma licença não remunerada de um mês, às vezes mais, para voltar aos seus vilarejos e apanhar azeitonas ou colher trigo. Essas opções, você comentou, são boas para os trabalhadores, mas não tão boas para o capitalismo.

Ao restringir o acesso às terras, os cercamentos ajudaram o capital a transcender seu papel original de aumentar a produtividade e a crescer exponencialmente em poder de comando. Não tardou para que a mercantilização mundial das antigas terras comuns possibilitasse ao capital atingir a supremacia em todos os cantos do planeta. Com a ampliação do poder de comando do capital sobre o trabalho, os donos do capital juntaram grandes riquezas. À medida que suas riquezas se acumulavam, seu poder social proliferava. Eles passaram de empregadores a fixadores de pauta onde quer que grandes decisões estivessem sendo tomadas. Logo, os capitalistas podiam dar ordens a todo mundo, incluindo a aristocracia fundiária – até a realeza. De fato, o único modo que a aristocracia encontrou para persistir em alguns países foi se juntar à classe capitalista ou, pelo menos, se submeter a ela.

O poder de comando do capital, sua força oculta, remodelou o mundo: de sua gênese por volta de duzentos anos atrás à construção da tecnoestrutura do pós-guerra à ascensão do Minotauro Global e por fim sua queda em 2008. Hoje, no entanto, nós estamos testemunhando a ascensão de uma nova forma de capital com uma capacidade de comandar tão sem precedentes que nos compele a repensar inteiramente o sistema ao qual ele deu seu nome. Eu o chamo de capital-nuvem.

De Don à Alexa

Antigamente, você levava para casa seus "amigos" com os quais fazíamos experimentos na lareira – meu batismo de fogo no calor vermelho da metalurgia. Há alguns anos, eu também levei para casa dois "amigos" para experimentos: um Google Assistente e uma Alexa da Amazon. Depois de meses praticamente ignorando o Google Assistente sobre minha mesa de trabalho, eu tive uma conversa intrigante com ele antes de escrever estas linhas. A conversa começou, por acaso, quando ele ativou a si mesmo, sem o meu comando.

"Mas o que é que você está fazendo?", perguntei.

"Estou aprendendo novos jeitos de ajudá-lo melhor", respondeu o dispositivo numa voz feminina aprazível.

"Pode parar agora mesmo!", mandei.

"Desculpe, vou me desligar", ele disse.

É claro que era mentira. Esses dispositivos nunca desligam a si mesmos, eles só fingem estar em repouso. Ainda um tanto irritado, decidi que, em vez de desconectá-lo, eu o colocaria contra o seu competidor.

"OK, Google, o que você acha da Alexa?", perguntei.

"Eu gosto dela, principalmente da luz azul que ela tem", ele respondeu inabalável, antes de acrescentar: "Nós, assistentes, precisamos ficar unidos".

Do cômodo ao lado, onde o aparelho da Amazon estava em cima de outra mesa de trabalho, a Alexa se ativou para pronunciar uma palavra: "Obrigada!".

Essa estranha demonstração de solidariedade entre os dois dispositivos de IA concorrentes concentrou minha mente na pergunta crucial que muitas vezes esquecemos de fazer: o que um dispositivo como a Alexa é exatamente? O que ele faz de verdade? Se você perguntar à Alexa, ela vai dizer que é uma tecnologia de assistência virtual doméstica, pronta para acatar suas ordens – acender as luzes, pedir mais leite, fazer uma anotação, ligar para um amigo, fazer uma busca na internet, contar piadas. Para resumir, ser sua dedicada e ávida criada mecanizada. Tudo verdade. Só que a Alexa nunca, mas nunca irá lhe dizer o que ela é *de verdade*: um minúsculo dente de engrenagem em uma vasta rede de poder baseada nas nuvens, dentro da qual você é um mero nodo, um grão de poeira digital, na melhor das hipóteses um joguete de forças além de sua compreensão ou controle.

Don Draper também nos tratava com condescendência. Ele nos vendia o chiado da carne na chapa, não a carne. Usava nossa nostalgia como uma arma e manipulava nossa melancolia para nos vender barras de chocolate, hambúrgueres gordurosos e projetores de slides. Ele sabia como nos fazer comprar coisas de que não precisávamos ou que não queríamos de verdade. Comprava nossa atenção para mercantilizar nossa alma e contaminar nosso corpo. Mas contra Don pelo menos nós tínhamos alguma chance. Era sua astúcia contra a nossa. Contra a Alexa não temos nenhuma: seu poder de comando é sistêmico, esmagador, galáctico.

Enquanto falamos no telefone ou nos deslocamos e fazemos coisas pela casa, a Alexa escuta, observa e aprende nossas preferências e hábitos. À medida que vai nos conhecendo, desenvolve uma capacidade excepcional de nos surpreender com boas recomendações e ideias intrigantes. Antes de nos darmos conta, o sistema oculto por trás da Alexa já obteve poderes substanciais para fazer uma curadoria da nossa realidade, de modo a poder guiar nossas escolhas – efetivamente, nos comandar. Isso é diferente do que Don fazia?

A resposta é: imensamente. Don tinha um talento para inventar modos de nos insuflar com desejos fabricados. Mas era uma rua de mão única. Por meio da televisão ou de grandes outdoors nas cidades e ao longo das rodovias, Don implantava anseios em nosso subconsciente. E era isso. Só que com dispositivos baseados nas nuvens, como a Alexa, no lugar de Don, nos encontramos em uma rua de mão dupla permanentemente ativa entre nossa alma e o sistema baseado em nuvem que se esconde por trás da voz reconfortante da Alexa. Nas palavras dos filósofos, a Alexa nos apanha na mais dialética das regressões infinitas.

E isso significa exatamente o quê? Significa que aquilo que começa com nós mesmos treinando a Alexa para fazer coisas em nosso lugar logo foge de controle e se torna algo que não podemos nem compreender nem regular. Pois uma vez que treinamos seu algoritmo e a alimentamos com dados sobre nossos hábitos e desejos, a Alexa começa a *nos* treinar. Como ela faz isso? Ela começa com leves incentivos para fornecermos mais informações sobre nossas preferências, que ela então ajusta em acesso a vídeos, textos e músicas que apreciamos. Após nos conquistar dessa maneira, ficamos mais sugestionáveis às suas orientações. Em outras palavras, a Alexa nos treina *para treiná-la melhor*. O passo seguinte é mais assustador: depois de nos impressionar com sua capacidade de agradar os nossos gostos, ela passa a curá-los. Ela o faz expondo-nos a experiências com imagens, textos e vídeos que ela seleciona para sutilmente *condicionar* nossos caprichos. Não demora para ela estar nos treinando para treiná-la para nos treinar para treiná-la para nos treinar... *ad infinitum*.

Esse *loop* infinito, ou regressão, permite que a Alexa, e a grande rede algorítmica que se esconde na nuvem por trás dela, guie o nosso comportamento de maneiras extraordinariamente lucrativas para seus proprietários: depois de automatizar o poder da Alexa para fabricar, ou pelo menos fazer a curadoria, dos nossos desejos, ela concede aos seus proprietários uma varinha mágica com a qual podem modificar nosso comportamento – um poder com o qual todos os comerciantes sonham desde tempos imemoriais. Essa é a essência do capital de comando algorítmico e baseado nas nuvens.

Singularidades

O antigo medo da humanidade de suas criações tecnológicas está no cerne de muitas das tramas prediletas de Hollywood. Filmes como *O exterminador do futuro* e *Matrix* ativam o mesmo medo que moveu o *Frankenstein* de Mary Shelley e o antigo relato do mito de Pandora por Hesíodo, no qual ela é um autômato feito por Hefesto sob as instruções de Zeus para nos castigar pelo crime de Prometeu de roubar o fogo dos deuses em nosso benefício. Todos esses mitos, filmes e séries de televisão apresentam uma assim chamada *singularidade*: o momento em que uma máquina, ou uma rede de máquinas, alcança a consciência. Nessa altura, ela em geral dá uma boa olhada para nós – seus criadores – e decide que não somos adequados, antes de passar a nos erradicar, escravizar ou meramente nos tornar miseráveis.

O problema com essa trama é que, ao enfatizar uma ameaça inexistente, ela nos deixa expostos a um perigo bastante real. Máquinas, como a Alexa, ou até *chatboxes* de IA impressionantes, como o ChatGPT, estão muito longe da temida singularidade. Elas podem fingir ser sencientes, mas não são – e, possivelmente, nunca poderão ser. Mas mesmo que elas mesmas sejam mais burras que uma porta, seu efeito pode ser devastador, e seu poder sobre nós, exorbitante. Afinal, hoje, por quantias relativamente modestas, é possível comprar máquinas assassinas programadas com reconhecimento facial e recursos de "autoaprendizagem" que as tornam, para todos os efeitos, autônomas (em contraste com, digamos, drones que precisam ser pilotados remotamente por humanos). Se elas são capazes de voar autonomamente dentro de um prédio, escolhendo quem matar e quem poupar, quem liga para o fato de não serem sencientes?

Da mesma forma com a Alexa e outros dispositivos do tipo. Não importa nem um pouco que eles sejam apêndices irracionais de uma rede processadora de dados que apenas simula inteligência. Nem que seus criadores possam ter sido motivados pela curiosidade e pela busca de lucros, e não por algum plano diabólico para subjugar a humanidade. O que importa é que eles exercem um poder inimaginável sobre o que nós fazemos – em favor de um grupo minúsculo de humanos de carne e osso. Isso também pode ser entendido como uma singularidade, ainda que num sentido ligeiramente mais simples: o momento em que alguma coisa inventada por "nós" se torna independente de nós e mais poderosa que nós, nos sujeitando ao seu controle. De fato, desde a Revolução Industrial original até hoje, nós dotamos as máquinas com "uma vida só delas": sejam motores a vapor, motores de busca ou apps, nossos gloriosos artefatos podem ser totalmente imbecis, mas são capazes de nos fazer sentir como, nas palavras de Marx, o "feiticeiro que já não pode controlar os poderes infernais que invocou".[2]

A outra coisa que essa trama omite é que singularidades não acontecem graças apenas à tecnologia. Algo social e político precisa acontecer primeiro. Em um livro anterior, em que me dirigi à sua neta, eu especulei sobre o que teria acontecido se James Watt tivesse inventado o mesmo motor a vapor no Egito antigo: "O máximo que ele poderia ter esperado é que o governante do Egito tivesse ficado impressionado e colocado um ou mais de seus motores no palácio, para demonstrar aos visitantes e subalternos como seu império era engenhoso".[3]

Meu raciocínio era que a razão por que o motor a vapor mudou o mundo, em vez de acabar como uma atração no jardim paisagístico de algum governante, foi o ataque épico que se abateu sobre as terras comuns antes de sua invenção: os cercamentos. A singularidade que agora chamamos de Grande Transformação – nome dado pelo grande teórico Karl Polanyi para o nascimento da sociedade de mercado ao longo do século XIX e início do século XX – envolveu precisamente esta sequência: primeiro a pilhagem das terras comuns, possibilitada pela violência bruta do Estado, e só então o esplêndido avanço tecnológico de Watt.

Uma sequência de impressionante semelhança deu à luz o capital-nuvem: primeiro, a pilhagem épica dos *commons* – ou recursos compartilhados – da internet, possibilitada por políticos, e então uma sequência de invenções tecnológicas espetaculares – do motor de busca de Sergey Brin à incrível gama de aplicativos de IA de hoje. Em resumo, nos últimos dois séculos e meio, a humanidade teve que lidar com duas singularidades, nenhuma das quais exigiu que as máquinas conquistassem a senciência. Cada uma exigiu, sim, uma ampla pilhagem de um bem comum, uma classe política conivente, e só então um maravilhoso avanço tecnológico. Foi assim que a Era do Capital original aconteceu. E é assim que a Era do Capital-Nuvem está raiando. Contar toda a história de como isso aconteceu vai ajudar a explicar como o capital-nuvem obteve seus poderes sem precedentes.

O nascimento dos *commons* da internet

"Agora que os computadores conversam uns com os outros, essa rede vai tornar impossível derrubar o capitalismo? Ou vai finalmente revelar seu calcanhar de Aquiles?" Para avaliar o impacto da internet no capitalismo, precisamos primeiro entender a evolução de sua relação *com* o capitalismo. No início, não havia nenhuma!

A internet dos primórdios era uma zona livre de capitalismo. Na verdade, estava mais para uma homenagem ao Gosplan soviético – o Comitê Estatal de Planejamento cujo trabalho era substituir o mecanismo de mercado: uma rede não comercial, de propriedade do Estado, projetada de modo centralizado. Ao mesmo tempo, ela apresentava elementos do início do liberalismo, e mesmo tributos àquilo que chamo de "anarcossindicalismo": sendo uma rede sem hierarquia, ela dependia de tomadas de decisões horizontais e de trocas mútuas de presentes, não de trocas de mercado.

O que é inimaginável hoje fazia perfeito sentido na época. Os Estados Unidos estavam em transição de sua Economia de Guerra para as realidades da Guerra Fria. Até os mais ferrenhos defensores do livre mercado entenderam que o planejamento para um confronto nuclear com a União Soviética era importante demais para ser deixado para forças de mercado. À medida que a corrida pelas armas nucleares aumentou de ritmo, o Pentágono escolheu de forma centralizada financiar o projeto e a construção de uma rede descentralizada de computadores. Seu único propósito? Resolver como fazer diferentes silos que abrigavam armas nucleares se comunicarem uns com os outros, e todos eles com Washington, sem um terminal central que uma bomba nuclear soviética pudesse eliminar de uma única vez. Foi assim que aconteceu a maior antinomia de todos os tempos: uma rede de computadores não comercial, construída pelo governo norte-americano e por ele detida que era externa aos mercados e aos imperativos capitalistas, mas cujo propósito era a defesa do domínio capitalista.

Só que, como sabemos do capítulo anterior, o início da internet não foi nenhuma aberração. Sua natureza não mercantilizada ressoava com o que estava acontecendo na economia mais ampla dos Estados Unidos, que era dominada por uma tecnoestrutura que desprezava os livres mercados e os usurpava para seus próprios propósitos, e no Japão, que estava sendo reconstruído sob supervisão norte-americana nessas mesmas linhas. Nesse ambiente global, não era de se espantar que a tecnologia nascente mais promissora – a novata internet – também fosse construída como um *commons* digital. Em vez de depender do que era um mercado efetivamente inexistente, a cooperação em todo o Ocidente, e que incluía o Japão, foi o caminho óbvio para construir a rede digital de que o Pentágono precisava.

Graças à avidez por alistar os mais brilhantes *geeks* de computadores de diversos países, também fazia sentido projetar a internet de um modo que maximizasse a livre comunicação entre os especialistas da tecnoestrutura. Um protocolo é uma linguagem por meio da qual os computadores conseguem comunicar números e texto, incluindo o endereço de remetentes e destinatários. Os envolvidos na construção da internet original decidiram por protocolos "comuns" ou "abertos", linguagens que estavam disponíveis para qualquer pessoa usar de graça.

A Internet One – a internet original – foi, portanto, inventada e mantida por acadêmicos, pesquisadores e cientistas militares que eram empregados por uma variedade de entidades não comerciais pelos Estados Unidos e seus Aliados Ocidentais. Graças à sua acessibilidade e seu espírito de esforço compartilhado, ela atraiu inúmeros entusiastas que produziram boa parte de suas bases de graça; alguns por amor, outros por um ímpeto insaciável de estar entre os pioneiros que construíram a primeira rede de comunicação não intermediada, mundial e horizontal. Na década de 1970, quando o Plano Global dos Estados Unidos morria e o Minotauro Global nascia, todos os alicerces desse maravilhoso *commons* digital estavam no lugar.

E eles ainda estão, apesar de escondidos sob os edifícios monstruosos erguidos sobre eles pelas Big Techs. De fato, os vestígios da Internet One ainda nos servem bem. Mesmo que eles funcionem fora de vista, bem escondidos em nossos computadores, não podemos evitar vislumbres ocasionais de seus acrônimos: letras como TCP/IP, que se referem ao protocolo que nossos computadores usam para mandar e receber informações. Ou POP, IMAP e SMTP, os protocolos originais que ainda permitem que troquemos e-mails. Ou, quem sabe, o que tem mais visibilidade de todos eles, HTTP – o protocolo por meio do qual visitamos websites. Nós não pagamos um tostão para usar esses protocolos, nem padecemos com propagandas como o preço indireto a pagar por usá-los. Como as terras comuns da Inglaterra antes dos cercamentos, eles continuam livres para qualquer um usar; não muito diferente da Wikipédia, um dos poucos exemplos sobreviventes de serviços baseados em um *commons* que exige uma enorme quantidade de trabalho para ser produzido e mantido, mas que nenhum proprietário "monetiza".

Os novos cercamentos

A Internet One foi uma criança desafortunada. Como um recém-nascido cuja mãe morreu no parto, seus protocolos abertos foram formulados durante uma década, os anos 1970, que foi hostil a tais empreendimentos socialistas. Mesmo enquanto os arquivos de dados do primeiro "lote" (o antecessor do e-mail) corriam pelos cabos originais da Internet One, a destruição do Plano Global já estava em curso. E assim uma rede compartilhada projetada para ser livre das forças de mercado foi forçada a dar seus primeiros passos hesitantes no impiedoso mundo novo do Minotauro, onde os bancos tinham sido liberados de muitas de suas amarras da era do New Deal e a financeirização de tudo tinha começado.

É da natureza dos financistas apostar com o dinheiro que os clientes pedem que eles administrem em nome deles, mesmo que só lidem com ele por alguns minutos. É assim que eles obtêm lucro. Suas únicas restrições são a vigilância de seus clientes e as ocasionais bisbilhotices de um regulador financeiro. É por isso que a complexidade é amiga dos financistas – pois ela permite que eles dissimulem apostas cínicas como produtos financeiros inteligentes. É então de se espantar que desde o início os financistas adorassem os computadores? Como descrevi no capítulo anterior, do fim dos anos 1970 em diante os banqueiros encobriram suas apostas alimentadas por dívidas com camadas de complexidade gerada por computadores que tornaram invisíveis riscos gigantescos e seus próprios lucros correspondentemente vastos. No início da década de 1980, os derivativos financeiros em oferta eram construídos com base em algoritmos tão complexos que até seus criadores não tinham a menor chance de compreendê-los inteiramente.

E foi assim que, dissociados do universo mundano do capital físico, legitimados pela ideologia do neoliberalismo, alimentados por uma nova virtude chamada "ganância", encobertos pela complexidade de seus computadores, os financistas se reinventaram – não sem alguma justificativa – como mestres do universo. Nesse universo, no qual os algoritmos já tinham se tornado as criadas dos financistas, a internet original, dos *commons*, não tinha a menor chance. Novos cercamentos eram só uma questão de tempo.

E assim como com os cercamentos originais, seria necessário algum tipo de cerca para manter as massas longe de um recurso tão importante quanto esse. No século XVIII, foi à terra que muitos tiveram o acesso negado. No século XXI, é o acesso às nossas próprias identidades.

Pense só: eu ainda tenho a carteira de identidade azul-clara que emitiram para você quando em 1950 você saiu daquele campo de prisioneiros. Eu me lembro de você me contar como a polícia mexeu com você antes de entregá-la. Era um exemplo extremo de como, até bem recentemente, nossa relação com nossa identidade era mediada e controlada pelo Estado, que possuía um monopólio sobre os poderosos símbolos que nos legitimam como cidadãos com direitos: passaportes, certidões de nascimento, sua carteira de identidade desbotada. Hoje, tudo isso foi escanteado por uma identidade digital que na realidade exerce mais trabalho do que aqueles artefatos materiais.

E, no entanto, espantosamente, nossa identidade digital não pertence nem a nós nem ao Estado. Espalhada por inúmeros domínios digitais de propriedade privada, ela tem muitos donos, nenhum dos quais somos nós mesmos: um banco privado é dono dos seus códigos de acesso e de todo o seu histórico de compras. O Facebook está intimamente familiarizado com as pessoas – e com as coisas – de que você gosta. O Twitter se lembra de cada pequena consideração que chamou sua atenção, cada opinião com que você concordou, que o deixou furioso, em que você se demorou indolentemente antes de rolar a tela. A Apple e o Google sabem melhor do que você o que você assiste, lê, compra, com quem você se encontra, quando e onde. O Spotify possui um histórico de suas preferências musicais mais completo do que o que está armazenado em sua memória consciente. E por trás deles estão inúmeros outros, ocultamente reunindo, monitorando, peneirando e comercializando sua atividade em busca de informações sobre você. A cada dia que passa, alguma corporação baseada nas nuvens, cujos proprietários você nunca se dará ao trabalho de saber quem são, detém mais um aspecto da sua identidade.

Eu me lembro de que, nos anos logo depois que a televisão chegou à Grécia, você e minha mãe resistiram aos meus apelos para comprar uma "caixa idiota", temendo que ela dominasse nossos sentidos e embotasse nossas conversas à noite. Hoje, resistir ao surrupio legal de nossa identidade digital por parte das corporações é muito mais difícil. Pode-se, é claro, insistir em usar apenas dinheiro; em comprar coisas exclusivamente de lojas físicas; e em usar linhas fixas ou, no máximo, celulares dobráveis antiquados e sem acesso à internet. Mas, se a pessoa tem filhos, isso significa privá-los de um mundo de conhecimento e diversão ao qual todas as outras crianças têm acesso. Além do mais, à medida que agências bancárias, correios e lojas locais fecham as portas, seus amigos já não enviam mais cartas físicas e os Estados estabelecem limites sobre o valor de dinheiro que pode ser usado em uma única transação, passa a ser inútil resistir, a não ser para aqueles dispostos a se tornar eremitas modernos.

Para muitas pessoas, uma vida sob vigilância constante é intolerável. Elas se rebelam diante da ideia de que as Big Techs nos conhecem melhor do que qualquer um deveria. Eu me solidarizo, mas, para ser sincero, estou menos preocupado com *o que elas sabem* e muito, mas muito mais preocupado como *o que elas possuem*. Para fazer qualquer coisa no que costumava ser nosso *commons* digital, nós precisamos suplicar às Big Techs e à Big Finance pela capacidade de usar parte dos dados sobre nós que elas detêm descaradamente. Para transferir dinheiro para um amigo, assinar o *New York Times* ou comprar meias para a sua avó usando um cartão de débito, você agora não tem opção a não ser oferecer alguma coisa de si mesmo em troca: talvez uma pequena taxa, talvez não, mas sempre alguma informação sobre suas preferências; às vezes um pouco da sua atenção, com frequência seu consentimento para ser mais monitorado (e em última instância submetido a uma lavagem cerebral) por algum conglomerado da Big FinTech que irá ajudá-lo a comprovar para ele mesmo, ou para alguma empresa semelhante, que você é... quem você é.

Não precisava ser desse jeito. Quando o Pentágono escolheu tornar o GPS disponível para todo mundo e entregá-lo para o *commons* digital, ele concedeu a cada um de nós o direito de saber nossa localização em tempo real. De graça. Sem fazer perguntas. Fazer isso foi uma decisão política. Assim como foi a decisão sinistra de que você e eu não teríamos meios de estabelecer, ou provar, nossa identidade digital – outra decisão política tomada pelo governo norte-americano, só que desta vez claramente com o objetivo de estimular o poder das Big Techs sobre nós.

Quão diferente seria a internet sem esses novos cercamentos? Imagine o que você poderia fazer se fosse o dono de sua identidade digital e pudesse provar quem você é sem depender da combinação de um cartão de banco com uma empresa como a Uber ou a Lyft, que processa esse cartão e todos os dados subsequentes das suas viagens. Assim como o GPS localiza onde você está neste momento, você teria a oportunidade de transmitir pela internet: "Meu nome é George, estou na esquina das ruas Aristóteles e Platão, e estou indo para o aeroporto. Alguém quer dar um lance pela minha corrida?". Em alguns segundos você receberia uma profusão de ofertas de pessoas ou empresas com autorização para transportar passageiros, incluindo sábios conselhos das autoridades de trânsito municipais, como: "Por que você não toma o metrô, localizado a uma caminhada de três minutos de onde você está e muito mais rápido do que qualquer carro é capaz de desviar do trânsito até lá?". Infelizmente, você não pode fazer isso.

No mundo da Internet Two, moldado pelos novos cercamentos, você é rotineiramente obrigado a entregar sua identidade para uma parte do domínio digital que foi cercada, como a Uber ou a Lyft, ou alguma outra empresa privada. Quando você solicita uma corrida para o aeroporto, o algoritmo deles envia um motorista de sua própria escolha com o intuito de maximizar o valor de troca que a empresa proprietária do algoritmo extrai tanto de você quanto do motorista. Esses novos cercamentos permitiram a pilhagem do *commons* digital, que levou à incrível ascensão do capital-nuvem.

Capital-nuvem: princípios

Eu me lembro de uma vez ouvir você explicar por que admirava tanto os ferreiros antigos: porque eles não faziam ideia do que era a Idade do Ferro que estavam inaugurando. Em vez disso, eles eram motivados por algo dentro deles, um impulso para experimentar até que tivessem libertado o aço de torrões de ferro-gusa, como Michelangelo libertando David de um bloco de mármore.

Os tecnólogos que recentemente marcaram o início da Idade do Capital-Nuvem não eram diferentes. Motivados também por curiosidade e um entusiasmo quase moral, eles experimentaram com várias tecnologias cujo propósito era libertar informações úteis do crescente megálito de dados no coração da internet. Para nos conduzir a sites, amigos, colegas, livros, filmes e músicas que talvez nos agradassem, eles escreveram algoritmos capazes de nos categorizar em grupos de usuários da internet com padrões de buscas e de preferências similares. Então, de repente, veio o grande avanço, a verdadeira singularidade: os algoritmos deles deixaram de ser passivos. Eles passaram a se comportar de modos até então associados exclusivamente a pessoas. Eles viraram agentes.

Esse milagre levou três saltos para se completar. O primeiro foi dos algoritmos simples para aqueles que podiam se adaptar a seus objetivos em vista do resultado de suas atividades – em outras palavras, se reprogramar (*machine learning* era o termo técnico). O segundo salto substituiu o hardware de computadores padrão pelas exóticas "redes neurais". O terceiro e decisivo salto infundiu nas redes neurais algoritmos capazes de "aprendizado por reforço". Fazendo como você, quando pacientemente me apresentou primeiro ao estanho, depois ao bronze e finalmente ao ferro e ao aço, permita-me lhe apresentar a esses três saltos, um de cada vez.

Os primeiros algoritmos se assemelhavam a receitas: conjuntos mundanos de instruções passo a passo para produzir resultados pré-especificados (por exemplo, uma lasanha). Depois, os algoritmos foram liberados da obrigação de alcançar um resultado pré-especificado e tiveram permissão para escolher, ainda que de modo pré-programado, a partir de um menu de resultados possíveis, aquele que fosse mais apropriado para eventualidades imprevistas – algo como dizer para um cozinheiro que, se a carne moída desandou durante o preparo, um "resultado" de lasanha vegetariana deveria substituir a versão original com carne. Esse foi o primeiro salto.

Enquanto isso, o hardware dos computadores em que os algoritmos operavam passou ele mesmo por grandes transformações. Para processar muito mais informação mais rápido, os engenheiros desenvolveram um novo projeto que imitava grosseiramente o cérebro humano – adotando estruturas de redes sobrepostas que permitem a interconexão de muitos nodos diferentes, cada um contendo informação útil.[4] Esse foi o segundo salto. Mas a inovação crucial que insuflou algo parecido com agência aos algoritmos foi o terceiro.

O aprendizado por reforço foi o rebento dos engenheiros de software que se deram conta de que os algoritmos tinham o potencial de avaliar seus próprios desempenhos – e fazer aperfeiçoamentos – muito mais rápido do que qualquer humano seria capaz. Para alcançar isso, escreveram neles dois tipos de subprogramas (ou sub-rotinas): um que estima o desempenho do algoritmo enquanto ele está em ação e operando a velocidades fantásticas, e outro (chamado função de recompensa) que ajuda o algoritmo a alterar a si mesmo de modo a melhorar seu desempenho de acordo com os objetivos dos engenheiros.

Usando redes neurais para processar quantidades gigantescas de dados, os algoritmos dotados de aprendizado de reforço conseguiam fazer coisas que nem Don Draper teria imaginado. Ao inspecionar a reação de milhões de pessoas a seus *prompts* bilhões de vezes por hora, eles eram capazes de treinar a si mesmos a velocidades descomunais não só para nos influenciar, mas também para executar o novo truque fascinante de que a Alexa e os de sua laia, como vimos antes, agora são capazes: serem influenciados pelo modo como nos influenciam; afetar a si mesmos em vista do modo como afetam os humanos.

A forma exata como eles fazem isso é totalmente obscura. Até as pessoas que escrevem esses algoritmos não a entendem: uma vez que o algoritmo está em funcionamento, a escala de dados envolvidos e a velocidade em que eles são processados tornaria impossível para qualquer ser humano acompanhar seu caminho através de uma ramificação tão vasta de decisões que sempre se proliferam, mesmo se a pessoa tivesse acesso total a um histórico completo de suas atividades. Mas entregues a si mesmos, monitorando constantemente e reagindo incessantemente aos resultados de suas próprias ações, e depois aos resultados de suas reações, esses *"algos"*,* como são conhecidos, adquiriram algumas capacidades impressionantes que seus próprios programadores acham difícil entender. Só que não há nada de novo aqui: lembra que os engenheiros financeiros dos anos 1990 e 2000 usaram algoritmos para criar derivativos de tamanha complexidade que eles mesmos não tinham como saber o que estava dentro daqueles derivativos? Da mesma forma, os engenheiros que codificam dispositivos semelhantes à Alexa e baseados nas nuvens com o objetivo de criar sistemas automatizados que modificam nosso comportamento estão embutindo tanta complexidade nesses sistemas que eles não entendem exatamente por que seus sistemas fazem o que fazem.

Está em nossa natureza humana ser vulnerável a qualquer um, ou qualquer coisa, que pareça nos entender melhor do que nós mesmos. Na verdade, podemos ser ainda mais vulneráveis a algoritmos, que sabemos ser irracionais, do que somos a pessoas de verdade, porque somos mais facilmente induzidos a uma falsa sensação de segurança. Fingimos que a Alexa é uma pessoa porque não estamos acostumados a conversar com máquinas – de outro modo, a experiência seria constrangedora ou insólita. Mas, por sabermos que a Alexa *não* é uma pessoa, aceitamos seu conhecimento profundo sobre nós, que em condições diferentes seria ofensivamente assustador ou aterrorizante. No exato momento em que nos relacionamos com ela como se fosse uma pessoa, sabendo que ela não é, estamos no auge de nossa vulnerabilidade – prontos para cair na armadilha de pensar na Alexa como nossa própria serva mecanizada no estilo de Pandora. Infelizmente, a Alexa não é uma serva. Ela é, na verdade, uma parte do capital de comando baseado nas nuvens que está transformando *você* em servo, com a sua ajuda e por meio de seu próprio trabalho não remunerado, com o propósito de deixar seus proprietários ainda mais ricos.

Sempre que ficamos on-line para desfrutar dos serviços desses algoritmos, não temos opção a não ser fazer um acordo faustiano com seus proprietários. Para usar esses serviços personalizados que seus algoritmos

---

* Na língua inglesa, usa-se *algos* como abreviação de algoritmo. [N.E.]

oferecem, devemos nos submeter a um modelo de negócios baseado na coleta de nossos dados, no rastreio de nossas atividades, na curadoria oculta de nosso conteúdo. Uma vez que nos submetemos a isso, o algoritmo entra no negócio de nos vender coisas enquanto vende nossa atenção para os outros. Nesse ponto, tem início algo mais profundo e que dá um poder imenso aos proprietários dos algoritmos – de prever nossos comportamentos, guiar nossas preferências, influenciar nossas decisões, mudar nossas ideias, reduzir-nos, assim, a seus servos não remunerados, cujo trabalho é fornecer informações sobre nós, nossa atenção, nossa identidade e, sobretudo, os padrões de comportamento que treinam os seus algoritmos.

Mas será que alguma coisa nisso é realmente novidade? O capital-nuvem é radicalmente diferente de outros tipos de capital, como martelos, motores a vapor ou as emissoras de televisão que Don Draper usava para manipular nossa matriz de desejos? Certamente ele não é menos físico do que esses outros tipos de capital, já que a metáfora da nuvem é apenas isso: uma metáfora. Na verdade, ele abarca vastos depósitos de dados, que contêm infinitas fileiras de servidores, conectados por uma rede de sensores e cabos que se estende por todo o globo. Pode o capital-nuvem se destacar devido ao seu poder de comando? Também não é isso. A história dos infortúnios do sr. Peel no Oeste da Austrália comprovou que, desde o início do capitalismo, *todos* os bens de capital têm poder de comando – alguns um pouco mais, outros um pouco menos.

Não, embora o capital-nuvem possa nos comandar de modos sem precedentes, o segredo para compreender sua natureza especial, como veremos, é o modo como ele *reproduz* a si mesmo – e seu poder de comandar –, um processo que é muito diferente daquele que reproduz martelos, motores a vapor e redes de televisão.

Aqui está um vislumbre do que torna o capital-nuvem tão fundamentalmente novo, diferente e assustador: até agora, o capital tem sido reproduzido dentro de algum mercado de trabalho – dentro da fábrica, do escritório, do armazém. Auxiliados por máquinas, eram *trabalhadores assalariados* que produziam as coisas que eram vendidas para gerar lucros, que em contrapartida financiavam seus salários e a produção de mais máquinas – é assim que se acumulava e se reproduzia o capital. Já o capital-nuvem pode reproduzir a si mesmo de modos que *não envolvem trabalho assalariado*. Como? Comandando quase toda a humanidade a contribuir com sua reprodução – de graça!

Mas, primeiro, façamos uma distinção importante: entre o efeito das Big Techs no local de trabalho tradicional, onde as condições dos trabalhadores são mais extremas, mas em essência nada diferentes daquelas dos antigos operários, e seu efeito sobre os *usuários* de tecnologia em geral, que cria essencialmente uma condição totalmente nova. Fazendo isso, veremos que, enquanto os trabalhadores se tornaram "proletários das nuvens", todos nós nos tornamos "servos das nuvens".

Proletários das nuvens

A tecnologia pode ser bizarramente nova, mas o modo como ela é empregada para comandar trabalhadores mal pagos tem quase dois séculos. Enquanto lutam para acompanhar dispositivos computadorizados que rastreiam e ditam o ritmo de cada um de seus movimentos, os funcionários dos depósitos da Amazon se reconheceriam instantaneamente em *Tempos modernos* (1936), de Charlie Chaplin – um de seus filmes preferidos, pai. Obrigados a inspecionar e escanear 1,8 mil pacotes da Amazon por hora, esses trabalhadores têm um destino assombrosamente parecido com o do personagem de Chaplin na linha de produção industrial que, na tentativa de acompanhar o ritmo de uma esteira transportadora que de repente acelera, acaba sendo levado à loucura e cai na enorme máquina cuja engrenagem ele nunca poderia realmente se tornar.

Quando Juan Espinoza, um separador de encomendas no depósito da Amazon em Staten Island, opinou que "o sr. Bezos não aguentaria fazer um turno inteiro disfarçado de funcionário naquele lugar", qualquer pessoa familiarizada com o filme ainda mais antigo de Fritz Lang, *Metrópolis* (1927), teria se lembrado da cena em que Freder, o filho do autocrata, inadvertidamente desce para os Salões das Máquinas de seu pai, onde os trabalhadores estão engajados em uma luta desesperada para manter alinhados os enormes braços de máquinas gigantescas parecidas com relógios. Chocado com o que encontra, Freder, horrorizado, leva as mãos à cabeça ao ver as máquinas fazendo os trabalhadores se movimentarem em um ritmo inumano, mecanizando-os impiedosamente.

Há alguns anos, você perguntou se a nova parafernália das Big Techs tinha mudado significativamente o processo tradicional de produção. "Não", eu respondi, "pelo menos ainda não". Enquanto os humanos continuarem sendo parte de uma linha de produção semiautomatizada, efetuando tarefas que as máquinas não conseguem realizar, o ritmo dos trabalhadores humanos será ditado por máquinas cuja prioridade é arrancar a última gota de energia produtiva de seus colegas de trabalho humanos.

E importa, imagino você perguntar, que nas fábricas e depósitos modernos esse controle já não seja exercido por engrenagens, dentes, rodas dentadas e esteiras, mas por algoritmos que funcionam em dispositivos plug-in conectados sem fios à rede neural da empresa? Não, não muito. Os proletários das nuvens – meu termo para trabalhadores assalariados levados ao seu limite físico por algoritmos baseados nas nuvens – sofrem no trabalho de maneiras que seriam instantaneamente reconhecidas por gerações inteiras de proletários anteriores.

Veja o Mechanical Turk da Amazon, que a empresa descreve como um "*marketplace* de contribuição coletiva que torna mais fácil para indivíduos e negócios terceirizar seus processos e trabalhos para uma força de trabalho descentralizada capaz de realizar essas tarefas virtualmente". Mas chamemos pelo que realmente é: exploração de mão de obra baseada nas nuvens em que os funcionários recebem por empreitada para trabalhar virtualmente. Lá, não acontece nada que Karl Marx não tenha analisado completamente no vigésimo primeiro capítulo do primeiro volume de seu *O capital*, no qual afirmou: "O salário por peça se torna a fonte mais fértil de descontos salariais e de fraudes capitalistas". O salário por peça precarizado, Marx acrescenta, "é a forma de salário mais adequada ao modo de produção capitalista". É isso mesmo!

Isso não quer dizer que os "*algos*" não lançaram uma grande sombra sobre o chão de fábrica. Eles lançaram. Os algoritmos já substituíram chefes nos setores de transporte, entrega e armazenamento. E os funcionários obrigados a trabalhar para esses algoritmos se veem em um pesadelo modernista: alguma entidade não corpórea que não só carece como é realmente incapaz de empatia humana os coloca para trabalhar num ritmo que ela mesma escolhe para então monitorar o tempo de resposta deles. Livres dos escrúpulos que até humanos desumanos abrigam secretamente, os *algo*-patrões têm liberdade para reduzir as horas pagas dos funcionários, aumentar seu ritmo para níveis enlouquecedores ou para colocá-los na rua por "ineficiência". A essa altura, os funcionários demitidos pelo algoritmo são lançados em uma espiral kafkiana, sem poder falar com um humano capaz de explicar por que eles foram demitidos.[5]

Logo, sem dúvida, os algoritmos também desenvolverão recursos para quebrar sindicatos. Enquanto conversamos, algoritmos espetaculares estão mapeando dezenas de milhares de moléculas em proteínas cruciais em superbactérias que ameaçam nos matar ou debilitar. Quando essas proteínas estiverem totalmente decodificadas, os algoritmos passam – mais uma vez, sem contribuição humana – a projetar antibióticos exóticos para matar a superbactéria – um triunfo científico histórico. O que impediria um algoritmo similar de projetar uma cadeia de suprimentos global que evite armazéns ou fábricas em que sindicatos têm boa probabilidade de conseguir organizar os trabalhadores? Organizações sindicais poderiam ser erradicadas antes de sequer chegarem a se formar.

Então, sim, o capital-nuvem está transformando locais de trabalho em Salões de *Algos*, no estilo *Metrópolis*, nos quais trabalhadores humanos são reduzidos a exaustos proletários das nuvens. E, no entanto, os proletários das nuvens não estão padecendo de um destino que os proletários terrenos, do tipo de *Tempos modernos*, julgariam surpreendente. O capital-nuvem, para resumir, continua a fazer nas fábricas, armazéns e outros locais de trabalho tradicionais do mundo aquilo que o capital terreno e tradicional sempre fez – quem sabe com um pouco mais de eficiência.

Só que, *fora* dos locais de trabalho tradicionais, o capital-nuvem está demolindo tudo o que antes dávamos como garantido.

Servos das nuvens

Don Draper talvez seja o último garoto-propaganda do Romantismo. Ele tratava a ciência com desconfiança e os computadores com desdém. Idealizava a natureza e adorava cair na estrada em seu gigantesco Cadillac. Vivia e respirava individualismo. Deleitava-se com a nostalgia. Adorava as mulheres até que se apaixonassem por ele – momento em que dava no pé. Temia as emoções porque as enxergava como o repositório supremo de *insights* do espírito humano. E usava seus talentos para mercantilizar essa mistura de memória, sentimento, volubilidade e *insight* de modo a arrancar dos consumidores quantias que de outro modo poderiam ter mantido para si.

Seu duplo algorítmico, a Alexa, pode não ter nada de romântico, mas o capital-nuvem monetiza nossas emoções com mais eficácia do que Don jamais seria capaz. Ele cria experiências sob medida que exploram nossas inclinações para nos impelir ao consumo, e então usa nossas respostas para aprimorar ainda mais essas experiências. Mas isso é só o começo. Além de modificar nosso comportamento de consumo de maneiras com as quais Don Draper se maravilharia, e talvez se horrorizasse, o capital-nuvem guarda um truque muito mais impressionante escondido na manga: ele pode nos comandar a alocar trabalho *diretamente* na sua própria reprodução, reforço e manutenção.

Leve em consideração que o capital-nuvem consiste em: software inteligente, torres de servidores, torres de telefonia celular, milhares de quilômetros de fibra óptica. E, no entanto, tudo isso não teria valor sem "conteúdo". A parte mais valiosa do estoque do capital-nuvem não são seus componentes físicos, mas sim as histórias postadas no Facebook, os vídeos no TikTok e no YouTube, as fotos no Instagram, as piadas e os insultos no Twitter, as resenhas na Amazon ou, simplesmente, nosso deslocamento no espaço, que permite que nossos telefones alertem o Google Maps sobre o mais recente ponto de engarrafamento. Ao oferecer essas histórias, vídeos, fotos, piadas e deslocamentos, somos nós que produzimos e reproduzimos – fora de qualquer mercado – o estoque do capital-nuvem.

Isso não tem paralelos. Os trabalhadores empregados pela General Electric, pela ExxonMobil, pela General Motors ou qualquer outro grande conglomerado recolhem em salários e honorários aproximadamente 80% da receita da empresa. Essa proporção fica ainda maior em companhias menores. Já os empregados das Big Techs recolhem menos de 1% do faturamento de suas empresas. A razão disso é que o trabalho remunerado realiza apenas uma fração do trabalho que sustenta as Big Techs. A maior parte do trabalho é executada por bilhões de pessoas de graça.

É verdade que a maioria de nós escolhe fazer isso, e até gosta. Divulgar nossas opiniões e compartilhar detalhes íntimos de nossas vidas com nossas tribos e comunidades digitais parece satisfazer alguma perversa necessidade de expressão que temos. Sem dúvida, no feudalismo, os servos que labutavam suas terras ancestrais passavam por grandes dificuldades, mas ainda achavam indesejável, se não impensável, ter seu modo de vida tirado deles, suas culturas e tradições compartilhadas. Ainda assim, a dura realidade persistia: no fim da colheita, o senhor feudal mandava a autoridade tomar a maior parte de sua produção – sem pagar um tostão aos servos por ela. O mesmo acontece com os bilhões de nós inadvertidamente produzindo capital-nuvem. O fato de que o fazemos voluntariamente, felizes até, não minimiza o fato de que somos fabricantes não pagos – servos das nuvens cuja labuta diária autodirigida enriquece um minúsculo grupo de multibilionários que vivem em sua maioria na Califórnia ou em Xangai.

Esse é o xis da questão. A revolução digital pode estar transformando trabalhadores remunerados em proletários das nuvens, que levam vidas cada vez mais precárias e estressantes sob o controle invisível de patrões algorítmicos. E ela pode ter substituído Don Draper por extraordinários algoritmos de modificação de comportamento, ocultos por trás de elegantes dispositivos de mesa como a Alexa. Mas esse não é o fato mais significativo sobre o capital-nuvem. A conquista singular do capital-nuvem, uma proeza muito superior a qualquer uma dessas, é o modo como ele revolucionou *sua própria reprodução*. A verdadeira revolução que o capital-nuvem impôs à humanidade é a conversão de bilhões de nós em servos das nuvens voluntários, dispostos a trabalhar sem nada em troca para reproduzir o capital-nuvem em benefício de seus proprietários.

Adeus, mercados; olá, feudos das nuvens

"Entre em amazon.com e você terá saído do capitalismo. Apesar de todas as compras e vendas que acontecem lá, você entrou em um domínio que não pode ser concebido como um mercado, nem sequer um mercado digital." Quando digo isso para as pessoas, o que eu faço com frequência em palestras e debates, elas me olham como se eu fosse louco. Mas quando começo a explicar o que quero dizer, o temor delas em relação à minha sanidade logo se torna um temor por todos nós.

Imagine a seguinte cena saindo direto de um livro de ficção científica. Você é transportado para uma cidade cheia de pessoas cuidando da própria vida, comercializando dispositivos, roupas, sapatos, livros, canções, jogos e filmes. A princípio, tudo parece normal. Até que você começa a perceber alguma coisa estranha. Acontece que todas as lojas, na verdade, todos os prédios, são de um cara chamado Jeff. Ele pode não ser dono das fábricas que produzem as coisas vendidas em suas lojas, mas é dono de um algoritmo que recebe uma comissão por cada venda e é quem decide o que pode e o que não pode ser vendido.

Se isso fosse tudo, a cena evocaria um Velho Oeste em que um caubói solitário chega a cavalo a uma cidadezinha e descobre que um tirano rechonchudo é dono do bar, da mercearia, do correio, da ferrovia, do banco e, naturalmente, do xerife. Só que isso não é tudo. Jeff não é dono só das lojas e dos prédios públicos. Ele também é proprietário da terra sobre a qual você caminha, do banco no qual se senta, até do ar que você respira. Na verdade, nessa cidade estranha, tudo o que você vê (e não vê) é regulado pelo algoritmo de Jeff: você e eu podemos estar andando lado a lado, nossos olhos voltados para a mesma direção, mas a vista que nos é oferecida pelo algoritmo é inteiramente feita sob medida, cuidadosamente curada de acordo com as prioridades de Jeff. Todos os que navegam pela amazon.com – com exceção de Jeff – estão vagando em um isolamento algoritmicamente construído.

Essa não é uma cidade de mercado. Não é nem sequer alguma forma de mercado digital hipercapitalista. Até os mais terríveis dos mercados são locais de encontro em que as pessoas podem interagir e trocar informações razoavelmente à vontade. Na verdade, é até pior do que um mercado totalmente monopolizado – lá, pelo menos, os compradores podem falar uns com os outros, formar associações, talvez organizar um boicote de consumo para obrigar o monopolista a baixar algum preço ou melhorar a qualidade de alguma coisa. Mas não nos domínios de Jeff, onde tudo e todos são intermediados não pela desinteressada mão invisível do mercado, mas por um algoritmo que trabalha para o lucro final de Jeff e dança exclusivamente sua música.

Se isso não for assustador o bastante, lembre-se de que esse é o mesmo algoritmo que, por meio da Alexa, nos treinou a treiná-lo para fabricar nossos desejos. A mente se rebela diante da enormidade da arrogância. O mesmo algoritmo que ajudamos a treinar em tempo real para nos conhecer até do avesso tanto modifica nossas preferências como administra a seleção e a entrega de mercadorias que irão satisfazer essas preferências. É como se Don Draper pudesse não apenas implantar em nós desejos por produtos específicos, mas tivesse conquistado o superpoder de instantaneamente entregar esses produtos na nossa porta, contornando qualquer potencial competidor, tudo para ampliar a riqueza e o poder de um camarada chamado Jeff.

Tal poder concentrado deveria deixar os liberais apavorados. Qualquer pessoa comprometida com a ideia de mercado (para não mencionar o eu autônomo) deveria reconhecer que o capital-nuvem é sua sentença de morte. Deveria também sacudir os céticos em relação ao mercado, em particular os socialistas, para que abdiquem da suposição complacente de que a amazon.com é ruim porque é um mercado capitalista que perdeu as estribeiras. Na verdade, é algo pior do que isso.

"Se não é um mercado capitalista, em que, em nome de Jesus, estamos pisando quando entramos em amazon.com?", um estudante da Universidade do Texas me perguntou há alguns anos.

"Um tipo de feudo digital", respondi instintivamente. "Um pós-capitalista, cujas raízes históricas permanecem na Europa feudal, mas cuja integridade é mantida hoje por um tipo futurista e distópico de capital baseado nas nuvens." Desde então, passei a acreditar que essa foi uma resposta razoavelmente precisa para uma pergunta difícil.

No feudalismo, o senhor feudal concedia assim chamados feudos para subordinados chamados vassalos. Esses feudos davam aos vassalos o direito formal de explorar economicamente uma parte do domínio do senhor feudal – cultivar lavouras nele, por exemplo, ou criar gado – em troca de uma parte da produção. O senhor feudal, então, lançava seu representante para fiscalizar o desempenho do feudo e para recolher o que lhe era devido. A relação de Jeff com os vendedores da amazon.com não é muito diferente. Ele lhes concede feudos digitais baseados nas nuvens por uma taxa, e então deixa seu *algo*-representante para fiscalizar e recolher.

A Amazon foi só o começo. O Alibaba aplicou as mesmas técnicas para criar um feudo das nuvens parecido na China. Plataformas de e-commerce imitadoras, que oferecem variações do tema da Amazon, estão brotando por toda parte, no Sul Global bem como no Norte Global. Mais significativamente, outros setores industriais também estão se tornando feudos das nuvens. Tome, por exemplo, a Tesla, a bem-sucedida empresa de carros elétricos de Elon Musk. Uma razão pela qual os financistas a valoram em tão mais do que a Ford ou a Toyota é o fato de cada circuito de seus carros estar ligado ao capital-nuvem. Além de isso dar à Tesla o poder de desligar um de seus carros remotamente, se, por exemplo, o motorista não lhe assistir como a empresa espera, meramente ao dirigir o carro os donos dos Teslas estão fazendo em tempo real o upload de informações (inclusive de que música estão ouvindo!) que enriquece o capital-nuvem da empresa. Talvez eles não pensem em si mesmos como servos das nuvens, mas, infelizmente, é exatamente isso que os orgulhosos donos do novo, maravilhosamente aerodinâmico e brilhante Tesla são.

Foram precisos avanços científicos alucinantes, redes neurais que soam fantasiosas e programas de IA que desafiam a imaginação para alcançar o quê? Para transformar trabalhadores labutando em armazéns, dirigindo táxis e entregando comida em proletários das nuvens. Para criar um mundo onde os mercados são cada vez mais substituídos por feudos das nuvens. Para forçar empresas ao papel de vassalos. E para fazer de nós todos servos das nuvens, colados em nossos smartphones e tablets, produzindo avidamente o capital-nuvem que mantém nossos senhores feudais nas nuvens.

De volta à sua pergunta

Se eu tivesse que dizer uma coisa que aprendi com você, seria a habilidade de me deleitar com as contradições.

Você venerava o ferro, mas se comovia aos prantos com as broncas de Hesíodo contra a Idade do Ferro. Você se aliou aos comunistas, sabendo plenamente que, se o seu lado vencesse, acabaria no gulag. Você se apaixonou por cada fornalha, duto, esteira e guindaste da siderúrgica em que trabalhou, mas continuou horrorizado com sua tendência a mecanizar, alienar e desumanizar os trabalhadores que se juntavam a ela.

É por isso que eu queria conversar com você sobre o capital-nuvem. Porque você saberia como admirá-lo e detestá-lo ao mesmo tempo. E porque, por meio dessa contradição, você reconheceria que o capital-nuvem é o segredo para responder à sua pergunta sobre o impacto da internet no capitalismo.

O capitalismo emergiu quando proprietários de bens de capital (motores a vapor, máquinas operatrizes, máquinas de fiar giratórias, postes telefônicos etc.) adquiriram o poder de comandar povos e nações – poderes que ultrapassavam em muito, pela primeira vez, os dos proprietários de terras. Foi uma Grande Transformação que se tornou possível pela prévia privatização das terras comuns. O mesmo aconteceu com o capital-nuvem. Para obter seus poderes ainda maiores de comandar, ele também exigiu a privatização prévia de outro bem comum crucial: a Internet One.

Como todo capital desde o início do capitalismo, pode-se pensar o capital-nuvem como uma vasta máquina de produção e de modificação de comportamento: ela produz dispositivos maravilhosos *e* o poder (para seus detentores) de comandar os humanos que não a possuem. Mas é aí que a semelhança entre o capital terreno e o das nuvens termina e onde a diferença entre os capitalistas convencionais e os capitalistas-nuvem começa.

Anteriormente, para exercer o poder de comando do capital e fazer outros humanos *trabalharem mais rápido* e *consumirem mais*, os capitalistas precisavam de dois tipos de profissionais: gerentes e profissionais do marketing. Especialmente sob os auspícios da tecnoestrutura do pós-guerra, essas duas profissões de serviço alcançaram uma proeminência ainda maior do que a de banqueiros e corretores de seguros. Cursos de administração novos em folha foram estabelecidos para ensinar aos estudantes de MBA as artes das trevas de como conduzir rapidamente uma força de trabalho a uma produtividade explosiva. Departamentos de propaganda e marketing fomentaram uma geração de Don Drapers.

Então chegou o capital-nuvem. Com uma cajadada só, ele automatizou os dois papéis. O exercício do poder do capital de comandar tanto trabalhadores como consumidores foi entregue aos algoritmos. Esse foi um passo muito mais revolucionário do que substituir trabalhadores autônomos por robôs industriais. Afinal, os robôs industriais simplesmente fazem o que a automação vem fazendo desde antes dos ludistas: tornam os proletários desnecessários, ou mais miseráveis, ou ambos. Não, a ruptura verdadeiramente histórica foi automatizar o poder do capital de comandar pessoas *fora* da fábrica, da loja ou do escritório – tornar todos nós, proletários das nuvens e todos os outros, servos das nuvens a serviço direto (não remunerado) do capital-nuvem, sem a mediação de qualquer mercado.

Enquanto isso, cada vez mais, os fabricantes capitalistas convencionais não têm opção a não ser vender seus produtos a critério dos capitalistas-nuvem, pagando-lhes uma taxa por esse privilégio e desenvolvendo com eles uma relação em nada diferente da que os vassalos tinham com seus senhores feudais.

Então, de volta à sua pergunta: "Agora que os computadores conversam uns com os outros, essa rede vai tornar impossível derrubar o capitalismo? Ou vai finalmente revelar seu calcanhar de Aquiles?". Por um lado, a ascensão do capital-nuvem cimentou, aumentou e expandiu massivamente o triunfo do capital sobre o trabalho, a sociedade e, catastroficamente, a natureza. E, no entanto, aqui está a contradição: ao fazê-lo, o capital-nuvem simultaneamente inaugurou o sistema tecnofeudal que matou o capitalismo em tantos domínios e que está em processo de suplantá-lo em todos os outros lugares.

Na sua juventude, você sonhou com uma época em que a mão de obra se livraria do jugo do mercado capitalista. Eu também. Infelizmente, aconteceu algo contrário a isso: é o capital que se livrou do jugo do mercado capitalista! E embora o capital esteja dando sua volta olímpica, o próprio capitalismo está retrocedendo. Um sofisma para adoçar o gosto amargo de nossa derrota? Não mesmo – como pretendo mostrar no Capítulo 5. Por ora, no entanto, abordemos o aspecto talvez mais surpreendente e sedutor da derrocada do capitalismo: a história de como os capitalistas-nuvem conseguiram esse feito surpreendente e como, para eles, o lucro, antes a força motriz de nossas economias capitalistas, se tornou... opcional.

4
A ASCENSÃO DOS CAPITALISTAS--NUVEM E A DERROCADA DO LUCRO

A última vez que você deixou a casa da família em Palaio Faliro foi no verão de 2020, quando veio nos visitar na ilha de Egina, como gostava de fazer todos os verões. Aquela viagem a Egina foi uma feliz folga do sufocante *lockdown* da primeira fase da pandemia. Mas deve ter cobrado seu preço, pois na manhã seguinte você só saiu do quarto bem depois das onze horas. Você me encontrou na varanda, perscrutando os sites de notícias no meu laptop. Eu estava fora de mim. Você sentou ao meu lado e eu exclamei: "A Era do Capital-Nuvem acabou de começar. Em Londres!".

Mais ou menos meia hora antes, o povo da Inglaterra tinha acordado com a notícia de que a pandemia havia causado a pior recessão da história. Aparentemente, a renda nacional do Reino Unido tinha caído gritantes 20,4%, muito pior do que qualquer cifra comparável nos Estados Unidos ou na Europa continental.[1] Uma péssima notícia, sem dúvida, ainda que não do tipo que abale a visão de mundo de alguém. Foi o que se seguiu quinze minutos depois, logo antes de você acordar, que mudou o modo como eu enxergava o mundo. Em vez de despencar em resposta a esse dado, a Bolsa de Valores de Londres subiu 2,3%![2]

"Estamos testemunhando algo completamente em desacordo com qualquer tipo de capitalismo", eu me lembro de dizer a você com toda a autoridade que consegui reunir.

"Nada, o capitalismo é cheio de paradoxos", você respondeu.

"Mas, pai, esse não é um dos muitos paradoxos do capitalismo – é uma prova inequívoca de que o mundo do dinheiro finalmente se dissociou do mundo capitalista."

Nada impressionado, você optou por encarar o mar Sarônico, em direção às montanhas do Peloponeso, me fazendo refletir sobre o que de fato havia acontecido em Londres naquela manhã de quarta-feira em agosto de 2020.

Mercados acionários de fato sobem em resposta a más notícias, mas só quando as notícias, por mais terríveis que sejam, se revelam pelo menos um pouco melhores do que o previsto. Se os corretores tivessem previsto, digamos, uma queda de 22% na renda nacional do Reino Unido, os mercados teriam tido uma boa razão para subir se a queda no dia fosse de "apenas" 20,4%. Só que, naquela quarta-feira, os mercados estavam esperando uma queda de não mais que 15%. Foi isto que tornou o dia 12 de agosto de 2020 tão bizarro: notícias muito piores do que as previstas tinham feito o mercado acionário subir. Nada desse tipo já tinha acontecido antes.

Então, o que *tinha* acontecido? A notícia, no fim das contas, foi tão ruim que os operadores da City de Londres* se deram conta do seguinte: "Quando as coisas estão deploráveis *a esse ponto*, o Banco da Inglaterra entra em pânico. E o que bancos centrais em pânico vêm fazendo desde o *crash* de 2008? Emitem moeda e a oferecem a nós. E o que nós fazemos com toda essa grana recém-emitida pelo banco central? Compramos ações, fazendo seus preços subirem. E se os preços estão destinados a subir, só um idiota perderia uma fatia do bolo. Uma onda de moeda recém-emitida certamente está vindo em nossa direção. Hora de comprar!". E comprar foi o que eles fizeram, fazendo com que a City de Londres desafiasse as leis gravitacionais do capitalismo.

A tendência não se restringiu apenas a Londres. À medida que a pandemia começou a se alastrar por nossas comunidades, autoridades dos dois lados do Atlântico, no Japão e em outras partes, reagiram fazendo muito mais do que vinham fazendo desde a morte do Minotauro Norte-Americano em 2008: emitiram moeda para dar aos financistas, na esperança de que essa moeda sustentasse investimentos em negócios, gerando assim empregos estáveis e impedindo que a economia entrasse

---

* A City de Londres, ou City, é o centro financeiro da cidade de Londres, com a qual não deve ser confundida. [N.E.]

em colapso. Isso não aconteceu. Temendo que os negócios convencionais não fossem conseguir pagá-los de volta, os financistas emprestaram o dinheiro do banco central apenas para o Big Business. E o Big Business ou se recusou a investir, ou investiu apenas no capital-nuvem.

Conglomerados estabelecidos sobre capital terreno, como a General Electric e a Volkswagen, se recusaram a investir o dinheiro sem juros do banco central porque, ao sondar a carnificina em andamento durante a pandemia, viram a mesma coisa que seus banqueiros tinham visto: multidões de pessoas comuns condenadas a baixos salários, trabalhos ruins e perspectivas reduzidas – um mar de pessoas incapaz de arcar com produtos novos e de alto valor. Então por que investir em coisas desse tipo? Em vez disso, eles fariam algo lucrativo, livre de risco e de estresse: eles usaram esse dinheiro para recomprar as ações de suas próprias empresas – alavancando o preço dessas ações e, junto com isso, seus próprios bônus.

Enquanto isso, as Big Techs estavam tendo uma pandemia ainda mais fabulosa. Embora a economia dos Estados Unidos tivesse ceifado 30 milhões de empregos em um único mês, a Amazon contrariava a tendência, parecendo para uma parte dos norte-americanos um híbrido da Cruz Vermelha, entregando encomendas essenciais para cidadãos confinados, com o New Deal de Roosevelt, contratando 100 mil funcionários extras e lhes pagando alguns dólares a mais por hora. É verdade, as Big Techs realmente investiram o dinheiro do banco central, e esse dinheiro realmente criou novos empregos – mas os empregos que ele criou foram os dos proletários das nuvens, e o investimento foi na expansão de seu capital-nuvem. Até as empresas capitalistas-nuvem que tiveram uma pandemia ruim, como a Uber e o Airbnb, cujos clientes não podiam usar seus serviços, pegaram o dinheiro do banco central e investiram em mais capital-nuvem, como se não houvesse pandemia.

Foi a pandemia, com a enxurrada de dinheiro do Estado que ela desencadeou, que inaugurou a Era do Capital-Nuvem. E se quisermos um marco para sua chegada formal, aquela manhã de verão serve muito bem. Mas, como já sugeri, a história da ascensão do capital-nuvem nas costas do dinheiro do Estado na verdade começa bem antes disso, pois foi na esteira do *crash* de 2008 que o dinheiro do Estado passou a ser emitido em massa pelos bancos centrais do mundo e começou a ter esse efeito estranho e contraintuitivo sobre o lucro.

O segredo da nova classe dominante

Suas histórias junto da lareira sobre metalúrgicos, e ferreiros em particular, acelerando a história me fascinavam demais, como você sabe. Nas décadas seguintes, no entanto, eu fiquei mais cético quanto a narrativas que dão ênfase demais à tecnologia e não o suficiente em como grupos poderosos a tomam e a manipulam para obter e manter o domínio sobre os outros. O motor a vapor teria sido uma nota de rodapé histórica, não fosse pelos capitalistas que o transformaram em uma arma a fim de destituir a então classe dominante, os feudalistas.

Só que não é fato consumado que cada magnífico novo avanço tecnológico irá gerar uma forma distintamente nova de capital a ser aproveitada por alguma nova classe revolucionária. Os avanços tecnológicos da Segunda Revolução Industrial – as redes de energia elétrica, o telégrafo, posteriormente o telefone, rodovias lotadas de automóveis, emissoras de televisão –, essas redes expansivas de maquinário fenomenal podem ter criado o Big Business, a Big Finance, a Grande Depressão, a Economia de Guerra, o Bretton Woods, a tecnoestrutura do pós-guerra, a União Europeia e construído o mundo moderno que a sua geração e a minha deram como garantido, mas elas não ocasionaram nem um novo tipo de capital nem uma nova classe que pudesse desafiar o domínio dos capitalistas.

Só que as tecnologias que geraram o capital-nuvem se provaram mais revolucionárias do que qualquer uma de suas antecessoras. Através delas, o capital-nuvem desenvolveu capacidades que tipos anteriores de bens de capital nunca tiveram. Ele se tornou ao mesmo tempo um detentor de atenção, um fabricante de desejos, um condutor do trabalho proletário (dos proletários das nuvens), um obtentor de mão de obra gratuita em massa (dos servos das nuvens) e, para terminar, o criador de espaços de transação totalmente privatizados (feudos das nuvens como amazon.com), nos quais nem os compradores nem os vendedores desfrutam de nenhuma das opções de que desfrutariam em mercados normais.[3] Como resultado, seus proprietários – os capitalistas-nuvem – adquiriram a habilidade de fazer aquilo que os Edisons, os Westinghouses e os Fords nunca conseguiram: se transformar em uma classe revolucionária desalojando ativamente os capitalistas do alto da hierarquia da nossa sociedade.

No processo, os capitalistas-nuvem – alguns conscientemente, outros irrefletidamente – mudaram tudo que variedades anteriores do capitalismo tinham nos ensinado a dar como garantido: a ideia do que constitui uma mercadoria, o ideal do indivíduo autônomo, a propriedade da identidade, a propagação da cultura, o contexto das políticas, a natureza do Estado, a textura da geopolítica. A questão premente é: como foi que os capitalistas-nuvem financiaram tudo isso?

Os primeiros industriais custearam suas fábricas, navios a vapor e canais com o sangue e o suor do trabalho escravo africano e com a pilhagem das terras e dos povos da América do Sul e da Ásia. Mais tarde, os Edisons, os Westinghouses e os Fords usaram fundos materializados por banqueiros privados que, no processo, se transformaram na Big Finance. Os capitalistas-nuvem fizeram algo mais sutil e mais impressionante: se serviram dos rios de moeda que estavam sendo emitidos pelos bancos centrais dos Estados capitalistas desenvolvidos.

Não foi nada menos do que um golpe. Imagine conseguir que os Estados capitalistas mais ricos do mundo emitam o dinheiro que lhe permite construir um novo tipo de capital social. Imagine que esse novo tipo de capital social venha com o superpoder inerente de fazer bilhões de pessoas o reproduzirem gratuitamente em seu favor. Imagine ainda que esse tipo de capital, financiado por verbas estatais e reproduzido pela mão de obra gratuita dos cidadãos, intensifique seu poder de extrair mais--valor de proletários que estão trabalhando por salários cada vez menores em condições cada vez piores – mas também de capitalistas obrigados a remover seus produtos dos mercados tradicionais para vendê-los através de seu capital-nuvem. Você não precisaria nem ir sorrindo até o banco, já que seria muito mais inteligente manter seus ganhos estupendos guardados em alguma carteira digital dentro do seu império de capital-nuvem em vez de uma conta com algum banqueiro patético.

Soa implausível. Como foi que os capitalistas-nuvem convenceram os principais bancos centrais a financiá-los desse jeito? A resposta é: eles não tiveram que convencer.

As consequências imprevistas de 2008

Nos quinze anos desde a experiência de quase morte do capitalismo, presidentes de bancos centrais vêm emitindo moeda e direcionando-a para os financistas por iniciativa própria. Na cabeça deles, eles vêm salvando o capitalismo. Na realidade, eles o colocaram de ponta-cabeça ao ajudar a financiar o surgimento do capital-nuvem. Mas é assim que a história chega: no rastro das consequências imprevistas.

A bonança de emissão de moeda pelos bancos centrais começou em 2008, pouco depois da implosão abrangente do setor bancário ocidental. Os políticos e presidentes de bancos centrais temeram, então, que se deixassem os bancos falir e as economias das pessoas desaparecer, como a administração de Herbert Hoover tinha feito em 1929, provocariam uma segunda Grande Depressão. Então, em seu encontro em Londres em abril de 2009, os presidentes dos bancos centrais do G7 – junto com seus presidentes e primeiros-ministros – concordaram em fazer o que fosse preciso para salvar os bancos. Isso era sensato.

O absurdo foi que, além de resgatar os bancos falidos, eles livraram a barra dos banqueiros quase criminosos responsáveis por sua falência, assim como suas práticas letais. E, muito pior, além de praticar o socialismo para os banqueiros, eles sujeitaram os trabalhadores e a classe média a uma austeridade feroz.[4] Cortar os gastos públicos em meio a uma Grande Recessão é sempre uma ideia terrível. Fazer isso enquanto emite montanhas de moeda para os financistas leva o prêmio de notável estupidez. Esse duplo padrão descarado não apenas causou um prejuízo inaudito à fé de uma geração inteira na classe política como também teve um efeito letal na economia.

A austeridade não é ruim só para os trabalhadores e para as pessoas que precisam do apoio do Estado em tempo difíceis; ela também aniquila investimentos. Em qualquer economia, o que gastamos coletivamente se traduz automaticamente naquilo que ganhamos coletivamente. A definição de recessão é a queda dos gastos privados. Ao reduzir os gastos públicos exatamente no mesmo momento, o Estado acelera o declínio dos gastos em toda a economia e, portanto, acelera a taxa à qual o total dos rendimentos de uma sociedade está diminuindo. E se os rendimentos totais da sociedade estão caindo, as empresas dificilmente gastarão mais dinheiro aumentando sua capacidade se os consumidores não têm dinheiro para comprar. É assim que a austeridade assassina o investimento.

Com os investimentos nocauteados primeiro pelo *crash* de 2008 e exterminados pouco depois pela austeridade, lançar dinheiro novo para os financistas nunca os ressuscitaria. Coloque-se no lugar de um capitalista numa época em que a austeridade está acabando com os rendimentos dos seus clientes. Imagine que eu lhe dê 1 bilhão de dólares para você brincar de graça, ou seja, com taxa de juros zero. Naturalmente, você vai aceitar o bilhão gratuito, mas, como demonstramos, você estaria louco se o investisse em novas linhas de produção. Então o que você vai fazer com o dinheiro gratuito? Você poderia comprar imóveis, arte ou, ainda melhor, ações da sua própria empresa. Desse modo, as ações da sua empresa vão se valorizar e, se você for o CEO que a administra, sua estatura e os bônus ligados às ações também vão aumentar. Em outras palavras, nenhum investimento novo, mas muito mais poder nas mãos dos poderosos.

Foi exatamente isso o que aconteceu. Ao ver que provavelmente a grande maioria ficaria presa na pobreza e na precariedade no futuro próximo, o Big Business fez a maior e mais intensa greve de investimentos da história, ao mesmo tempo gastando grandes somas em coisas como transações imobiliárias que gentrificaram vizinhanças e aprofundaram as disparidades. Todas as Eras Douradas provocaram um aumento da desigualdade, com os ricos lucrando com mais rapidez do que os pobres. A era pós-2008 foi diferente. A desigualdade cresceu não porque os pobres viram seus rendimentos aumentarem mais devagar do que os dos ricos – não, os rendimentos dos pobres na verdade caíram, ao passo que os financistas e o Big Business os entesouraram.

Quando um Estado ativista torna sensacionalmente mais ricos os mesmos banqueiros cujas atividades quase criminais levaram a maioria das pessoas à miséria, enquanto elas são punidas com uma austeridade contraproducente, duas novas calamidades dão as caras: o envenenamento da política e a estagnação permanente. Sobre o envenenamento da política, não precisamos elaborar – dos neonazistas da Grécia a Donald Trump nos Estados Unidos, todos nós passamos por esse pesadelo. Mas estagnação permanente? Por que mais riqueza para os super-ricos estagnaria o capitalismo? E como isso levou ao financiamento do capital-nuvem?

Dinheiro envenenado, estagnação dourada

O termo "inflação" se refere a uma alta geral nos preços da maioria das coisas. Às vezes, o preço do pão aumenta simplesmente porque a farinha de repente ficou mais escassa ou o pão, mais em voga. Mas, no caso da inflação, o preço de uma coisa aumenta porque o preço de *tudo* está aumentando, de modo que *todos* precisam de mais dólares, ienes ou euros para comprar seu pão, sua xícara de café ou seu smartphone, não apenas o padeiro. É assim que a inflação *exaure o valor de troca do dinheiro*.

Sabe-se que o capitalismo criou um fosso entre o valor e o preço das coisas. O dinheiro não foi exceção. O valor de troca do dinheiro reflete a disposição das pessoas para entregar coisas valiosas por determinadas somas de dinheiro – um valor que a inflação diminui, como acabamos de ver. Mas, no capitalismo, o dinheiro também adquiriu um preço de mercado distinto: a taxa de juros que você precisa pagar para arrendar uma pilha de dinheiro por determinado período. O preço da batata diminui quando há estoques do tubérculo que ninguém quer comprar. Do mesmo modo, quando a demanda por dinheiro (ou seja, por empréstimos) fica abaixo da quantidade de dinheiro disponível para ser emprestada, seu preço – a taxa de juros – cai. No capitalismo, o Big Business tem a capacidade de pegar emprestado a maior parte do dinheiro que os emprestadores, em sua maioria pessoas ricas com grandes poupanças, estão dispostos a emprestar (que é o que eles estão fazendo quando investem em um título). Então é o Big Business, com seu apetite por tomar empréstimos, que determina a demanda geral por dinheiro. Em teoria, os bancos centrais são capazes de influenciar as taxas de juros ajustando a taxa a que emprestam dinheiro para outros bancos, o que lhes permite passar adiante a taxa mais baixa e assim estimular ou desencorajar investimentos. Mas as taxas de juros em geral são determinadas, como em qualquer mercado, pela oferta e demanda gerais de dinheiro.

Depois de 2008, e especialmente durante a pandemia, uma coisa estranha aconteceu. O dinheiro manteve seu valor de troca – aquele período todo, do fim de 2008 ao início de 2022, foi de uma inflação muito baixa (às vezes negativa) –, mas ao mesmo tempo seu preço (ou seja, a taxa de juros) declinou, ficando até *negativo* em muitas ocasiões.[5] Isso foi um reflexo do fato de que a austeridade estava anulando os investimentos em empresas e, com isso, a demanda dos empresários por dinheiro estava baixa. Mas será que, se os bancos centrais continuassem baixando as taxas de juros, mais cedo ou mais tarde chegaria um ponto em que o dinheiro ficaria barato o suficiente para que os empréstimos e os investimentos se recuperassem? Não exatamente.

No caso das batatas, dos microchips ou dos carros, a queda nos preços costuma remediar um problema de excesso de oferta (isto é, quando a oferta supera a demanda) exatamente desta forma: caçadores de barganhas atacam enquanto os produtores cortam a produção, e assim a "correção" de preço elimina o excesso de oferta. Mas, em se tratando de dinheiro, algo diferente acontece. Quando seu preço – a taxa de juros – cai rapidamente, os capitalistas entram em pânico. Em vez de comemorar porque agora podem pegar empréstimos mais baratos, eles pensam: "Claro, que bom que posso pegar emprestado pagando quase nada. Mas para o banco central deixar as taxas de juros caírem tanto, as coisas devem estar feias! Não vou investir, mesmo que eles me deem o dinheiro". Foi por essa razão que os investimentos se recusaram a se recuperar, mesmo depois de os bancos centrais reduzirem o preço oficial do dinheiro a quase zero. E isso foi só metade do seu pesadelo pós-2008.

A outra metade foi a camisa de força que os banqueiros falidos colocaram em todo mundo, inclusive nos bancos centrais e nos governos – um legado das três décadas de domínio do Minotauro Norte-Americano sobre o capitalismo global. Essa camisa de força veio a calhar quando os bancos deles começaram a ruir um atrás do outro entre 2007 e 2011. Um telefonema desesperado costumava bastar para que um banqueiro conseguisse que o Estado o socorresse e lhe desse um cheque especial sem data para acabar.[6] Do fim de 2008 ao início de 2022, os bancos centrais da Europa, dos Estados Unidos e do Japão empurraram montanhas de moeda recém-emitida para as contas dos financistas, fazendo da taxa de juros um enigma ainda pior do que já era.[7] Ao alavancar extraordinariamente a oferta de fundos que o Big Business se recusava a investir, o socialismo para os financistas derrubou a taxa de juros cada vez mais para o território negativo.[8]

Era um estranho mundo novo. Os preços negativos fazem sentido no caso de males, o contrário de bens. Quando uma fábrica quer se livrar de lixo tóxico, ela cobra um preço negativo por ele: seus gerentes pagam alguém para se livrar dele, um processo dispendioso, especialmente se for feito de maneira ecologicamente consciente.⁹ Mas como o dinheiro pode se tornar um mal a ser descartado? Quando os bancos centrais começaram a tratar o dinheiro da mesma forma que uma fabricante de automóveis trata o ácido sulfúrico usado, ou uma usina nuclear trata sua água residual radioativa, foi aí que soubemos que havia algo de podre no reino do capitalismo financeirizado.

Como pode o dinheiro adquirir um preço *negativo*? Foi você, pai, que me ajudou a entender o paradoxo das taxas de juros negativas. Ao me apresentar a teoria de Einstein de que a luz tem duas naturezas, você abriu minha mente para a natureza dual do trabalho, do capital e, sim, do dinheiro. A primeira natureza do dinheiro é a de uma mercadoria que negociamos como qualquer outra em troca de outras mercadorias. Mas o dinheiro, como a linguagem, é também um reflexo do nosso relacionamento uns com os outros. Ele ecoa o modo como transformamos a matéria e moldamos o mundo ao nosso redor. Ele quantifica nossa "capacidade alienada" de fazer as coisas juntos, como coletivo. Quando reconhecemos a segunda natureza do dinheiro, tudo faz muito mais sentido, já que foi essa capacidade coletiva que foi interrompida. O dinheiro envenenado fluiu em enxurradas, mas não para investimentos sérios, empregos de boa qualidade, ou qualquer coisa capaz de reanimar o espírito animal perdido do capitalismo.* Em vez disso, acionistas e executivos compraram terras, depósitos vazios, obras de arte, chalés na Suíça, vilarejos inteiros na Itália e até ilhas na Grécia, no Caribe e no Pacífico. Eles acumularam times de futebol, superiates e, a certa altura, começaram a comprar ativos digitais como o Bitcoin ou algo chamado NFTs, que eles não entendiam e não sabiam para que serviam. Foi assim que o socialismo para os banqueiros e a austeridade para o resto de nós impediram o dinamismo do capitalismo, empurrando-o para um estado de estagnação dourada. Como veremos agora, o capital-nuvem foi a única força ativa e pulsante que se beneficiou do envenenamento do dinheiro.

---

* Espírito animal [*animal spirits*], expressão consagrada por John Maynard Keynes, se refere à propensão humana a agir, empreender e assumir riscos ao investir, de maneira relativamente autônoma a um embasamento estatístico e científico. [N.R.]

Como os lucros se tornaram opcionais
para os capitalistas-nuvem

Eu me lembro de ficar intrigado no fim dos anos 1960 quando você e minha mãe às vezes desviavam de suas discussões obsessivas sobre a junta – o termo grego usado para a ditadura fascista que arruinava nossas vidas – para falar sobre uma coisa chamada "a direita". Pelo que eu conseguia entender, soava como um cruzamento entre o divino e o abominável. Então perguntei a você: "O que é a direita exatamente?". Depois da sua jornada costumeira pelas brumas da história – descrevendo como, na Assembleia Nacional criada pela Revolução Francesa em 1789, revolucionários aguerridos que desejavam derrubar o rei e seu regime se sentavam do lado esquerdo da assembleia, enquanto os apoiadores do rei ocupavam os assentos do lado direito; como posteriormente, quando o capitalismo já tinha se estabelecido, a direita passou a se identificar com os interesses dos capitalistas e com uma oposição fervorosa à mão de obra organizada ou à intervenção estatal –, você, por fim, chegou à essência do que ela representava em nossa era: "As pessoas da direita política acreditam que o trabalho duro voltado para o lucro privado é o caminho mais certo para uma sociedade boa e rica. As pessoas da esquerda, não".

Mais tarde, eu ponderei melhor a sua definição quando entrei em contato com os escritos de Adam Smith, o economista escocês do século XVIII que é algo como o santo padroeiro dos partidários do livre mercado. Sim, donos de fábricas mandando trabalhadores de catorze anos para a cova antes da hora eram brutais. Mas Smith argumentava que as necessidades da sociedade – mais roupas, abrigo e comida, e mais baratos; as substâncias da prosperidade – não podiam ser alcançadas com moralizadores e benfeitores. Somente a paixão dos capitalistas pelo lucro poderia propiciar isso. Por quê? Porque, para lucrar, não bastava arrancar até a última gota de sangue dos seus trabalhadores. Afinal, seus concorrentes faziam a mesma coisa. Não, para obter vantagem na competição, os capitalistas tinham que investir – em novas máquinas, por exemplo, que pudessem cortar seus custos e permitir que eles praticassem preços mais baixos que a concorrência. Foi dessa maneira, motivada pelo lucro, que a sociedade se equiparia para produzir quantidades suficientes de itens essenciais para a vida, e aos preços mais baixos possíveis. De acordo com Smith, é *por causa* da implacável avidez por lucro dos capitalistas, e não apesar dela, que o capitalismo gerava riqueza e progresso. Como ele escreveu em *A riqueza das nações* (1776):

> Seguindo seu próprio interesse, ele frequentemente promove o da sociedade mais efetivamente do que quando realmente pretende promovê-la. Nunca soube de grande bem feito por aqueles que aparentavam comerciar para o bem público.[10]

A crise de 1929 e a Grande Depressão tiraram o brilho de mercados impelidos pelo lucro. Mas, ao longo de cada uma das metamorfoses subsequentes do capitalismo – durante o New Deal, a Economia de Guerra, a era de Bretton Woods e particularmente com a ascensão da tecnoestrutura e do Minotauro –, o lucro continuou sendo seu motor. Associado à dívida, o lucro era a força que girava as engrenagens e rodas de cada forma de capitalismo que o planeta já vira. Até que, na esteira dos acontecimentos de 2008, os bancos centrais do Norte Global caíram na armadilha de bombear quantidades intermináveis de fundos envenenados para os mercados financeiros. Então, pela primeira vez desde que o capitalismo despertara, dois séculos e meio antes, o lucro deixou de ser o combustível que alimentava o motor da economia global, impulsionando investimentos e inovações. Esse papel – de alimentar a economia – foi assumido pelo dinheiro do banco central.

O lucro continuou sendo a ambição de todo capitalista, o objetivo de todo vendedor, a aspiração das pessoas que lutavam por uma vida mais confortável. Mas o acúmulo de capital, o processo que cria riquezas ao aumentar o tamanho total do bolo, se dissociou dos lucros, assim como o fim de Bretton Woods e a subsequente ascensão do Minotauro tinha dissociado o trabalho duro do aumento do padrão de vida. Não era a intenção dos presidentes dos bancos centrais substituir os lucros. Eles simplesmente caíram na armadilha que tinham criado para si mesmos. O pânico de 2008 tinha acabado com a demanda por dinheiro para ser investido, causando um excesso de oferta de dinheiro que enfraqueceu as taxas de juros. Quanto mais as taxas de juros caíam, maior era a convicção dos investidores de que as coisas estavam tão ruins que seria loucura investir. E, apesar disso, trilhões de dólares em dinheiro do banco central continuavam a jorrar nas finanças, e assim o ciclo catastrófico continuava, com as taxas de juros indo cada vez mais para o buraco: para zero ou abaixo.

Conforme conglomerados e governos ficavam dependentes de uma dieta de empréstimos sem juros, com empresas em países em desenvolvimento pegando mais dinheiro emprestado que seus governos, excedendo os 2 trilhões de dólares no fim dos anos 2010, os presidentes dos bancos centrais passaram a encarar um dilema desagradável: ou fechavam as torneiras de dinheiro, o que significaria detonar o capitalismo financeirizado, depois de emitir todo aquele dinheiro para salvá-lo; ou continuar a bombear dinheiro no sistema, esperando que um milagre acontecesse, mas, na realidade, facilitando a substituição do lucro como a força motivadora e azeitadora do capitalismo. Não surpreende que tenham optado pela segunda opção.

A angústia dos bancos centrais era a satisfação dos capitalistas-nuvem. Foi nesse período que empresários intrépidos e talentosos como Jeff Bezos e Elon Musk puderam construir seu supercaro e ultrapoderoso capital-nuvem, sem precisar realizar nenhuma das três coisas que os capitalistas precisavam fazer tradicionalmente para expandir seus negócios: pegar dinheiro emprestado de algum banco, vender grandes porções de seus negócios para terceiros ou gerar altos lucros para arcar com o novo capital social. Por que sofrer com isso quando o dinheiro do banco central estava correndo livre? E então, entre 2010 e 2021, a riqueza em papel desses dois homens – o que significa o preço total de suas ações – aumentou de menos de 10 bilhões de dólares para cerca de 200 bilhões de dólares cada.

Para ser claro, o dinheiro gratuito do banco central não ia direto para os capitalistas-nuvem. Ele simplesmente seguia o caminho de menor resistência. Primeiro, por meio dos bancos, ele alcançava os administradores dos conglomerados tradicionais. Atemorizados com a pobreza das massas, eles desprezavam os investimentos reais e o usavam para comprar de volta suas próprias ações. As somas envolvidas eram tão grandes que, como uma maré indiscriminada, aumentavam o preço de cada ativo em torno delas: ações, títulos, derivativos – todo e qualquer papel que os financistas colocassem à venda subia de preço. Ninguém ligava se aquele papel algum dia daria lucro. Enquanto o banco central estivesse preso à produção de novo dinheiro, eles sabiam que o papel mais porcaria valeria mais no dia seguinte do que tinha valido no anterior.

A imprensa financeira chamou isso de "*everything rally*" – as bolhas racionais. Isso durou mais de uma década. Com as ações das empresas disparando independentemente do lucro que as empresas geravam, os ricos ficaram imensamente mais ricos da noite para o dia. Então veio a pandemia, dando mais um enorme estímulo às bolhas racionais. A manhã de 12 de agosto de 2020 em Londres, que você e eu testemunhamos da varanda em Egina, foi um caso exemplar: temendo que o *lockdown* causasse um declínio irreversível na economia, os bancos centrais fizeram muito mais daquilo que já vinham fazendo desde 2008: colocaram suas máquinas de impressão digitais para trabalhar até quase se quebrarem.

Na cacofonia que se seguiu, os capitalistas terrenos – empresas automobilísticas tradicionais, petrolíferas, produtores de aço e afins – estavam satisfeitos em manter suas riquezas em papel cada vez maiores, transformando-as em imóveis ou outros ativos tradicionais. Já os capitalistas-nuvem como Jeff Bezos e Elon Musk agiram rapidamente para transformar suas riquezas em papel, antes que elas desaparecessem, em um extrator de valor muito maior: o capital-nuvem.

Ambos sabiam que o lucro era irrelevante. O que importava era agarrar a oportunidade de estabelecer total dominância de mercado. Em 2021, o Goldman Sachs, um dos bancos menos agradáveis de Wall Street, espantou o mundo financeiro ao publicar um "Índice de tecnologia não rentável", que demonstra perfeitamente a emancipação do capitalismo em relação aos lucros: entre 2017 e o início da pandemia, as empresas capitalistas-nuvem deficitárias viram o valor das suas ações aumentar em 200%. Quando a pandemia chegou na metade, esse valor tinha explodido para 500% de seu nível de 2017. Durante 2020, o melhor ano da Amazon desde sua fundação, quando as suas vendas alimentadas pela pandemia dispararam, a empresa de Bezos contabilizou vendas no valor de 44 bilhões de euros na sua sede global na Irlanda, mas pagou exatamente zero em impostos corporativos porque não lançou nem um centavo de lucro. O mesmo com a Tesla: apesar de as suas margens de lucro flutuarem logo acima de zero, o preço de suas ações subiu de cerca de 90 dólares no início de 2020 para mais de 700 dólares no fim do ano.

Usando suas ações valorizadas como garantia, os capitalistas-nuvem absorveram muitos dos bilhões que marulhavam pelo sistema financeiro. Com eles, pagaram por torres de servidores, cabos de fibra óptica, laboratórios de inteligência artificial, depósitos gigantescos, desenvolvedores de software, engenheiros de primeira, start-ups promissoras e todo o resto. Num ambiente em que o lucro tinha se tornado opcional, os capitalistas-nuvem se aproveitaram do dinheiro do banco central para construir um novo império.

Enquanto isso, o abalo de um dos princípios fundamentais do capitalismo – a motivação do lucro – acabou repercutindo nos outros.

Desigualdades privadas

Imagine Gillian, que trabalha para uma empresa prestadora de serviços de cuidadores nos condados nas cercanias de Londres. A certa altura, em meados de 2010, ela fica sabendo que a empresa foi comprada por uma companhia de capital privado. Ela não sabe o que significa capital privado e nunca ouviu falar da companhia que agora é proprietária de seu empregador. Mas asseguram a ela e aos colegas que eles não têm nada a temer – a nova gestão só está interessada em ajudar a empresa a prosperar.

A princípio, Gillian percebe pouca diferença, a não ser o logotipo mais estiloso e alguma renovada geral na aparência. Só que nos bastidores, os novos proprietários dividem a empresa em duas distintas: uma prestadora de serviços de cuidadores, a CareCom, digamos, que emprega Gillian e todos os outros cuidadores; e outra empresa, digamos, a PropCom, que detém todas as suas propriedades (seus prédios, equipamentos, vans e assim por diante), que então cobra aluguel da CareCom pelo seu uso.

Em pouco tempo, a PropCom aumenta o valor dos aluguéis que está cobrando da CareCom e anuncia mais aumentos exorbitantes de aluguel. A gestão da CareCom reúne Gillian e seus colegas e, mencionando o aumento dos aluguéis, explica que, a não ser que eles aceitem jornadas de trabalho mais longas sem pagamento de hora extra, a CareCom terá de ser liquidada. Enquanto isso, usando o reforço em suas receitas de aluguéis de longo prazo da CareCom como garantia, a PropCom pega um grande empréstimo em um banco. Em poucos dias, o empréstimo tornou-se dividendos nos bolsos dos acionistas da empresa de capital privado.

Em cinco anos, a CareCom foi liquidada. Após cinco anos de rápida degradação dos salários e das condições de trabalho, Gillian e seus colegas são colocados na rua, enquanto grandes contratos de prestação de cuidados às comunidades locais, pagos antecipadamente pelos contribuintes, são quebrados sem cerimônia. Mas, junto com todos os outros imóveis durante a "bolha racional", o valor de mercado da PropCom aumentou. Uma vez vendidos os bens da PropCom, a dívida com o banco que lhe emprestou o dinheiro é saldada e a empresa de capital privado mantém o restante em prol de seus investidores.

Esse exercício sórdido tem um nome apaziguador, embora enganoso: "recapitalização de dividendos" – ainda que chamá-lo assim seja equivalente a rebatizar um assalto a banco de "redistribuição de ativos". A empresa de capital privado que custou a Gillian seu emprego praticou desmembramento de ativos na caradura, com a financeirização oferecendo a fumaça e os espelhos necessários à ilusão. Os saqueadores, que não criaram nenhum valor novo, simplesmente pilharam um prestador de cuidados que já existia. Para usar a linguagem dos primeiros economistas como Adam Smith, trata-se de um caso clássico de renda feudal derrotando o lucro capitalista; um caso de extração de riqueza por aqueles que já a possuem triunfando sobre a criação de novas riquezas por parte de empreendedores. E o ponto essencial que se deve notar é que o sucesso de um esquema assim depende de esses saqueadores conseguirem vender subsidiárias como a PropCom a preços altos o bastante uma vez destruída a empresa original.

Antes de 2008, quando o capitalismo ainda dependia do lucro como força motriz, não teria sido possível generalizar um esquema desse tipo – caso isso tivesse ocorrido e um número excessivo das diversas PropComs fossem colocadas à venda ao mesmo tempo, o valor delas cairia. Foi isso que rendeu a Adam Smith seu otimismo em relação ao capitalismo: sua fé de que o lucro capitalista continuaria a triunfar sobre a renda feudal.

Na realidade, desde que Smith escreveu as suas famosas linhas nos anos 1770, a renda sobreviveu e até prosperou sob o capitalismo. Os cartéis, a manipulação de preços, a criação exitosa por parte da tecnoestrutura de desejos por coisas de que não precisamos, o desmembramento financeirizado de ativos – todas estas práticas geraram rendas crescentes *dentro do* capitalismo. Ainda assim, o otimismo de Smith era sustentado pelo panorama mais amplo: a renda sobreviveu apenas de modo parasitário ao lucro, e à sombra dele. Isso mudou depois de 2008. Com o dinheiro do banco central substituindo o lucro como combustível da economia e com a "bolha racional" fazendo o preço de subsidiárias semelhantes à PropCom subir cada vez mais, o capital privado poderia assumir o controle e dissipar com êxito os ativos de quantas empresas capitalistas fosse capaz de abocanhar de uma vez. E isso não era tudo.

O socialismo para os financistas deu origem a outro grupo de supersenhores do setor financeiro para rivalizar com os capitalistas-nuvem – três empresas norte-americanas com poderes superiores aos do capital privado e todos os capitalistas terrenos juntos: a BlackRock, a Vanguard e a State Street. Essas três empresas, as Três Grandes, como são conhecidas nos círculos financeiros, são efetivamente donas do capitalismo norte-americano. Não, eu não estou exagerando.

A maioria das pessoas nunca ouviu falar delas, mas já ouviu falar das empresas que as Três Grandes possuem, incluindo as principais companhias aéreas dos Estados Unidos (American, Delta, United Continental), boa parte de Wall Street (J.P. Morgan Chase, Wells Fargo, Bank of America, Citigroup) e fabricantes de automóveis como a Ford e a General Motors. Juntas, as Três Grandes são os maiores acionistas individuais de quase 90% das empresas cotadas na Bolsa de Valores de Nova York, incluindo a Apple, a Microsoft, a ExxonMobil, a General Electric e a Coca-Cola. Em relação ao valor em dólares das ações das Três Grandes, ele tem zeros demais para significar alguma coisa. No momento em que eu escrevia este livro, a BlackRock administrava quase 10 trilhões de dólares em investimentos; a Vanguard, 8 trilhões; e a State Street, 4 trilhões de dólares. Para entender esses números: eles são quase exatamente iguais à renda nacional dos Estados Unidos; ou à soma das rendas nacionais da China e do Japão; ou à soma da renda total da zona do euro, do Reino Unido, da Austrália, do Canadá e da Suíça.[11]

Como isso aconteceu? A versão oficial é que os fundadores das Três Grandes perceberam uma lacuna nos mercados financeiros: pessoas e instituições ultrarricas querendo ser "investidores passivos"; ou seja, comprar ações sem ter que escolher o que estão comprando e nem mesmo escolher os profissionais que irão escolher por elas. Para atender à sua necessidade de comprar ações de forma segura e sem precisarem pensar, as Três Grandes pegam o dinheiro dos ricos de verdade e compram literalmente tudo – ações, para ser mais exato, em todos os negócios cotados na Bolsa de Valores de Nova York. Entregar seu dinheiro às Três Grandes para comprar ações em seu nome se tornou então equivalente a ter comprado não apenas uma parte de empresas individuais, mas de toda a Bolsa de Valores de Nova York!

Isso não poderia ter acontecido antes de 2008, porque até então os ultrarricos simplesmente não tinham acesso a dinheiro o bastante para que as Três Grandes pudessem comprar uma parte significativa da Bolsa de Valores de Nova York. Só que, após 2008, o socialismo para os ultrarricos, patrocinado pelo banco central, criou mais dinheiro do que o suficiente.[12] Daí em diante, a ascensão das Três Grandes a esse poder financeiro supremo foi quase inevitável, e agora que elas estão lá, as Três Grandes desfrutam de duas vantagens intransponíveis: poder de monopólio sem precedentes sobre setores inteiros, desde companhias aéreas e bancos até energia e o Vale do Silício; e uma capacidade de oferecer aos ultrarricos retornos elevados por comissões muito baixas.[13] Essas duas vantagens permitem às Três Grandes extorquir rendas em uma escala que teria levado Adam Smith às lágrimas.

Eu consigo quase ouvir a voz de Smith, que imagino com um leve sotaque escocês, lamentando que, após 2008, e em nome da salvação do capitalismo, os bancos centrais tenham posto fim ao dinamismo e à vantagem do capitalismo. Consigo imaginar seu desalento com o fato de a renda nociva e quase feudal ter tido a chance de conseguir uma vingança histórica sobre o lucro capitalista frutífero, com a busca do lucro relegada aos aspirantes a pequeno-burgueses, enquanto os ricos de verdade cochicham contentes entre si que lucro é para os perdedores. Eu consigo imaginar sua exasperação com o fato de os estimados guardiões do capitalismo, como o Fed e o Banco da Inglaterra, terem financiado uma nova forma de capital-nuvem que está, hoje, extinguindo os mercados e transformando os consumidores de agentes soberanos em joguetes de algoritmos que estão fora do controle efetivo dos mercados, dos governos e, quem sabe, até dos seus inventores.

De volta à sua pergunta

Hora de uma confissão. Em 1993, quando você fez sua excelente pergunta depois que o conectei à incipiente internet, eu não estava pronto para o desafio. Alguns anos tinham se passado desde a maior derrota da esquerda: o colapso do que era conhecido como socialismo real, do fim da União Soviética e de seus satélites à adesão aos mercados de trabalho capitalistas por parte da China, até o flerte da Índia com o neoliberalismo – desdobramentos que acrescentaram, dentro de um ano, mais de 2 bilhões de proletários extras ao sistema capitalista. E, olhando em retrospecto, talvez eu estivesse ansioso demais para me agarrar a qualquer coisa que pudesse revitalizar a perspectiva de uma alternativa progressista ao capitalismo. Ainda que não fosse ingênuo o bastante para ignorar que o capitalismo tinha se tornado incontestável, eu me permiti, sim, sonhar sonhos improváveis.

Impressionado com os primeiros *commons* da internet e fascinado com uma impressora 3D muito incipiente com que me deparei num laboratório do MIT, eu fantasiava sobre grupos de jovens projetistas formando cooperativas que usariam impressoras 3D em escala industrial para criar uma variedade de mercadorias – de carros personalizados a geladeiras feitas sob medida – a um custo que não exigiria uma produção em massa para permanecer baixo. Essas cooperativas poderiam, eu esperava, conseguir alguma vantagem sobre as General Motors e General Electrics do mundo capitalista – para usar a linguagem dos economistas, as economias de escala que sustentam o poder da General Motors e da General Electric poderiam ser erradicadas, ativando um processo que pelo menos exauriria o poder corporativo e talvez pudesse pavimentar o caminho para um futuro não capitalista decente.

Não foi apenas idealismo. Foi um fracasso espetacular em prever que uma nova forma de capital, e não um monte de cooperativas não capitalistas, cresceria a partir da internet para fazer empresas do tipo da

General Motors e da General Electric virarem sombras do que um dia haviam sido. Absorvido pelo início da internet e sua natureza descentralizada, alheia ao mercado, me lancei de cabeça em um erro de diagnóstico monumental.

Presumindo, erroneamente, que a única ameaça séria ao capitalismo era a ascensão do trabalho organizado, eu deixei passar completamente a transformação épica dos nossos tempos: que a privatização dos *commons* da internet, auxiliada pela crise de 2008 – que levou os bancos centrais a abrir as comportas do dinheiro estatal –, geraria um novo e superpoderoso tipo de capital. Que esse capital-nuvem criaria uma nova classe dominante. Quão revolucionária essa nova classe dominante se provaria, alavancando seu capital-nuvem para fazer quase toda a humanidade trabalhar para ela, de graça ou por uma bagatela – incluindo muitos capitalistas. E, o mais importante, o quão retrógrado tudo isso provaria ser no contexto mais amplo de emancipar a humanidade e o planeta da exploração.

Notavelmente, como acontece com todas as transformações históricas, ninguém planejou isso. Nenhum capitalista imaginou se tornar um capitalista-nuvem. Nenhum presidente de banco central ambicionou financiar os capitalistas-nuvem. Nenhum político viu o dano que o capital-nuvem infligiria na política democrática. Do mesmo modo que o capitalismo surgiu contra a vontade de todos, incluindo os reis e os bispos, assim como camponeses, a ascensão dos capitalistas-nuvem aconteceu fora de vista e pelas costas da grande maioria, inclusive os mais poderosos dos agentes históricos.

Sabendo o que hoje sabemos, surgem duas perguntas. A primeira tem relação com a sustentabilidade do domínio dos capitalistas-nuvem. Enquanto escrevo, a Guerra da Ucrânia turbinou a inflação moderada que surgiu na esteira da pandemia, fazendo, assim, com que os bancos centrais deixassem de emitir novas cédulas. Se estou certo que foi o dinheiro do banco central que financiou os capitalistas-nuvem, será que o poder dos capitalistas-nuvem vai diminuir à medida que os rios de dinheiro do banco central secarem? Será que os bons e velhos conglomerados capitalistas, dependentes do capital terreno, vão dar a volta por cima?

A segunda pergunta, que posso imaginar você me fazendo contundentemente, tem mais a ver com o vocabulário. Será que a vida sob o domínio dos capitalistas-nuvem é fundamentalmente diferente da vida sob o capitalismo? Os capitalistas-nuvem são de fato tão diferentes dos capitalistas a ponto de precisarmos de um termo recém-criado – tecnofeudalismo – para o sistema em que vivemos hoje? Por que não o chamar apenas de hipercapitalismo ou de capitalismo de plataforma?

Essas são perguntas que abordo no próximo capítulo. Mas, primeiro, voltemos por um instante ao seu adorado Hesíodo. Além de nos alertar que toda nova era forjada por alguma tecnologia revolucionária rende uma geração de pessoas que "nunca durante o dia/ cessarão de labutar e penar e nem a noite de se/ destruir",[14] Hesíodo também nos legou uma alegoria crucial: a de uma aristocracia de deuses residindo acima das nuvens que circundam o Monte Olimpo, ciosamente se aferrando a seus poderes exorbitantes sobre nós, mortais. Ao descrever tal mundo como se essa fosse a ordem natural e eterna das coisas, Hesíodo desafiou a humanidade com uma pergunta difícil, que é tão pertinente para nós quanto foi para a geração da Idade do Ferro: será que o poder da aristocracia que reside nas nuvens jamais poderá ser reivindicado pelos mortais? Será que nós, mortais, saberíamos o que fazer com ele se o obtivéssemos? Em outras palavras, será que Prometeu foi um tolo de roubar dos deuses o fogo da tecnologia? Se não, qual seria a tarefa de um Prometeu moderno na Idade do Capital-Nuvem? Essa é a pergunta definitiva que vou procurar responder no capítulo final deste livro.

5
O QUE HÁ EM UMA PALAVRA?

Ambientado na ilha de Lesbos, *Dáfnis e Cloé* é o romance romântico mais antigo que chegou até nós. Escrito no século II por Longo, ele conta a história de dois jovens que se apaixonam, mas que são tão inocentes que não entendem o que está acontecendo ou o que fazer a respeito. É só quando Cloé passa a procurar as palavras para descrever a beleza de Dáfnis que ela começa a se apaixonar por ele.

"[Q]uando uma palavra é definida corretamente", escreveu Simone Weil em 1937, ela nos ajuda "a compreender alguma realidade concreta ou objetivo concreto, ou método de atividade. Esclarecer um pensamento, desacreditar palavras intrinsecamente sem sentido e definir o uso de outras por meio da análise precisa – fazer isso, por mais estranho que possa parecer, pode ser uma maneira de salvar vidas humanas".[1]

É tentador pensar que realmente não importa como chamamos o sistema em que vivemos. Tecnofeudalismo ou hipercapitalismo, o sistema é o que é, seja qual for a palavra que usamos para descrevê-lo. Tentador talvez, mas bastante errado. Reservar a palavra "fascista" para regimes que genuinamente se encaixam nessa categoria e abster-se de usá-la para regimes que não se encaixam, por mais sórdidos que sejam, tem uma importância imensa. Chamar de pandemia um surto viral pode se provar vital na mobilização contra ela. O mesmo ocorre com o sistema global em que vivemos hoje: a palavra que usamos para descrevê-lo pode influenciar profundamente se temos mais propensão a perpetuá-lo e reproduzi-lo, se podemos questioná-lo ou até derrubá-lo.

Imagine que estamos vivendo nos anos 1770, quando os primeiros motores a vapor começaram a acionar as primeiras bombas de água que mantinham as minas secas e a girar as engrenagens das "fábricas satânicas sombrias" de William Blake. Quando suas chaminés expeliam fumaça espessa ao longo do rio Clyde, em Birmingham e no entorno de Manchester, nós não estaríamos errados em falar de um emergente "feudalismo industrial" ou "feudalismo de mercado". Tecnicamente, estaríamos corretos.

Nos anos 1770, e por pelo menos mais um século, para onde quer que se olhasse, via-se o feudalismo. Os senhores feudais dominavam as áreas rurais, detinham os títulos de propriedade plena da maioria dos quarteirões da cidade, comandavam exércitos e marinhas e presidiam comitês parlamentares e órgãos governamentais. Mesmo nos anos 1840, enquanto Marx e Engels escreviam seu *Manifesto* em resposta aos efeitos globais da classe capitalista, a maior parte da produção ainda estava acontecendo sob os auspícios da velha classe feudalista, a aristocracia fundiária. A propriedade de terras continuava a ser a principal fonte de autoridade política, e a renda continuava a ser mais poderosa do que o lucro, especialmente na sequência das Guerras Napoleônicas, quando os proprietários de terras recuperaram sua vantagem sobre os capitalistas proibindo as importações de grãos com suas Leis dos Cereais.[2]

E, no entanto, algo criticamente importante teria sido perdido se aqueles que forjaram a linguagem daquela era tivessem relutado em abandonar a palavra feudalismo, escolhendo chamar o sistema nascente não de capitalismo, mas de feudalismo industrial ou de mercado. Ao ousar chamá-lo de capitalismo, um século antes que o capital tivesse dominado plenamente nossas sociedades, eles abriram os olhos da humanidade para a grande transformação que se desenrolava ao redor deles enquanto ela ainda estava acontecendo.

Para onde quer que olhemos hoje, vemos o capitalismo. Os capitalistas continuam a possuir quase tudo e a comandar o complexo militar-industrial. Eles dominam parlamentos, órgãos governamentais, a mídia, bancos centrais e todas as instituições globais poderosas, como o Fundo Monetário Internacional, o Banco Mundial, o Clube de Paris e a Organização Mundial do Comércio. Os mercados continuam a reger a vida e a moldar a mente e a imaginação de bilhões. O lucro continua sendo o santo graal das massas que lutam pela sobrevivência, assim como daqueles indivíduos abastados que acreditam na obtenção do lucro como um fim em si. E assim como as Guerras Napoleônicas renovaram o fôlego do poder feudal, também a Guerra da Ucrânia e seus efeitos inflacionários estão revitalizando as fortunas do capital terreno, até a moribunda indústria do combustível fóssil. Apesar disso, assim como nos anos 1770, descrever o sistema nascente de hoje usando termos do passado – chamá-lo de hipercapitalismo, ou capitalismo de plataforma, ou capitalismo rentista – não seria apenas uma deficiência de imaginação; seria deixar passar uma grande transformação da *nossa* sociedade que está acontecendo atualmente.

Já vimos que, com os cercamentos dos *commons* da internet, o capital-nuvem emergiu. Também vimos como ele difere de outros tipos de capital em sua capacidade de reproduzir a si mesmo sem que seus proprietários precisem pagar por isso, transformando todos nós em servos das nuvens. Vimos que, com a guinada on-line, a Amazon agora opera como um feudo das nuvens, com os negócios tradicionais pagando Jeff Bezos para operar como seus vassalos. E vimos como os capitalistas-nuvem das Big Techs conquistaram tudo isso: surfando na onda do dinheiro do banco central que tornou os lucros opcionais. No fim do capítulo anterior, nós consideramos dois efeitos imediatos: o valor sempre ascendente das PropComs deste mundo permitiu que o capital privado dissipasse os ativos do que quer que pudessem abocanhar, enquanto as Três Grandes estabeleceram uma espécie de poder de monopólio coletivo sobre setores inteiros da indústria. Então o que, em essência, mudou? O que, nos termos mais simples possíveis, distingue este mundo do anterior, exigindo que abandonemos a palavra capitalismo e a substituamos por tecnofeudalismo? Como mencionei no fim do capítulo anterior, é muito simples: o triunfo da renda sobre o lucro.

A vingança da renda: como o lucro sucumbiu à renda das nuvens

O que seria necessário para o capitalismo morrer? Em sua juventude, você tinha uma resposta definitiva: o capitalismo vai morrer, como o dr. Frankenstein, indiretamente por suas próprias mãos, uma merecida vítima de sua maior criação: o proletariado. O capitalismo, você estava convencido, estava criando dois grandes campos destinados a entrar em conflito: os capitalistas, que não trabalhavam fisicamente com as tecnologias revolucionárias que possuíam; e os proletários que passavam seus dias e suas noites trabalhando dentro, sobre, embaixo ou com essas maravilhas tecnológicas, de navios mercantes e ferrovias a tratores, esteiras transportadoras e robôs industriais. As tecnologias revolucionárias não eram uma ameaça ao capitalismo. Mas os trabalhadores revolucionários que sabiam operar essas máquinas incríveis, sim.

Quanto mais o capital dominava a economia global e a esfera política, mais próximos os dois campos chegavam de se encarar em uma batalha crítica. Em sua conclusão, e pela primeira vez em uma escala mundial, o bem venceria o mal. A amarga bifurcação da humanidade, entre proprietários e não proprietários, seria então sanada. Os valores não seriam mais redutíveis a preços. E a humanidade, por fim, estaria reconciliada consigo mesma, transformando a tecnologia de sua mestra em sua serva.

Em termos práticos, sua visão significava o nascimento de uma democracia socialista propriamente dita e tecnologicamente avançada. Capital e terra de propriedade coletiva seriam obrigados a produzir as coisas de que a sociedade precisa. Gerentes teriam de prestar contas aos funcionários que os elegeram, a seus clientes, à sociedade como um todo. O lucro esmoreceria como força motriz porque a distinção entre lucro e salário já não faria sentido: todos os empregados seriam acionistas em medidas iguais, e seus salários sairiam da receita líquida de suas empresas. A morte simultânea do mercado de ações e do mercado de trabalho transformaria a atividade bancária em um setor estável e como que utilitário. Os mercados e a riqueza concentrada, consequentemente, perderiam seu poder brutal sobre as comunidades, permitindo que nós coletivamente decidíssemos como prover saúde, educação e proteção do meio ambiente.

As coisas não poderiam ter saído mais diferentes. Mesmo em países ocidentais, como a Alemanha e por um tempo a Inglaterra, onde os sindicatos nacionais se fortaleceram, o trabalho assalariado não conseguiu se organizar de forma eficaz e acabou cedendo à ideia do capitalismo como um sistema "natural". A solidariedade entre os trabalhadores do Norte e do Sul continua um sonho de todo não realizado. O capital simplesmente passou de uma força para a outra. E, em lugares onde revoluções leais à sua visão tiveram êxito, a vida acabou mais cedo ou mais tarde parecendo uma mistura de *A revolução dos bichos* com *1984*, de George Orwell. Nunca vou esquecer de quando você me confessou, enquanto contava as histórias de terror dos anos que passou nos campos de prisioneiros para esquerdistas gregos, o sentimento que mais o oprimia: que, se o seu lado tivesse conquistado o poder, você provavelmente estaria na mesma prisão, apenas com guardas diferentes. Isso ressoava com o desgosto de esquerdistas autênticos em todo o mundo: pessoas boas, dedicadas à sua visão, que acabavam em gulags vigiados por antigos camaradas ou, até pior, em posições do tipo de poder que suas próprias ideologias execravam.

Ainda assim, seu prognóstico está resistindo extremamente bem, mesmo que não de maneiras que você aprovaria. O capitalismo *está mesmo* morrendo indiretamente por suas próprias mãos, uma merecida vítima de sua maior criação: não o proletariado, mas os capitalistas-nuvem. E, pouco a pouco, os dois maiores pilares do capitalismo – o lucro e os mercados – estão sendo substituídos. Infelizmente, em vez de um sistema pós-capitalista capaz de finalmente sanar as divisões humanas e colocar um ponto-final na exploração das pessoas e do planeta, aquele que está tomando forma aprofunda e universaliza a exploração de maneiras até então inimagináveis, exceto talvez por autores de ficção científica. Em retrospectiva, pai, por que é que algum dia nos permitimos ser engodados pela ilusão reconfortante de que a morte de algo ruim necessariamente daria lugar a algo melhor? A pergunta devastadora de Rosa Luxemburgo, "Socialismo ou barbárie?", não foi retórica.[3] Sua resposta poderia facilmente ser barbárie – ou extinção.

O que precisamos, então, é de uma nova história que explique não o que queríamos que acontecesse, mas o que está de fato acontecendo, e essa é a história de como a renda – a característica econômica definidora do feudalismo – encenou seu notável retorno.

Sob o feudalismo, a renda era bastante simples de entender. Cortesia de alguma casualidade de nascimento, ou de algum decreto real, o senhor feudal obtinha o título de posse de um pedaço de terra que o habilitava a extrair parte da colheita produzida pelos camponeses que tinham nascido e crescido naquela terra. Sob o capitalismo, entender o significado de renda, e distingui-lo do de lucro, é muito mais difícil – uma dificuldade de que fui testemunha em primeira mão quando, como professor universitário, penava para ajudar meus alunos a entenderem a diferença entre os dois.

Aritmeticamente, não existe diferença: tanto a renda quanto o lucro equivalem ao dinheiro que sobra uma vez que se pagam os custos. A diferença é mais sutil, qualitativa, quase abstrata: o lucro é suscetível à concorrência de mercado; a renda, não. A razão são suas origens diferentes. A renda aflui do acesso privilegiado a coisas com oferta fixa, como solo fértil ou terra contendo combustíveis fósseis; você não consegue produzir mais desses recursos, por mais dinheiro que invista neles. O lucro, por outro lado, aflui nos bolsos dos empreendedores que investiram em coisas que em outro cenário não existiriam – coisas como a lâmpada de Edison ou o iPhone de Jobs. É esse fato – que essas mercadorias foram inventadas e criadas, e que, então, podem voltar a ser inventadas e criadas, só que melhores, por outra pessoa – que torna o lucro suscetível à concorrência.

Quando a Sony inventou o Walkman, o primeiro hi-fi portátil e pessoal, obteve lucros substanciais. Então a concorrência dos imitadores foi limando os lucros da Sony até que, por fim, a Apple chegou com seu iPod para dominar o mercado. Por outro lado, a concorrência de mercado é amiga do rentista. Se Jack possui um prédio em um bairro que está sendo gentrificado por causa do que outras pessoas fazem, a renda de Jack – os aluguéis que ele cobra – vai aumentar mesmo que ele não faça nada – ele, literalmente, vai ficar mais rico sem mover uma palha. Quanto mais empreendedores forem os vizinhos de Jack, e quanto mais eles investirem na área, maior será a renda dele.

O capitalismo prevaleceu quando o lucro sobrepujou a renda, um triunfo histórico que coincidiu com a transformação do trabalho produtivo e dos direitos de propriedade em mercadorias a serem vendidas, respectivamente, por meio dos mercados de trabalho e de ações. Não foi apenas uma vitória econômica. Enquanto a renda cheirava a exploração vulgar, o lucro reivindicava superioridade moral como uma recompensa justa para empreendedores corajosos que arriscavam tudo para navegar nas correntes traiçoeiras de mercados tempestuosos. Ainda assim, apesar do triunfo do lucro, a renda sobreviveu à idade de ouro do capitalismo do mesmo modo que resquícios do DNA de nossos ancestrais, incluindo cobras e micróbios há muito extintos, sobrevivem no DNA humano.

Megaempresas capitalistas, como Ford, Edison, General Electric, General Motors, ThyssenKrupp, Volkswagen, Toyota, Sony e todas as outras, geraram os lucros que suplantaram a renda e impulsionaram o capitalismo à sua dominância. Só que, como rêmoras que vivem como parasitas à sombra de grandes tubarões, alguns rentistas não apenas sobreviveram como, na verdade, prosperaram ao se nutrir das generosas migalhas deixadas na esteira do lucro. Petrolíferas, por exemplo, acumularam gigantescas rendas relativas ao direito de perfurar em porções específicas de terra firme ou de leitos oceânicos – para não mencionar o privilégio imerecido de prejudicar o planeta sem nenhum custo para elas mesmas.

Naturalmente, as petrolíferas têm tentado legitimar sua pilhagem ao apresentá-la como lucro capitalista, exagerando até que ponto seus ganhos são uma recompensa a investimentos em tecnologia de perfuração inteligente e barata, sem a qual, é verdade, o petróleo extraído poderia não ser competitivo com o petróleo extraído por petrolíferas concorrentes. O mesmo vale para desenvolvimentos imobiliários nos quais a renda da terra ofusca qualquer lucro proveniente de uma arquitetura inovadora. Ou para companhias privatizadas de energia e saneamento cujos ganhos se devem, em sua maioria, a rendas que a classe política lhes alocou. O que todos esses megarrentistas têm em comum é uma forte motivação para legitimar suas rendas dissimulando-as como lucros – algo semelhante a lavar suas rendas como se fossem lucros.

Depois da Segunda Guerra Mundial, a renda foi mais longe do que meramente sobreviver ao capitalismo: ela encenou um renascimento na esteira da tecnoestrutura emergente – o nexo de conglomerados com recursos imensos, capacidade produtiva e alcance de mercado que se originou na Economia de Guerra. Os marqueteiros inovadores e os publicitários criativos empregados pela tecnoestrutura conquistaram isso criando algo engenhoso: fidelização às marcas.

A fidelização dá ao proprietário da marca o poder de aumentar os preços sem perder clientes. Esse preço suplementar reflete o status superior proporcionado ao dono de uma Mercedes-Benz ou de um computador da Apple sobre o dono de um, digamos, equivalente mais barato produzido pela Ford ou pela Sony. Esses suplementos equivalem às rendas das marcas. Nos anos 1980, o *branding* tinha alcançado tamanhos poderes de extração de renda que jovens aspirantes a empreendedores ligavam menos para quem produzia as coisas, onde e como do que para possuírem as marcas certas.

Se o *branding* deu à renda sua primeira chance de voltar a prosperar na década de 1950, o surgimento do capital-nuvem nos anos 2000 foi a oportunidade da renda de se vingar incrivelmente do lucro – realizar uma volta por cima definitiva. A Apple desempenhou um papel de destaque nisso. Antes do iPhone, os *gadgets* de Steve Jobs eram um caso exemplar de mercadorias de ponta que alcançavam preços suplementares que refletiam rendas de marca substanciais – nada diferente de Rolls-Royces ou de sapatos da Prada. A empresa sobreviveu à concorrência brutal da Microsoft, da IBM, da Sony e de um exército de concorrentes menores vendendo desktops, laptops e iPods com um belo design e uma afamada facilidade de uso que, em última instância, permitiam que a Apple cobrasse montantes significativos de rendas de marca. No entanto, o grande avanço para a Apple, aquilo que a transformou em uma empresa trilionária, foi o iPhone – não só porque era um grande telefone celular, mas porque entregou à Apple a chave de todo um novo baú de tesouros: a renda das nuvens.

O golpe de mestre que desvendou a renda das nuvens para Steve Jobs foi sua ideia radical de convidar "desenvolvedores terceiros" para usar gratuitamente o software da Apple com o qual produziriam aplicativos para vender através da Apple Store. Numa tacada só, a Apple criou um exército de trabalhadores não remunerados e capitalistas vassalos cujo trabalho duro rendeu uma série de recursos disponíveis exclusivamente para os donos de iPhones na forma de milhares de apps desejáveis que os engenheiros da Apple nunca teriam conseguido produzir sozinhos em tal variedade ou volume.

De repente, um iPhone era muito mais do que um telefone desejável. Era um ingresso para um amplo panorama de prazeres e habilidades que nenhuma outra empresa de smartphones podia oferecer. Mesmo se um concorrente da Apple, digamos, a Nokia, a Sony ou a

BlackBerry, tivesse conseguido responder rapidamente fabricando um telefone mais inteligente, mais rápido e mais bonito, não importaria: apenas um iPhone abria as portas para a Apple Store. Por que a Nokia, a Sony ou a BlackBerry não criaram suas próprias lojas? Porque era tarde demais: com tantas pessoas registradas na Apple, os milhares de desenvolvedores terceiros não iam gastar seu tempo e esforço desenvolvendo apps para outras plataformas. Para serem competitivos, os desenvolvedores terceiros e não remunerados da Apple, sobretudo parcerias ou pequenas empresas capitalistas, não tiveram outra opção a não ser operar através da Apple Store. O preço? Uma porcentagem de 30% de renda da terra, paga à Apple sobre todas as suas receitas. Assim, uma classe capitalista vassala cresceu do solo fértil do primeiro feudo das nuvens: a Apple Store.

Apenas um outro conglomerado conseguiu convencer uma porção significativa daqueles desenvolvedores a criar apps para sua própria loja: o Google. Muito antes de o iPhone chegar, o motor de busca do Google tinha se tornado o destaque de um império das nuvens que incluía o Gmail e o YouTube, e que mais tarde incluiria o Google Drive, o Google Maps e uma série de outros serviços on-line. Ávido por explorar seu já dominante capital-nuvem, o Google seguiu uma estratégia diferente daquela da Apple. Em vez de fabricar um celular para concorrer com o iPhone, ele desenvolveu o Android – um sistema operacional que podia ser instalado de graça em smartphones de qualquer fabricante, incluindo os da Sony, da BlackBerry e da Nokia, que optaram por usá-lo. A ideia era que se concorrentes suficientes da Apple o instalassem em seus telefones, o conjunto de smartphones operando com o software Android seria grande o suficiente para atrair desenvolvedores terceirizados para produzir apps não apenas para a Apple Store, mas também para uma nova loja que operava com o software Android. Foi assim que o Google criou o Google Play, a única alternativa séria à Apple Store.

O Android não era nem melhor nem pior do que os sistemas operacionais que a Sony, a BlackBerry, a Nokia e outras tinham – ou poderiam ter – produzido sozinhas. Mas ele veio com um superpoder: o capital-nuvem abundante do Google, que atuou como um chamariz para os desenvolvedores terceiros que a Sony, a BlackBerry e a Nokia jamais poderiam ter atraído sozinhas. Como elas poderiam resistir? Por mais relutantes que estivessem, foram obrigadas a aceitar o papel de capitalistas vassalos fabricantes de telefones, sobrevivendo das migalhas de lucros da venda de seus hardwares, enquanto o Google acumulava a renda das nuvens produzida por aquele outro monte de capitalistas e particulares vassalos: os desenvolvedores terceiros que agora produziam apps para vender no Google Play.

O resultado foi uma indústria mundial de smartphones com duas corporações capitalistas-nuvem dominantes, a Apple e o Google, com o grosso de suas riquezas sendo produzido por desenvolvedores terceiros não remunerados, de cujas vendas eles tiravam um quinhão fixo. Isso não é lucro. Isso é renda das nuvens, o equivalente digital da renda da terra.

Durante essa mesma década, a Amazon aperfeiçoou sua própria fórmula para vender bens físicos por meio de uma cadeia de suprimentos mundial através de seu próprio feudo das nuvens — a amazon.com —, cuja dinâmica já examinamos. Graças à fórmula da Amazon, impulsionada pelos algoritmos, a renda das nuvens já não estava confinada ao mundo digital.

Financiados pelo dinheiro do banco central, amparados pelo capital privado, esses capitalistas-nuvem ampliaram seus feudos das nuvens por todo o mundo, obtendo gigantescas rendas das nuvens tanto de vassalos capitalistas quanto de servos das nuvens. Em uma reviravolta paradoxal, o número de capitalistas que dependem do bom e velho lucro *cresceu* mesmo enquanto suas margens de lucro e poder declinavam. Do mesmo modo, esses vassalos capitalistas continuaram a desfrutar do poder de comandar a mão de obra da maioria que é dependente de salários, e eles continuam a deter pelo menos alguns de seus meios de produção: seus computadores, seus carros e vans, talvez um escritório, um depósito ou fábrica. De fato, nem todos os vassalos capitalistas são artesãos em pequena escala; alguns são grandes fabricantes capitalistas. Mas, grandes ou pequenos, poderosos ou não, todos os vassalos capitalistas são por definição dependentes em maior ou menor medida de vender suas mercadorias através de um site de e-commerce, seja a Amazon, o eBay ou o Alibaba, com uma porção considerável de suas receitas líquidas sendo extraídas pelos capitalistas-nuvem de quem dependem.

Nesse meio-tempo, enquanto a Amazon enredava os fabricantes de produtos físicos em seu feudo das nuvens, outros capitalistas-nuvem concentravam sua atenção no precariado. Empresas como Uber, Lyft, Grubhub, DoorDash e Instacart no Norte Global, junto com seus imitadores na Ásia e na África, conectaram a seus feudos das nuvens uma ampla gama de motoristas, entregadores, faxineiras, donos de restaurantes – até passeadores de cachorros –, recolhendo também desses trabalhadores informais e não assalariados um quinhão fixo de seus ganhos. Uma renda das nuvens.

Recentemente, assisti aos filmes caseiros mudos em Super 8 que você deixou para mim em uma caixa de papelão na casa de Palaio Faliro, muitos dos quais você filmara em suas viagens na década de 1960, quando, num piscar de olhos, a siderúrgica para a qual você trabalhava o mandava de avião para os Estados Unidos, o Japão e a Europa para comprar maquinário avançado, ou para as antigas colônias do Ocidente para garantir um fornecimento regular de minério de ferro e de carvão de coque de alta qualidade. Um rolo de filme que encontrei estava identificado como "1964 – Indonésia". A maior parte da gravação era de uma viagem de carro partindo de Jacarta. Quilômetro após quilômetro à beira da estrada rural lotada, eu não pude deixar de reparar nos *warungs* ao redor dos quais um monte de gente do lugar se reunia. Os *warungs*, você explicou, são como os nossos quiosques na Grécia, que vendem de tudo barato, de bebidas, canetas e jornais a xampu, aspirina e serviços telefônicos.

Você pode ficar surpreso em saber que a Bukalapak, uma empresa capitalista-nuvem indonésia, está assumindo o comando de 3,5 milhões de *warungs*, digitalizando seus serviços com o objetivo de não apenas transferir os dados de seus mercados locais multifacetados para as nuvens, mas também de financeirizar as comunidades locais que dependem deles por meio de microcréditos usurários, transferências de dinheiro digitais onerosas e serviços bancários básicos. Nunca lento demais para se inteirar, Jeff Bezos despachou a Bezos Expeditions para a Indonésia e em 2021 começou a investir em um concorrente da Bukalapak.[4] Peter Thiel, cofundador do PayPal, um dos primeiros investidores do Facebook, fundador da Palantir, fez o mesmo com o seu Valar Ventures. E também a Tencent, um dos principais conglomerados chineses das Big Techs.

De donos de fábricas no Centro-Oeste norte-americano a poetas penando para vender sua mais recente antologia, de motoristas de Uber londrinos a vendedores ambulantes da Indonésia, todos agora são dependentes de algum feudo das nuvens para ter acesso a clientes. É progresso, mais ou menos. Lá se foi o tempo em que, para recolher sua renda, os senhores feudais empregavam brutamontes para quebrar os joelhos de seus vassalos ou derramar seu sangue. Os capitalistas-nuvem não precisam empregar oficiais de justiça para confiscar ou despejar. Em vez disso, cada capitalista vassalo sabe que com a remoção de um link do site do vassalo nas nuvens eles podem perder acesso ao grosso de seus clientes. E com a remoção de um link ou dois do motor de busca do Google ou de alguns sites de e-commerce e de mídias sociais, eles podem desaparecer completamente do mundo on-line. Um terror tecnológico sanitizado é a base do tecnofeudalismo.

Observado em sua totalidade, fica claro que a economia mundial é cada vez menos azeitada pelo lucro e cada vez mais pela renda das nuvens. E assim a bela antinomia de nossa era entra em foco: a atividade capitalista está crescendo dentro do mesmo processo de acúmulo energético de capital que degrada o lucro capitalista e gradualmente substitui os mercados capitalistas por feudos das nuvens. Resumindo, o capitalismo está esmorecendo como resultado de uma atividade capitalista próspera. Foi por meio da atividade capitalista que o tecnofeudalismo nasceu e está agora arrebatando o poder. Afinal de contas, como poderia ser de outra maneira?

Capitalismo anabolizado?

"Não estou convencido", ouço você dizer. "Os senhores feudais nunca investiram em nada além de intriga e violência. Já os seus capitalistas-nuvem investem massivamente no mais alto nível de capital de alta tecnologia. Eles são o epítome dos capitalistas, despejando dinheiro em pesquisa e desenvolvimento para produzir mercadorias novas e desejáveis como resultados de buscas, assistentes pessoais digitais e aplicativos de teleconferência. Mesmo que eles consigam criar algo parecido com um feudo, como Zuckerberg fez com o Facebook, logo aparece um concorrente que sifona milhões de usuários para seus próprios negócios multibilionários. Veja a ascensão repentina do TikTok, por exemplo!

"Os seus capitalistas-nuvem são o exato oposto dos barões e condes preguiçosos e estão muito mais próximos de Thomas Edison, Henry Ford e George Westinghouse do que de qualquer senhor feudal. Muito pelo contrário, Yanis, eles são capitalistas anabolizados – e, em última análise, mesmo que eles se deleitem cada vez mais com o que você chama de renda das nuvens, o que eles estão fazendo ainda é capitalismo. Chame então de capitalismo rentista. Ou de capitalismo das nuvens. Ou de hipercapitalismo. Mas tecnofeudalismo? Não, acho que não."

É verdade, pai, que os capitalistas-nuvem são – ou pelo menos eram – capitalistas anabolizados. Disso eu nunca discordaria. Ao contrário dos feudalistas, que invariavelmente nasciam com o poder de obter rendas, os capitalistas-nuvem tiveram que criá-las do zero. E para fazer isso, você está certo, eles investiram somas gigantescas em suas tecnologias. Mas a pergunta persiste: em que exatamente eles investiram? E o que resultou de seus investimentos?

Você diz que os capitalistas-nuvem investiram na criação de novas mercadorias – mas uma mercadoria é uma coisa ou um serviço produzido para ser vendido de modo a obter lucro. Resultados de buscas não são produzidos para serem vendidos. A Alexa e a Siri não respondem nossas perguntas por uma taxa. Como o Facebook, o Twitter, o TikTok, o Instagram, o YouTube, o WhatsApp, o seu propósito é de todo diferente: capturar e modificar nossa atenção. E mesmo quando as Big Techs capitalistas-nuvem nos fazem pagar uma taxa para ter acesso a bots de inteligência artificial como o ChatGPT ou nos vendem aparelhos físicos como a Alexa, elas não os estão vendendo como mercadorias. Esses *gadgets* são alugados ou vendidos a preços baixos não pelo lucro insignificante (com frequência negativo) que eles rendem, mas para ganhar acesso aos nossos lares e, por meio deles, a nossa atenção. É esse poder sobre a nossa atenção que lhes permite recolher renda das nuvens dos capitalistas vassalos que estão no negócio antiquado de vender as mercadorias *deles*. Em última instância, o investimento dos capitalistas-nuvem visa não a uma competição dentro do mercado capitalista, mas a nos fazer *sair* completamente dos mercados capitalistas.

Capitalistas-nuvem como Steve Jobs, Jeff Bezos, Mark Zuckerberg, Sergey Brin têm, eu admito, coisas em comum com Edison, Ford e Westinghouse: grandes egos, empresas imensas e uma prontidão para quebrar coisas, inclusive mercados e instituições estatais existentes, com o intuito de sustentar sua dominância. Mas esses capitães do Big Business do início do século XX estavam todos concentrados diretamente em obter lucro monopolizando mercados e empregando o capital das fábricas e das linhas de produção. Eles seriam os primeiros a ver que os capitalistas-nuvem agora estão se tornando incrivelmente ricos sem a necessidade de organizar a produção de mercadoria *alguma*. Não apenas isso, eles estão livres da pressão de um mercado para produzir mercadorias melhores e mais baratas ou, de fato, do medo constante de que um concorrente possa inventar um produto que roube toda sua participação de mercado.

"Mas os seus capitalistas-nuvem vivem, sim, com esse medo", ouço você contestar. "Veja só como o TikTok sugou os usuários e o faturamento do Facebook. Ou a ameaça existencial para a Netflix que é a Disney Plus. Ou como o site de e-commerce do Walmart vem tomando participação de mercado da Amazon. Essa não é exatamente a concorrência de mercado que Ford, Edison e Westinghouse encararam?"

Bem, pai, apesar das semelhanças, não, não é.

Conflitos e rivalidades como esses, levando à ascensão e ao declínio de feudos, eram parte integrante do feudalismo. Às vezes, era preciso um esforço considerável para evitar que os feudos entrassem em declínio ou fossem conquistados, sobretudo depois de 1350, quando a peste negra criou uma escassez aguda de mão de obra e os servos conseguiam deixar um feudo e migrar para outro. Mas não devemos confundir rivalidade entre feudos com concorrência baseada no mercado.

O êxito do TikTok em roubar a atenção dos usuários de outros sites de outras plataformas de mídia social não se deve aos menores preços que ele oferece, à maior qualidade das "amizades" ou associações que ele possibilita. O TikTok criou um novo feudo das nuvens para o qual servos das nuvens em busca de uma experiência on-line diferente poderiam migrar. A Disney Plus não ofereceu aos telespectadores os filmes e séries que estão na Netflix por preços mais baixos ou com mais definição – ofereceu filmes e séries que não estavam disponíveis na Netflix. O Walmart não ofereceu preços mais baixos que os da Amazon ou melhorou a qualidade de suas mercadorias – usou sua própria base de dados para atrair mais usuários para seu feudo das nuvens recém-criado. Quanto à Apple, a pioneira da construção de feudos das nuvens, ela emprega o que chama de "normas de privacidade" (isso impede, por exemplo, que concorrentes, como o Facebook e o Google, coletem dados de donos de iPhones) que são cuidadosamente elaboradas para impedir que outros capitalistas-nuvem modifiquem o comportamento de quaisquer usuários que eles compartilhem, o que fez com que Mark Zuckerberg a acusasse de cobrar "rendas de monopólio" e de "sufocar a inovação".

Como Ford, Edison e Westinghouse, os capitalistas-nuvem da Amazon, da Tencent, do Alibaba, do Facebook, da Apple e do Google também investem em pesquisa e desenvolvimento, em política, em propaganda, em combate aos sindicatos e táticas de cartel, mas, de novo, eles o fazem não para vender mercadorias ao máximo lucro, mas para extrair o máximo de rendas dos capitalistas que o fazem.

A Grande Transformação, do feudalismo para o capitalismo, foi baseada na usurpação da renda pelo lucro como a força motriz de nosso sistema socioeconômico. Foi por isso que a palavra *capitalismo* se provou tão mais útil e perspicaz do que um termo como feudalismo de mercado. É este fato fundamental – de que entramos em um sistema socioeconômico movido não pelo lucro, mas pela renda – que exige que usemos um novo termo para descrevê-lo. Pensar nele como hipercapitalismo ou capitalismo rentista seria deixar passar esse princípio essencial e definidor. E para refletir o retorno da renda ao seu papel central, não consigo pensar em nenhum nome melhor do que tecnofeudalismo.

Mais importante, ao defini-lo e rotulá-lo de maneira correta, acredito que estaremos mais bem preparados para entender o significado e a importância dessa transformação sistêmica – e o que está em jogo para todos nós.

O método tecnofeudal da loucura de Elon Musk no Twitter

Se eu tivesse que escolher uma pessoa para ilustrar a necessidade do tecnofeudalismo, tanto da palavra quanto do conceito, a fim de compreender nosso dilema coletivo, essa pessoa seria Elon Musk.

Brilhante e falho, combinando raros talentos de engenharia com ridículas mostras públicas de ostentação, Musk é o Thomas Edison de nossa era – o homem que, você deve se lembrar, eletrocutou um elefante para desacreditar um rival. Depois de revolucionar indústrias que normalmente são o cemitério dos arrivistas, de fabricantes de automóveis a viagens espaciais e até interfaces cérebro-máquina, Musk gastou dezenas de bilhares de dólares na compra do Twitter, arriscando no processo tudo o que ele tinha conquistado como fabricante e engenheiro. Muitos analistas eram da opinião de que Musk era apenas outro riquinho atrás de um brinquedo ainda mais impressionante do que aqueles que já tinha. Mas existia uma lógica em sua compra do Twitter: uma lógica tecnofeudal que elucida muito mais do que a mentalidade de Musk.

Não devemos nos surpreender se Musk estava de fato se sentindo não realizado. Apesar de todo o seu sucesso como fabricante, e embora tenha alcançado o status de homem mais rico do mundo, nem suas conquistas nem seu dinheiro lhe concederam acesso à nova classe dominante. Sua empresa automotiva Tesla usa a nuvem astutamente para transformar seus carros em nodos em uma rede digital que gera Big Data e vincula os motoristas aos sistemas de Musk. Sua fabricante de foguetes SpaceX, e o bando de satélites com que ela polui os arredores da órbita baixa de nosso planeta, contribui significativamente para o desenvolvimento de outros magnatas do capital-nuvem. Mas Musk? Para a frustração do *enfant terrible* do mundo dos negócios, ele carece de uma porta de entrada para as rendas gigantescas que o capital-nuvem pode fornecer. O Twitter poderia ser essa porta de entrada que faltava.

Imediatamente depois de assumir o Twitter, Musk falou sobre seu compromisso com a preservação do Twitter como a "praça pública" onde debatemos todo e qualquer assunto. Foi um pouco de propaganda que desviou com êxito a atenção do público para um debate global interminável sobre se o mundo deveria confiar seu principal fórum de debates de formato curto a um magnata com um histórico de brincar com a verdade naquele mesmo fórum. Enquanto os comentaristas liberais se inquietavam com a reativação das contas de Donald Trump, pessoas decentes criticavam o tratamento terrível aos funcionários do Twitter e a esquerda se angustiava com a ascensão de um tipo de Rupert Murdoch expert em tecnologia, Musk não tirava os olhos da bola. Em um tweet revelador, ele admitiu sua ambição de transformar o Twitter em um "app de tudo".

O que ele quis dizer com "app de tudo"? Ele quis dizer nada menos do que uma porta de entrada para o tecnofeudalismo, que lhe permitiria atrair a atenção dos usuários, modificar seus hábitos de consumo, extrair mão de obra gratuita deles como servos das nuvens e, por fim, mas não menos importante, cobrar de vendedores uma renda das nuvens para vender suas mercadorias. Ao contrário dos proprietários da Amazon, do Google, do Alibaba, do Facebook, do TikTok e da Tencent, Musk não era dono de nada que fosse capaz de evoluir para um "app de tudo" e não tinha como criar um do zero. Apenas uma interface desse tipo não pertencia a nenhum outro magnata ou hipercorporação e estava, portanto, disponível para compra: o Twitter.

Como um feudo privado, o Twitter nunca poderia ser a praça pública do mundo. A questão pertinente é se Musk pode usá-lo para construir um feudo das nuvens de proeminência e, portanto, tornar-se membro da nova classe dominante tecnofeudal: os capitalistas-nuvem. Isso irá depender de ele conseguir aumentar com êxito o capital-nuvem do Twitter, talvez conectando-o à sua rede de Big Data já existente, que é constantemente enriquecida por seus carros e satélites. Conseguindo ou não, a aventura de Musk com o Twitter mostra de que modo o tecnofeudalismo e a perspectiva que ele nos oferece nos ajudam a entender melhor o que está de fato acontecendo em nosso mundo.

Esse é um exemplo específico, cujo resultado será relativamente limitado. Mas o tecnofeudalismo também revela um problema mais extenso e urgente, em que todos nós estamos implicados.

Os alicerces tecnofeudais da Grande Inflação

Toda grande transformação traz consigo um novo tipo de crise. Quando inventamos a agricultura, reunimos plantas e animais em nossas comunidades e, involuntariamente, criamos germes nocivos que causaram epidemias horríveis. A chegada do capitalismo gerou crises econômicas como a Grande Depressão. Hoje, o tecnofeudalismo está aprofundando fontes preexistentes de instabilidade e transformando-as em novas ameaças existenciais. Especificamente, a Grande Inflação e a crise do custo de vida que seguiram a recente pandemia não podem ser compreendidas adequadamente fora do contexto do tecnofeudalismo.

No último capítulo, contei que, por doze longos anos após o *crash* de 2008, os bancos centrais emitiram trilhões para repor os prejuízos dos banqueiros. Vimos que o socialismo para os banqueiros e a austeridade para o restante de nós refreou os investimentos, embotou a dinâmica do capitalismo ocidental e a empurrou para um estágio de estagnação dourada. O único investimento sério do dinheiro envenenado dos bancos centrais durante essa época foi na acumulação de capital-nuvem. Em 2020, as rendas das nuvens provenientes do capital-nuvem representavam grande parte da receita líquida agregada do mundo desenvolvido. Foi assim, em resumo, que a renda das nuvens ganhou vantagem e o lucro retrocedeu.

Não é preciso ser de esquerda para saber que o incrível retorno da renda só poderia significar uma estagnação mais profunda e mais tóxica.[5] Os salários são gastos pelos muitos que estão lutando para fazer as contas fecharem. Os lucros são investidos em bens de capital para manter a capacidade de lucrar dos capitalistas. Mas a renda é estocada em propriedades (mansões, iates, arte, criptomoedas etc.) e se recusa obstinadamente a entrar em circulação, estimular investimentos em coisas úteis e reavivar sociedades capitalistas flácidas. E, assim, um círculo vicioso começa: segue-se uma estagnação mais profunda, que faz com que os bancos centrais emitam mais moeda, permitindo mais extração e menos investimento, e assim por diante.

A pandemia exacerbou a mesma tendência. A única diferença significativa em relação ao período pré-pandemia foi que, dessa vez, e pela primeira vez desde 2008, uma parte dos trilhões recém-emitidos pelos bancos centrais foi gasta pelos governos com a população, para manter seus cidadãos vivos enquanto estavam em *lockdown*. Ainda assim, a maior parte do novo dinheiro acabou estimulando o preço das ações das corporações Big Techs. Isso explica o relatório do banco suíço UBS, publicado em outubro de 2020, que constatou que os bilionários tinham aumentado suas fortunas em mais de um quarto (27,5%) entre abril e julho daquele ano, no mesmo momento em que milhares de pessoas no mundo todo perderam o emprego e estavam lutando para conseguir sobreviver com as providências tomadas pelo governo.[6]

Enquanto isso, os *lockdowns* fecharam portos, estradas e aeroportos, criando um gargalo na oferta de bens em economias em que, por muitos anos, investimentos insuficientes já tinham esgotado a capacidade de produzir localmente. O que acontece quando a oferta de repente se extingue? Especialmente em tempos em que as massas confinadas recebem algum auxílio financeiro da árvore de dinheiro dos bancos centrais? O preço dos mantimentos, das bicicletas ergométricas, das máquinas de fazer pão, do gás natural, do petróleo, da habitação e de uma série de outras mercadorias dispara, e, depois de uma dúzia de anos de preços contidos, a Grande Inflação se estabelece.

Muitos tinham esperanças de que a inflação que resultou de bloqueios na cadeia de suprimentos seria leve. A expectativa de que a inflação seria "transitória" tinha lógica: o poder de barganha dos trabalhadores nos anos 2020 era uma sombra de sua versão antiga, quando na década de 1970 sindicatos poderosos podiam pressionar por aumentos salariais acima da taxa de inflação. Daí decorreria que, apenas com débeis aumentos salariais para sustentá-los – quando os programas governamentais de afastamento emergencial em massa e de auxílio de renda chegassem ao fim –, o poder de compra das massas simplesmente seria exaurido pelos preços crescentes, a demanda por bens declinaria e os preços cairiam. As coisas não saíram assim.

A inflação nunca é apenas um fenômeno monetário – assim como o dinheiro nunca é só um símbolo do valor de troca. Quando, por qualquer razão, os preços aumentam em geral, está em andamento um jogo de poder social no qual todos tentam medir o seu poder de barganha. Os administradores das empresas tentam calcular até que ponto podem subir os preços – se não para lucrar, então pelo menos para cobrir seus próprios custos crescentes. Os rentistas, tanto os tradicionais quanto os capitalistas-nuvem, sondam o terreno aumentando suas rendas. Os trabalhadores avaliam até que ponto podem pressionar por um aumento de salário – pelo menos para compensar as contas mais altas que devem pagar. Os governos também jogam o jogo: intervêm usando o aumento da receita e do imposto sobre o consumo, devido aos preços crescentes, para auxiliar cidadãos mais vulneráveis que estão sendo esmagados pela inflação? Ou subsidiam o Big Business que está sendo espremido pelos altos preços da energia? Ou não fazem nada demais? Até que essas perguntas sejam respondidas, a inflação continua rolando.

Em um jogo de poder como esse, é o poder que importa acima de tudo. Se o capital domina a mão de obra, a inflação termina quando os trabalhadores aceitam uma redução permanente em sua parcela salarial da receita total. Se o governo domina o capital, como na China, a inflação se dissipa quando os capitalistas e os rentistas concordam que uma parte de sua pilhagem seja usada para pagar uma porção dos déficits, dívidas e gastos do Estado. A questão, para nós, então se torna: o que acontece nas sociedades em que o capital-nuvem domina o capital terreno e a mão de obra está na base da cadeia alimentar?

Duas coisas acontecem – uma óbvia e outra bem menos. Em um nível superficial, supermercados, empresas de energia e qualquer outro conglomerado que seja capaz de inflar os preços acima de seus custos irá acumular superlucros.[7] No entanto, a repercussão menos óbvia, só que mais interessante, da Grande Inflação, em um mundo que está atravessando sua primeira fase tecnofeudalista, é mais sutil e entremeada no tecido produtivo da sociedade: o capital tradicional é ainda mais deslocado pelo novo capital-nuvem, acelerando e fortalecendo o alcance superabrangente do tecnofeudalismo. Aqui estão dois exemplos de como isso acontece.

O caso dos carros alemães e da energia sustentável

Fabricantes de carro alemãs sofreram um golpe duplo com a Grande Inflação: o aumento do preço dos combustíveis não apenas desestimulou seus clientes como elevou o custo energético da produção de automóveis. A imprensa alemã chegou a se afligir com uma possível desindustrialização do país. Ainda que sua angústia fosse justificada, sua análise deixou passar a questão principal.

As fabricantes de carro alemãs provavelmente continuarão a produzir tantos carros no futuro quanto produziram no passado, pela simples razão de que têm sido relativamente rápidas em investir na transição da fabricação dos antigos automóveis alimentados por petróleo para os veículos elétricos do nosso futuro. Você pode pensar, então, que a aceleração da mudança para carros elétricos, causada pela inflação no preço da energia, operaria em seu favor. Nem tanto.

A essência do poder e do sucesso do capital alemão é a engenharia mecânica e elétrica de alta precisão. As fabricantes de carros alemãs, em particular, têm lucrado com a construção de motores de combustão interna de alta qualidade e de todas as peças necessárias para transmitir movimento de tais motores para as rodas de um carro: caixas de câmbio, eixos, diferenciais e assim por diante. Os veículos elétricos são mecanicamente muito mais simples de desenvolver. A maior parte de seu mais-valor – e do lucro que proporcionam – vem do software que os opera e que conecta o carro à nuvem e dos dados que acabam derivando disso. A Grande Inflação, em outras palavras, está obrigando a indústria alemã a produzir bens que dependem muito mais do capital-nuvem do que do capital tradicional.

O problema, então, é este: em comparação com seus equivalentes norte-americanos e chineses, os capitalistas alemães não se deram conta rápido o suficiente dos benefícios de investir no capital-nuvem – de se tornarem capitalistas-nuvem – e ficaram muito para trás nesse novo jogo. Em termos práticos, eles estão se excluindo de uma posição competitiva via fabricação industrial. Sem conseguir recolher rendas das nuvens o suficiente, os superávits alemães irão sofrer, assim como a economia da União Europeia – e o conjunto de seus cidadãos –, dependente dos superávits alemães.

Uma história parecida pode ser contada a respeito do setor de energia. Depois que a pandemia retrocedeu e os preços da energia explodiram, grandes empresas de petróleo e de gás ganharam uma fortuna. A indústria de combustíveis fósseis ganhou novo fôlego, similar à desfrutada pelos donos de terras durante as Guerras Napoleônicas, devido à interrupção das importações de milho para a Inglaterra. Mas o fôlego recuperado não dura muito. Do mesmo modo que o lucro capitalista superou o breve renascimento das fortunas dos senhores feudais conforme se desbotavam as lembranças das Guerras Napoleônicas, a Grande Inflação também já está expandindo o alcance do capital-nuvem para o setor energético.

A indústria de combustíveis fósseis é uma aliança ímpia de contratos de estilo feudal com capital terreno: ela depende de autorizações para perfurar em porções de terra ou do leito oceânico particulares, em troca das quais governos e proprietários de terra particulares recebem a renda da terra, à moda antiga. Ela também depende de bens de capital à moda antiga, incluindo plataformas de petróleo, navios petroleiros e oleodutos para abastecer de combustíveis fósseis as grandes centrais elétricas, altamente concentradas e verticalmente integradas, estética e economicamente não muito diferentes de uma "fábrica satânica sombria" do século XIX.

Já as renováveis são mais bem empregadas de uma forma descentralizada, com painéis solares, turbinas eólicas, bombas de calor, unidades geotérmicas e dispositivos alimentados por ondas horizontalmente integrados como parte de uma rede. Com pouca necessidade de autorizações que incorrem em renda da terra, sua produtividade depende, sim, de uma infraestrutura digital operando em softwares sofisticados utilizando inteligência artificial. Para resumir, a energia sustentável é intensiva em capital-nuvem, muito como a indústria de carros elétricos.

A necessidade de passar dos combustíveis fósseis para a energia renovável não poderia ser mais urgente. O aumento dos custos energéticos que é parte integrante da Grande Inflação parece ter nos afastado de nosso objetivo, oferecendo uma sorte súbita e inesperada para a indústria de combustível fóssil. Mas isso não vai durar muito. Avanços em energia sustentável estão rapidamente pressionando para baixo os custos de geração desse tipo de energia. Ainda que a vida útil dos combustíveis fósseis tenha sido estendida, catastroficamente para o planeta, a energia sustentável baseada nas nuvens está crescendo – e, com ela, também o poder relativo dos capitalistas-nuvem.

O tecnofeudalismo tem uma tendência inerente de atenuar a inflação de preços, assim como está em sua natureza estrangular salários, preços e lucros. Mas é impossível prever, com precisão, como a Grande Inflação irá se desenrolar no curto prazo porque, como já vimos, a inflação é sempre um sintoma de uma irrupção da guerra de classes em andamento; sua trajetória será determinada principalmente pela política e pelo poder. E o que é certo é que, ao aumentar o escopo do capital-nuvem, a Grande Inflação vai em última instância ser ruim para o poder político dos trabalhadores, à medida que transforma mais de nós em proletários das nuvens.

Ainda assim, uma grande interrogação paira sobre o futuro do tecnofeudalismo: agora que a Grande Inflação obrigou os bancos centrais a encerrar suas emissões de moeda, fazendo o preço das ações dos capitalistas-nuvem despencarem e dezenas de milhares de funcionários das Big Techs perderem o emprego; e agora que as petrolíferas e os supermercados estão desfrutando de lucros fabulosos, a bolha tecnofeudal não vai estourar? Ela já não estourou?

De volta à sua pergunta: o capitalismo não voltou aos eixos?

Sua pergunta original era se a internet tornaria o capitalismo invencível ou se provaria ser sua ruína – e a essa altura você sabe minha resposta. Mas, dado o tumulto econômico nos anos pós-pandemia, seria sensato se perguntar se as tendências e os princípios que identifiquei ainda se mantêm. Será que a Grande Inflação não revitalizou o capitalismo?

Comentaristas econômicos da grande mídia não viram na Grande Inflação nenhum grande mistério, e certamente não o sinal de alguma transformação histórica subjacente – tecnofeudalista ou qualquer outra. Para eles, a inflação foi uma consequência natural da emissão demasiada de moeda pelos presidentes dos bancos centrais e dos gastos excessivos dos governos durante a pandemia. Quando presidentes de bancos centrais ruborizados foram obrigados a aumentar as taxas de juros ao longo de 2022 para deter a demanda e colocar um teto na alta de preços, comentaristas que costumam ser solenes mal conseguiram conter sua satisfação com essa aparente admissão de seus erros.[8] A Grande Inflação de 2022 foi para eles o que a Restauração Stuart de 1660 foi para os monarquistas ingleses: um retorno aos padrões de autoridade agradavelmente conhecidos.

Não apenas isso, com o dinheiro ficando cada vez mais dispendioso para tomar emprestado e para guardar, os anos loucos em que o preço do dinheiro definhava em torno de zero tinham terminado. A sanidade fora restaurada. Havia um preço a ser pago, é claro; a conhecida ressaca depois do fim da festa. Com o aumento das taxas de juros, os financistas que dependiam de empréstimos para operar nas bolsas de valores foram obrigados a deixar o mercado e, como esperado, os preços das ações caíram ainda mais rápido do que as taxas de juros tinham subido. E como quanto mais alto, maior a queda, foram os conglomerados capitalistas-nuvem – cujo valor no mercado de ações tinha decolado durante a pandemia – que caíram mais na Grande Inflação. Durante 2022, o valor total das ações das Big Techs capitalistas-nuvem norte-americanas encolheu extraordinários 4 trilhões de dólares – embora ainda mais extraordinário, talvez, seja o fato de que sua avaliação na bolsa de valores tenha permanecido, na média, acima de seu nível pré-pandemia. Enquanto isso, vitoriosos do *lockdown*, como Peleton, Zoom e Carvana, despencaram. Assim como "ações meme" como a AMC e a GameStop, as ditas SPACs e NFTs – para não mencionar o Bitcoin, o Dogecoin e outras falsas promessas das criptomoedas. Os comentaristas estavam quase aliviados: o tecnofeudalismo, mesmo que tivesse se instalado por um breve período, era apenas mais uma bolha estourada.

Do ponto de vista deles, nosso foco de preocupação enquanto nos guiamos pela inflação persistente deve ser a ligação entre os preços da energia e dos alimentos com a Guerra da Ucrânia, as sanções norte-americanas a diversos países, a realocação da produção devido à perspectiva de uma Nova Guerra Fria entre os Estados Unidos e a China, o envelhecimento das populações e controles de imigração mais rigorosos. Em outras palavras, de volta às coisas como sempre foram. E muitas pessoas de esquerda encontraram um consolo parecido na Grande Inflação. Elas podem abominar as dificuldades que a inflação inflige aos pobres, mas apreciam a sensação de que o mundo voltou a fazer sentido. Com o preço do dinheiro voltando a subir bem acima de zero, e o valor de mercado de empresas como Meta, Tesla e Amazon despencando, a velha ordem capitalista que elas sabem bem como desprezar está de volta. Sinto que você também, pai, pode estar nutrindo ideias parecidas.

Bem, lamento dizer, não vai haver volta para os bons e velhos maus tempos.

Primeiro, aquelas enxurradas de dinheiro dos bancos centrais já levaram o capital-nuvem a uma massa crítica. Ele está aqui para ficar – e para dominar – porque seu imenso poder estrutural, de extrair vastas rendas das nuvens de cada sociedade do planeta, permanece de todo inalterado. Esta não seria a primeira vez que uma bolha desenvolveu um capital que persiste após seu estouro. Os Estados Unidos devem suas ferrovias exatamente a esse padrão: essa bolha estourou no século XIX, mas não antes de serem dispostos trilhos que ainda hoje estão instalados, de Boston e Nova York a Los Angeles e San Diego. Mais recentemente, quando a bolha pontocom estourou em 2001, quebrando as primeiras empresas baseadas na internet cujas valorações na bolsa de valores tinham chegado a níveis ridículos, ela deixou para trás a rede de cabos de fibra óptica e de servidores que forneceram a infraestrutura que sustenta a Internet Two e as Big Techs.

Segundo, o dinheiro do banco central não secou de verdade. Ele continua fluindo a um ritmo que, embora mais lento, ainda é suficiente para manter o tecnofeudalismo à tona. Os bancos centrais não podem se permitir estancá-lo completamente, mesmo que seja isso o que devam fazer para vencer a Grande Inflação. Falências recentes de bancos na Califórnia e na Suíça lembraram bancos centrais dos Estados Unidos e da Europa que, se eles ousarem retirar os trilhões que injetaram nas economias do Atlântico Norte, um vórtice de volatilidade está pronto para atingir o mercado de 24 trilhões de dólares da dívida pública norte-americana – o próprio alicerce do sistema bancário e financeiro internacional.[9] O Banco Central Europeu sabe que corre o risco de empurrar todos os bancos alemães e o Estado italiano para uma grave falência e, com isso, explodir o euro. O Banco do Japão, o primeiro banco central a praticar intensamente a emissão de moedas nos anos 1990, se recusa a sequer imaginar acabar com essa prática. Quanto ao Banco da Inglaterra, em 28 de setembro de 2022, após anunciar formalmente o fim de sua emissão de libras, ele teve que bater em uma infame retirada, emitindo 65 bilhões de libras extras para apaziguar o mercado da dívida pública do Reino Unido.[10] Resumindo, o dinheiro do banco central está aqui para ficar e vai continuar desempenhando o papel sistêmico que um dia pertenceu aos lucros capitalistas.

Terceiro, o capital-nuvem está agora tão bem arraigado que é sustentado e aumentado não apenas pelo dinheiro do banco central e por sua própria capacidade de acumular renda das nuvens, mas a partir de cada novo desenvolvimento que vai surgindo: desde a necessidade por mais energia renovável e veículos autônomos até as demandas por formações on-line baratas para jovens que não podem arcar com mais dívidas estudantis, o capital-nuvem expande seu domínio de modo exponencial.

Paradoxalmente, como vimos no caso dos carros elétricos e da energia sustentável, isso inclui até a própria Grande Inflação, que está fazendo muito do trabalho pesado nesse grande reequilíbrio de poder, tirando-o do capital terreno e entregando-o ao capital-nuvem – ou seja, do capitalismo ao tecnofeudalismo.

Meu objetivo neste capítulo foi convencê-lo de que o termo tecnofeudalismo pode, nas palavras de Simone Weil, "nos ajudar a entender alguma realidade concreta ou objetivo concreto, ou método de atividade" de uma maneira que nenhuma variante da palavra capitalismo é capaz. O tecnofeudalismo, afirmei, é qualitativamente distinto do capitalismo e, portanto, como termo, ilumina aspectos cruciais do mundo real de modos que capitalismo rentista, capitalismo de plataforma e hipercapitalismo não são capazes de fazer. Agora é hora de mergulhar ainda mais fundo em seu poder explicativo, pois acredito que ele nos ajuda a entender não apenas nossa condição socioeconômica, mas também a luta titânica por poder que pode muito bem vir a definir este século: a Nova Guerra Fria entre os Estados Unidos e a China.

6
O IMPACTO GLOBAL DO TECNOFEUDALISMO: A NOVA GUERRA FRIA

Em 15 de maio de 2019, o presidente Donald Trump emitiu um decreto que, na prática, proibiu o Google de permitir o uso de seu sistema operacional Android em smartphones fabricados pela Huawei, o conglomerado de telecomunicações chinês. Trump estava efetivamente despejando a Huawei do feudo das nuvens global do Google. Washington também disse a governos europeus para suspender seus planos de envolver a Huawei no lançamento das redes de celular 5G no continente. Era muito mais do que uma loucura trumpista. Quando Joe Biden se mudou para a Casa Branca, a Nova Guerra Fria com a China em que Trump tinha dado o pontapé inicial engatou uma marcha acima – especialmente em outubro de 2022, quando, de acordo com o *New York Times*, "a Casa Branca promulgou amplas restrições na venda de semicondutores e equipamentos empregados na fabricação de chips para a China, uma tentativa de conter o acesso a tecnologias de importância crítica". Em essência, Biden disse a Pequim: os Estados Unidos vão acabar com seus sonhos de construir uma economia tecnologicamente avançada.[1]

O que aconteceu aí? Para explicar suas decisões, tanto Trump quanto Biden citaram preocupações com a segurança nacional e enfatizaram tensões de longo prazo com a China sobre Taiwan e o mar da China Meridional. Mas nem o regime comunista da China nem sua postura em Taiwan eram novos, urgentes ou inesperados. Além do mais, onde estavam essas "preocupações" quando a Apple, e muitos outros conglomerados norte-americanos, armavam acampamento ao longo da costa comunista da China a partir de meados dos anos 2000? Ou quando Washington estava movendo céus e terra para fazer a China entrar na Organização Mundial de Comércio na década de 1990? Ou após 2008, quando Pequim alavancou os investimentos de cerca de 30% da receita nacional para mais de 50%, criando uma demanda global por produtos europeus e norte-americanos e ajudando, assim, a salvar de si mesmo o capitalismo financeirizado dominado pelos Estados Unidos? Por que de repente essas "preocupações", e logo antes da Guerra da Ucrânia, rendem uma Nova Guerra Fria?

Para resolver o enigma, devemos voltar brevemente à parábola do Minotauro.

Lembra como, até o Choque de Nixon de 1971, qualquer não norte-americano com grandes quantidades de dólares podia trocá-los à vontade por ouro de propriedade do governo dos Estados Unidos a um preço fixo de 35 dólares por onça? Pois, desde que o país vendesse mais coisas para a Europa e a Ásia do que importava delas, como tinha feito entre o fim da guerra e 1965, esse superávit comercial significava que sempre que os Estados Unidos vendessem um jato ou uma geladeira na França ou no Japão, os dólares de estrangeiros que pagavam por eles seriam repatriados e as reservas de ouro norte-americanas permaneceriam intocadas. Só que, em meados dos anos 1960, os Estados Unidos tinham virado um país deficitário, comprando de estrangeiros bens que tinham um maior valor em dólares do que os vendia para eles. Isso levou a uma enxurrada de dólares deixando o país rumo à Europa e à Ásia, os quais não voltavam. E quanto maior o déficit comercial norte-americano, mais reivindicações os estrangeiros tinham sobre o ouro do país. Com o tempo, eles ficaram ansiosos com a possibilidade de que o governo dos Estados Unidos não teria ouro o bastante para igualar seus dólares e de que haveria uma corrida pelo ouro norte-americano. Para evitar perdê-lo totalmente, em 15 de agosto de 1971, Nixon disse ao mundo que eles não trocariam mais dólares de estrangeiros por ouro a um preço fixo. Em outras palavras: chega de ouro para vocês dos nossos cofres. Nossos dólares agora são problema de vocês.

Bancos centrais de fora dos Estados Unidos de repente não tiveram alternativa a não ser usar dólares em vez de ouro como lastro para sustentar o valor de suas moedas. O dólar começou a parecer uma... nota promissória. Depois do dito Choque de Nixon, o sistema financeiro global passou a ser, efetivamente, sustentado por notas promissórias emitidas por uma potência hegemônica capaz de decidir o que os detentores estrangeiros de notas promissórias podiam – e o que não podiam – fazer com elas. Os Estados Unidos agora eram um país deficitário, mas não como qualquer outro país deficitário. Países deficitários "normais", como a França, a Grécia ou a Índia, tinham que pegar dólares emprestados para sustentar suas moedas e elevar as taxas de juros em âmbito nacional para deter escapes de dinheiro. Os Estados Unidos não precisavam fazer nada disso. O país tinha, em outras palavras, encontrado a fórmula mágica com que todos os impérios até então haviam apenas sonhado: como convencer estrangeiros ricos, e bancos centrais estrangeiros, a voluntariamente financiar ao mesmo tempo seu governo e suas importações!

Foi assim que o Minotauro surgiu. Em vez de vender mercadorias para o mundo, os Estados Unidos lhe ofereciam um uso alternativo para seus dólares: investi-los em Wall Street. Eles tinham criado um mecanismo capaz de reciclar os superávits asiáticos e europeus (sobretudo da China e da Alemanha) em investimentos produtivos para os Estados Unidos. Com esses tributos para o Minotauro, paz e prosperidade para todos perduraram – até, é claro, a coisa toda colapsar em 2008.

Então como isso se relaciona com a Nova Guerra Fria entre os Estados Unidos e a China? De 1971 em diante, qualquer capitalista não norte-americano com uma riqueza massiva em dólares encarava o mesmo problema: o que fazer com eles em um país onde não podiam gastar dólares? A única opção era levá-los de volta para os Estados Unidos para investi-los lá. Só que os capitalistas estrangeiros logo descobriram que o governo norte-americano não era como outros governos. Na Inglaterra, na Grécia ou na Espanha, estrangeiros abastados podiam comprar o que quisessem. Em termos inequívocos, Washington deixou claro para os capitalistas alemães, japoneses e (depois) chineses: em nosso país, os Estados Unidos da América, vocês podem comprar imóveis. Vocês podem comprar nossa dívida pública. Vocês podem comprar empresas pequenas e insignificantes, fábricas falidas em nosso cinturão da ferrugem e, é claro, derivativos enigmáticos de Wall Street. Mas mantenham suas mãos imundas longe da nossa Boeing, da nossa General Electric, da nossa Big Tech, nossa Big Pharma e, é claro, dos nossos bancos.

O que nos traz de volta ao banimento da Huawei por Trump e à declaração de Biden de uma guerra econômica com as empresas de tecnologia chinesas. A lógica subjacente a essas proibições era uma extensão direta do mesmo raciocínio, adaptada às circunstâncias de um mundo tecnofeudal pós-2008: com o capital-nuvem dominando o capital terreno, a manutenção da hegemonia norte-americana exige mais do que evitar que capitalistas estrangeiros comprem conglomerados capitalistas nos Estados Unidos, como a Boeing e a General Electric. Num mundo em que o capital-nuvem não tem fronteiras e é global, capaz de desviar rendas das nuvens de qualquer lugar, a manutenção da hegemonia norte-americana exige um confronto direto com a única classe capitalista-nuvem a ter surgido como uma ameaça à sua própria: a da China.

Tecnofeudalismo com características chinesas

As verdadeiras hegemonias prevalecem não pela força, mas ao oferecer barganhas faustianas difíceis de resistir. Uma do tipo foi o Dark Deal, como um oficial chinês uma vez o descreveu para mim, que fundamentou as relações econômicas entre os Estados Unidos e a China antes da Nova Guerra Fria. Em seu cerne estava uma oferta implícita da classe dominante dos Estados Unidos para a classe dominante da China – uma oferta diretamente equivalente àquela do Minotauro: manteremos elevada a demanda por seus produtos usando nosso déficit comercial. Também transferiremos nossa produção industrial para suas fábricas. Em troca, vocês vão investir voluntariamente seus lucros em nossos setores financeiro, de seguros e imobiliário – conhecidos carinhosamente em inglês como FIRE.*

Era uma receita testada e comprovada. Desde que o Choque de Nixon transformara o dólar em uma nota promissória glorificada, os norte-americanos vinham comprando mais ou menos de tudo que as

---

* Do inglês, *finance*, *insurance* e *real estate*, que significam, respectivamente, finanças, seguros e mercado imobiliário. [N.E.]

fábricas do Japão podiam produzir, pagando em dólares que os capitalistas japoneses não tinham alternativa a não ser investir no FIRE norte-americano. Após a famosa visita de Nixon a Pequim em 1972, indicando a estratégia norte-americana de criar uma barreira entre a China e a União Soviética ao estabelecer relações com a República Popular, depois de décadas de não comunicação e até de guerra, os grandes investidores norte-americanos passaram a ver a China como um Japão exacerbado – uma visão que Deng Xiaoping acabou permitindo ao abrir o país para o Ocidente.

Eletrônicos japoneses, roupas chinesas e aparelhos de tevê coreanos invadiram o Walmart, enquanto os lucros obtidos pelos capitalistas do Japão, da China e da Coreia lhes renderam títulos do tesouro norte-americano, campos de golfe, arranha-céus e derivativos de Wall Street. Da década de 1970 em diante, o capitalismo globalizado foi alicerçado sobre essa fascinante reciclagem de, principalmente, lucros da indústria asiática transformados em rendas norte-americanas, que por sua vez sustentavam as importações norte-americanas que asseguravam demanda suficiente para as fábricas asiáticas.

Por que chamar isso de Dark Deal? Porque nas letras miúdas desse pacto entre as classes dominantes dos Estados Unidos e do Leste da Ásia lia-se miséria para os trabalhadores de ambos os lados do Pacífico. Os trabalhadores norte-americanos enfrentavam a exploração e o empobrecimento que resultavam do subinvestimento e do esvaziamento de centros industriais pela produção na Ásia e no Sul Global subdesenvolvido. Enquanto isso, nas cidades costeiras de industrialização acelerada na China, os trabalhadores sofriam com uma exploração desvairada associada com o sobreinvestimento – era como se partes do Norte Global, cevadas pelos investimentos excessivos, estivessem migrando para os centros urbanos chineses, onde trabalhadores locais lutavam para sobreviver com salários e benefícios sociais do Sul Global. Misérias diferentes, o mesmo processo de reciclagem global.[2]

Esse foi o aspecto da globalização em que o Oriente e o Ocidente se encontravam. Então havia, é claro, o Sul Global – países deficitários na Ásia, na África e na América Latina com economias frágeis, constantemente afligidas pela escassez de dólares, que tinham que pegar emprestados de Wall Street para importar medicamentos, energia e as matérias-primas necessárias para produzir suas próprias exportações, com as quais precisavam ganhar os dólares para pagar Wall Street de volta. Inevitavelmente, de vez em quando, eles ficavam sem. A essa altura, o Ocidente enviava os oficiais de justiça – o Fundo Monetário Internacional – que emprestavam os dólares que faltavam sob a condição de que os governos devedores entregassem a água, as terras, os portos, os aeroportos, as redes elétricas e telefônicas, até as escolas e os hospitais, de seus países para os oligarcas locais e internacionais, que, uma vez no controle dessas empresas e desses ativos, não tinham alternativa a não ser direcionar seus ganhos para Wall Street. Esse era o aspecto neocolonial do mesmo mecanismo de reciclagem que garantia a hegemonia dos Estados Unidos ou, para usar a analogia que prefiro, o reinado do Minotauro.

Então veio o *crash* de 2008. Ele teve dois efeitos principais que, juntos, sustentam a Nova Guerra Fria de hoje: fortaleceu a posição da China no mecanismo de reciclagem de superávit global e turbinou o acúmulo de capital-nuvem tanto nos Estados Unidos quanto na China. Para ver como isso fez com que o mundo se dividisse em dois novos blocos ou, para ser mais preciso, dois superfeudos das nuvens, vale mergulhar um pouco mais na hiperevolução da China na esteira de 2008.

Como mencionado no início do capítulo, quando Wall Street entrou em colapso, a China estabilizou o capitalismo global aumentando o investimento doméstico para mais do que a metade da renda nacional do país. Funcionou, no sentido de que o investimento chinês absorveu grande parte da baixa global causada pelo compromisso do Ocidente com a austeridade.[3] O status internacional da China aumentou, e sua acumulação de superávits em dólar permitiu que Pequim, além de alimentar Wall Street, se tornasse um grande investidor na África, na Ásia e até na Europa por meio de sua famosa Nova Rota da Seda. (É claro que esse brilhante novo papel teve um preço: para aumentar tanto os investimentos, o quinhão dos trabalhadores chineses precisou diminuir, enquanto os rentistas chineses, operando no setor FIRE da própria China, ficaram muito mais ricos. Especificamente, os investimentos aumentaram apoiados por empréstimos que usavam como garantia terras que as autoridades locais da China disponibilizaram para as construtoras. Assim, o ímpeto de investimento pós-2008 estava de mãos dadas com a inflação dos preços da moradia e das terras por toda a China.)

Assim como o capital-nuvem progrediu nos Estados Unidos apoiado no dinheiro do banco central emitido pelo Fed, o mesmo aconteceu na China, apoiado no ímpeto de investimento de Pequim. As Big Techs do Vale do Silício logo descobriram uma concorrente poderosa: as Big Techs da China. Os ocidentais as subestimam. Pensamos no Baidu como um Google chinês falsificado. No Alibaba como uma imitação da Amazon. Mas eles são muito mais do que isso. Na verdade, para entender a enormidade e a natureza dos Cinco Grandes conglomerados capitalistas-nuvem da China – Alibaba, Tencent, Baidu, Ping An e JD.com –, considere o seguinte exercício mental.

Imagine se, no Ocidente, juntássemos em uma única coisa o Google, o Facebook, o Twitter, o Instagram e a versão do TikTok de propriedade chinesa ainda disponível para os usuários norte-americanos. Então inclua aplicativos que desempenham o papel que antes cabia às companhias telefônicas: Skype, WhatsApp, Viber, Snapchat. Adicione à mistura e-commerces capitalistas-nuvem como a Amazon, o Spotify, a Netflix, a Disney Plus, o Airbnb, a Uber e a Orbitz. Por último, inclua o PayPal, Charles Schwab e todos os aplicativos próprios de bancos de Wall Street. Agora estamos chegando perto. Só que ainda tem mais...

Ao contrário das Big Techs do Vale do Silício, as da China são diretamente vinculadas a agências governamentais, que fazem um uso abrangente dessa aglomeração capitalista-nuvem: para regular a vida urbana, para promover serviços financeiros para cidadãos que não estão no sistema bancário, para conectar sua população a centros estatais de assistência médica, para realizar vigilância sobre elas usando reconhecimento facial, para guiar veículos autônomos pelas ruas – e, além de suas fronteiras, para conectar africanos e asiáticos que participam da Nova Rota da Seda da China ao seu superfeudo das nuvens.

O segredo aqui é a integração fluida de comunicação, entretenimento, e-commerce, investimentos estrangeiros e muito mais com serviços financeiros on-line: o portal para a renda das nuvens. Enquanto escrevo esta frase, o WeChat, o aplicativo de mensagens para celular que pertence à Tencent, transmite 38 bilhões de mensagens em um único dia.[4] Seus usuários não precisam sair do aplicativo do WeChat para realizar um pagamento. Enquanto ouvem música por *streaming*, olhando as mídias sociais, mandando mensagens para suas famílias, eles conseguem usar o mesmo app para enviar dinheiro para qualquer pessoa na China, bem como para as milhares fora da China que fizeram o download do WeChat e abriram uma conta em iuanes chineses com qualquer um dos bancos da China.

Com esse grande salto para os serviços financeiros, os capitalistas-nuvem chineses obtiveram uma vista panorâmica de todos os aspectos da vida social e financeira de seus usuários. Se o capital-nuvem é um meio produzido de modificar o comportamento, os capitalistas-nuvem chineses acumularam capital-nuvem além dos sonhos mais ousados de seus concorrentes do Vale do Silício que, se comparados, desfrutam de muito menos poder per capita para acumular capital-nuvem. As Big Techs norte-americanas vêm fazendo o que podem para alcançá-los.[5] Mas está ficando alarmantemente claro para os governantes norte-americanos que os capitalistas-nuvem da China já adquiriram um poder que os capitalistas-nuvem dos Estados Unidos estão se esforçando para emular: o poder que se origina de uma fusão bem-sucedida entre o capital-nuvem e as finanças – ou *finanças das nuvens*.

Isso é tecnofeudalismo com características chinesas. Desde que emergiu, era só uma questão de tempo até que a luta geopolítica por hegemonia entre os Estados Unidos e a China dividisse o mundo em dois superfeudos das nuvens conflitantes.

A geopolítica tecnofeudal: a "ameaça" emergente das finanças das nuvens da China

As pessoas costumam perguntar quando o domínio do dólar vai acabar – e se é que ele pode ser substituído pelo iuane chinês como a moeda de lastro mundial. Mas essa pergunta ignora um fato crucial: o domínio do dólar tem satisfeito muito bem a maioria dos países, incluindo a China.

Ele tem permitido que países com grandes superávits comerciais, como a China ou a Alemanha, convertam seu superávit de produção – suas exportações líquidas – em propriedades e rendas nos Estados Unidos: imóveis, títulos do governo norte-americano e qualquer empresa que Washington permita que eles detenham. Sem o papel mundial do dólar, os capitalistas chineses, japoneses, coreanos ou alemães nunca seriam capazes de extrair um mais-valor tão colossal de seus trabalhadores para então guardá-lo em algum lugar seguro. Michael Pettis, um economista que trabalha e leciona em Pequim há muitos anos, explica de modo brilhante:

> Ainda que o dólar americano crie um privilégio exorbitante para determinados círculos dos Estados Unidos, esse status cria um fardo exorbitante para a economia norte-americana como um todo, especialmente para a vasta maioria dos cidadãos que deve pagar pelos déficits comerciais correspondentes com mais desemprego, maior endividamento familiar ou maiores déficits fiscais.[6]

É uma falácia, portanto, pensar que o único defensor do dólar são os Estados Unidos. Qualquer um que tentasse acabar com o domínio do dólar encontraria a mesma resistência por parte de industriais alemães, xeiques sauditas e banqueiros europeus. A última coisa que exportadores franceses e holandeses querem ver é a ascensão do euro ao trono do dólar. Os únicos governos que já desejaram de verdade a queda do dólar são aqueles diretamente ameaçados pelos esforços de mudança de regime por parte de Washington.[7] Quanto às pessoas, a população que mais ganharia com a abolição do papel mundial do dólar são os norte-americanos das classes trabalhadora e média.

O fato de que o Dark Deal entre os Estados Unidos e a China dependia inteiramente do status duradouro do dólar significava que Washington não tinha razão para se sentir ameaçada pela ascensão da China. Muito pelo contrário, os oficiais norte-americanos a encaravam como útil à hegemonia norte-americana. Enquanto os capitalistas chineses precisassem do dólar para obter mais-valor dos trabalhadores chineses, até o Partido Comunista Chinês seria considerado um aliado, ainda que de risco. No entanto, a ascensão do capital-nuvem mudou tudo.

Compare uma tonelada de alumínio enviada de navio de Xangai para Los Angeles com os anúncios direcionados mostrados para os norte-americanos na rede social de propriedade chinesa TikTok. Ambos rendem dólares para uma empresa chinesa. A diferença é que o primeiro monte de dólares depende de que uma massa de metal produzida na China migre fisicamente para os Estados Unidos, ao passo que os dólares que o TikTok ganha em solo norte-americano não exigem tal migração física. Vamos ver por que é assim e como é nessa diferença que está o ponto crucial da importância geoestratégica do capital-nuvem.

Para produzir uma tonelada a mais de alumínio chinês a fim de exportá-la para os Estados Unidos, os capitalistas chineses precisam que um consumidor norte-americano esteja disposto a pagar um montante em dólares que irá cobrir o custo da energia e da bauxita necessárias, mais um lucro. Dadas as vendas limitadas de mercadorias norte-americanas para a China, esse consumidor norte-americano não estaria disponível se os Estados Unidos não tivessem um déficit comercial com a China. Além do mais, os Estados Unidos não seriam capazes de manter esse déficit comercial sem o domínio global do dólar. Resumindo, para a referida tonelada de alumínio ser enviada da China para algum porto da Costa Oeste dos Estados Unidos, duas coisas são necessárias: o privilégio exorbitante do dólar e a tinta vermelha em toda a balança comercial dos Estados Unidos com a China.

Já o TikTok, em contrapartida, não tem necessidade de dólares extras de consumidores norte-americanos para criar novos produtos para o seu mercado nos Estados Unidos. Com seus servidores, algoritmos e fibras ópticas já instalados, produzidos e mantidos por verbas domésticas chinesas, lançar mais um vídeo viral para a sua base de clientes norte-americana tem custo adicional zero (ou marginal). Isso é crucial: o TikTok pode, portanto, desviar rendas das nuvens do mercado norte-americano para a China sem depender nem do déficit comercial norte-americano nem da supremacia do dólar. Sem a necessidade de dólares para criar seu capital-nuvem, o TikTok usa este último para acumular diretamente suas rendas das nuvens denominadas em dólares, sem obstáculos e na velocidade da luz. O poder, portanto, está mudando de maneira a reduzir o valor do Dark Deal para a classe dominante e o Estado norte-americano.

À medida que o capital-nuvem chinês cresce em relação ao capital terreno, os ricos e poderosos do país se veem cada vez menos sujeitos ao poder das autoridades norte-americanas de regular as mercadorias chinesas que passam por seus portos. Então era só uma questão de tempo até que Washington tentasse recuperar os benefícios minguantes do Dark Deal para os negócios e o governo dos Estados Unidos. O governo

Trump seguiu um caminho sem volta com seu banimento quase total das empresas de tecnologia Huawei e ZTE, além de uma medida que tentou efetivamente americanizar o TikTok ao proibir sua disponibilidade para download nas app stores dos Estados Unidos.[8] A motivação para isso foi apenas ligeiramente disfarçada com a invocação habitual das preocupações com a "segurança nacional". Basta cavar um pouco para a verdadeira motivação aparecer: uma preocupação séria – e não ilógica – com a ameaça a Wall Street e ao Vale do Silício devido à ascensão das finanças das nuvens chinesas, que faz pender as vantagens comparativas do Dark Deal para longe dos Estados Unidos e em direção à classe dominante da China. Comparada com a Guerra Fria original, há pouca política por trás da Nova Guerra Fria. Apenas puros interesses de classe tecnofeudais.

Ainda assim, o Dark Deal não esteve em perigo imediato enquanto o dólar continuou sendo a nota promissória mundial indispensável que permitia o acesso de não norte-americanos abastados a propriedades e rendas nos Estados Unidos. Afinal, o que mais os capitalistas-nuvem chineses podiam fazer com todos os dólares que acumularam em renda das nuvens dos Estados Unidos, da Europa e pelo mundo? Sua dependência de acesso a mercados norte-americanos deu ao governo Trump a confiança de que os chineses aceitariam, sem muita resistência, restrições ao poder e ao alcance de seu capital-nuvem.

De certo modo, Trump estava tentando fazer com a China o que Reagan tinha feito com o Japão em 1985 sob o dito Acordo de Plaza, que o obrigou a desvalorizar intensamente o iene e, assim, limitar a capacidade dos exportadores japoneses de lucrar com as vendas norte-americanas e, de maneira mais ampla, com o déficit comercial norte-americano. A anuência do governo do Japão tinha sido rápida e silenciosa, levando o capitalismo japonês a um declínio permanente do qual ele nunca mais se recuperou de verdade.[9] Será que a China reagiria de outro modo?

A geopolítica tecnofeudal: como a Ucrânia ajudou a dividir o mundo em dois superfeudos das nuvens

Como Trump descobriria, a China não era nenhum Japão. Estando fora da alçada da defesa norte-americana, e tendo seu território livre de bases gigantes do exército dos Estados Unidos como a de Okinawa, Pequim não sentiu nenhuma necessidade de se submeter a Washington, ao contrário de Tóquio em 1985. Crucialmente, a China também tinha suas próprias Big Techs para sustentar sua posição, sobretudo sua impressionante capacidade financeira das nuvens. Como esperado, quando confrontada com a jogada agressiva de Trump, a China manteve firme sua posição no Dark Deal e continuou a reciclar os lucros chineses em ativos norte-americanos. Não só Pequim não sucumbiu à pressão para revalorar o iuane (como o Japão tinha catastroficamente concordado em fazer com o iene) como seus conglomerados de Big Techs, a exemplo da Huawei e da ZET, lamberam suas significativas feridas e começaram a criar seus próprios sistemas operacionais e softwares de plataforma. Apesar dos grandes custos envolvidos, os governantes chineses entenderam que seu futuro dependia de não entregar seu capital-nuvem e, é claro, suas finanças das nuvens, para os Estados Unidos. E, assim, bem depois do início do primeiro ano de Biden na Casa Branca, o Dark Deal entre os capitalistas chineses e os rentistas norte-americanos coxeava adiante.

Então Vladimir Putin invadiu a Ucrânia e, em resposta, os Estados Unidos fizeram algo que mudou toda a equação. Em retaliação ao ataque de Putin, o Federal Reserve congelou centenas de bilhões de dólares que pertenciam ao banco central da Rússia, mas que eram mantidos dentro do circuito de pagamentos em dólar que os Estados Unidos controlam completamente. Foi a primeira vez na história do capitalismo que o dinheiro de um banco central importante foi, efetivamente, confiscado por outro banco central.[10] Mesmo durante a Guerra da Crimeia nos anos 1850, enquanto soldados russos e britânicos massacravam uns aos outros, o Banco da Inglaterra continuou a honrar compromissos financeiros com o banco central do czar e devedores russos continuaram a pagar suas parcelas de empréstimos para os banqueiros ingleses.

Tente se colocar no lugar dos capitalistas chineses, ou do ministro da Fazenda da China, cuja poupança está na forma de ativos em dólares na casa dos trilhões: títulos do tesouro norte-americano (ou seja, empréstimos para o governo dos Estados Unidos), imóveis na Califórnia, ações e derivativos nos mercados financeiros de Nova York. Todos sabiam que o governo norte-americano podia confiscar tudo a qualquer momento, mas ninguém acreditava que Washington jamais ousaria fazê-lo, porque tal jogada desencorajaria qualquer um a guardar suas riquezas no sistema de pagamentos em dólar controlado pelos Estados Unidos. Então o inconcebível aconteceu: quatro dias depois de as tropas de Putin invadirem a Ucrânia, Washington confiscou mais de 300 bilhões de dólares que pertenciam ao banco central russo e expulsaram qualquer um que fizesse transações por meio do banco central da Rússia de todos os sistemas de pagamento internacionais.[11] Você ainda ficaria confortável com seus ativos, na casa dos trilhões de dólares, nas mãos dos Estados Unidos? Mas o que você poderia fazer?

Se você for a Rússia, ou aliás a Alemanha, não há muito que possa fazer caso Washington decida apanhar seu estoque e expulsá-lo de todos os sistemas de pagamento internacionais. E que tal vender suas exportações em sua própria moeda, como Putin, que exigia ser pago pelo petróleo e o gás da Rússia em rublos? Pode parecer uma solução, só que não é. Quem vai querer vender seus computadores ou carros para os russos em rublos, a não ser os poucos capitalistas estrangeiros que estão de olho em algum ativo russo (uma dacha, uma fábrica ou um banco local, por exemplo)? Até os exportadores alemães, que ganham quantias gigantescas de euros vendendo na Espanha, na França ou na Itália, têm problemas para encontrar ativos denominados em euro dos quais desejem ser proprietários.

E se você for a China? Mais uma vez, ainda que o tamanho e a profundidade de sua economia signifiquem que muitos capitalistas estrangeiros desejarão alguns de seus ativos o suficiente para aceitar o iuane, você ainda terá um problema: se for um capitalista chinês excluído do dólar, não vai conseguir se beneficiar do déficit comercial dos Estados Unidos; não vai conseguir usá-lo como um aspirador de pó que sorve para dentro dos mercados norte-americanos seu alumínio, cimento, veículos elétricos e roupas da moda. Contudo, lembre-se de que isso é um problema para os capitalistas chineses, mas nem tanto para os capitalistas-nuvem chineses (como o TikTok), que já tinham transformado as finanças das nuvens em um sistema de pagamentos global alternativo. Com elas na mão, o que é um problema sério para os capitalistas chineses – isto é, o possível fim do domínio do dólar – não ameaça os capitalistas-nuvem chineses.

Os capitalistas-nuvem da China não eram as únicas pessoas no país minando o Dark Deal. Em 14 de agosto de 2020, aconteceu uma revolução entre as quatro paredes do Banco Popular da China. Depois de seis anos de pesquisa minuciosa, o banco central de Pequim lançou um iuane digital – em modo experimental, mas com um intuito sério. Pela primeira vez, em qualquer lugar, um Estado tinha emitido uma moeda inteiramente digital. "E daí?", ouço você dizer. "Todos nós usamos dinheiro digital o tempo todo." Bem, sim, mas isso foi uma coisa totalmente diferente.

Quando você paga seu café ou seu bilhete de trem usando um aplicativo de smartphone ou um cartão de débito com microchip, esses pagamentos digitais convencionais passam pela infraestrutura de bancos privados. O que a China tinha criado era dinheiro digital emitido diretamente por um banco central, cortando esses intermediários, os bancos privados. Para entender o significado global disso, considere Jürgen, um dono de fábrica de Hamburgo que usa matéria-prima fornecida pela fábrica de Xiu em Guangzhou para produzir propulsores navais, que Jürgen então vende para um estaleiro de propriedade de Ai perto de Xangai.

Para transferir o pagamento por suas matérias-primas para Xiu, Jürgen vai ao website de seu banco alemão, preenche o formulário digital necessário e aperta *enter*. A quantidade especificada de euros deixa seu banco e vai para o Bundesbank, o banco central da Alemanha, antes de passar pelo Banco Central Europeu em Frankfurt. O Banco Central Europeu então converte os euros de Jürgen em dólares americanos, que depois direciona para o Banco Popular da China por meio de um circuito internacional controlado pelos Estados Unidos. Uma vez no Banco Popular da China, seus funcionários convertem o dinheiro para iuanes e o transferem para o banco de Xiu. Por fim, o banco de Xiu faz o crédito em sua conta.

Esse exato mesmo processo complexo é ativado, em ordem inversa, quando Ai paga Jürgen pelos propulsores que seu estaleiro compra dele. Existe alguma razão para um processo assim complicado ter sobrevivido às maravilhas da era digital? É claro que existe: sua complicação e ineficiência estonteantes são uma fonte de renda, já que cada banqueiro privado e intermediário envolvido em tais transferências fica com um pequeno quinhão. Juntos, esses pequenos quinhões equivalem a uma fortuna.

Compare isso com o que aconteceria se Jürgen, Xiu e Ai obtivessem as novas carteiras digitais agora oferecidas pelo Banco Popular da China: Jürgen apanharia seu smartphone, abriria o app de iuanes digitais e enviaria uma soma de iuanes digitais para Xiu, que a receberia instantaneamente a custo zero. Fim de papo! Pense em todos os intermediários que o iuane digital corta: o banco alemão de Jürgen, o Bundesbank, o Banco Central Europeu e, crucialmente, o canal internacional de transferências monetárias sob controle das autoridades norte-americanas. É nada menos do que o pior pesadelo de Washington e dos banqueiros privados.[12]

Antes de 2022, as finanças nas nuvens chinesas e o iuane digital pareciam uma estrada novíssima com pouco tráfego. Por que os super-ricos do mundo guiariam seu dinheiro por uma estrada pavimentada com iuanes, policiada pelo Banco Popular da China, quando eles podiam usar a já existente, ainda que acidentada, super-rodovia construída com dólares? Uma boa razão apareceu pouco depois das primeiras explosões em Kiev, Kharkiv e Mariupol: o já mencionado confisco por parte dos Estados Unidos de centenas de bilhares de dólares pertencentes ao banco central da Rússia.

Barrado da super-rodovia do dólar, o dinheiro russo começou a usar a subutilizada e brilhante alternativa chinesa. E não foi apenas o dinheiro russo que escolheu essa nova estrada. Muitos abastados não russos também ficaram relutantes em continuar deixando seu dinheiro correr pela rodovia do dólar. Eles começaram a questionar a sensatez de depender inteiramente da bondade dos guardas de trânsito de dólar em Washington, que podiam pará-los a qualquer momento. Pouco a pouco, eles começaram a diversificar, como transportadoras redirecionando alguns caminhões de uma rodovia antiga para uma nova. Desse modo, as finanças das nuvens chinesas começaram pouco a pouco a se estabelecer como uma alternativa viável ao sistema de pagamentos internacional baseado no dólar.

Pessoas sagazes do governo Biden e de seu entorno enxergaram os presságios. Pela primeira vez desde 1971, o Dark Deal parecia abalado.

A supremacia do dólar já não podia ser dada como certa nem pelos abastados do mundo nem pelos elaboradores de políticas norte-americanos. Muitos em Washington sentiram que, se eles não cortassem logo as asinhas das Big Techs da China, antes que suas finanças das nuvens e seu dinheiro estatal digital chegassem a um volume crítico, o poder exorbitante dos capitalistas rentistas norte-americanos estaria em risco.

E foi assim que em 7 de outubro de 2022, sob o pretexto de preocupações com o desenvolvimento de armamento sofisticado pela China, o presidente Biden declarou uma proibição total de exportações de tudo o que pudesse ajudar a China a desenvolver microchips de ponta. Como os microchips são os blocos de construção de qualquer economia avançada, e a proibição de vender chips para a China se estendeu para empresas não norte-americanas que queriam fazer negócios com as norte-americanas, a proibição de Biden equivaleu a uma guerra econômica total.

A intenção era clara: um ataque de choque e pavor dirigido às finanças das nuvens chinesas, na esperança de feri-las criticamente antes que ela pudesse crescer e se tornar uma fera madura capaz de resistir, até de derrotar, as forças combinadas do Vale do Silício e de Wall Street. Vai funcionar? A proibição dos microchips de Biden irá, no curto prazo, desacelerar o progresso tecnológico da China e impactar a acumulação do capital-nuvem chinês. Só que isso também tem duas consequências não intencionais, ambas operando na direção oposta, fomentando o capital-nuvem chinês no longo prazo.

A primeira consequência não intencional da proibição de Biden foi motivar oficiais chineses a apostar nas finanças das nuvens da China – algo que antes eles relutavam em fazer. Por que eles relutavam? Porque estavam investidos no crescimento voltado para a exportação da China, que dependia dos lucros que os capitalistas chineses tiravam do déficit comercial norte-americano como parte do Dark Deal. Qualquer coisa que ameaçasse esses lucros, inclusive a renda das nuvens doméstica, era visto com maus olhos. Até, é claro, Biden confrontar Pequim sem cerimônias com uma escolha dura: abandonar o Dark Deal ou ficar na Idade das Trevas tecnológica. Era uma escolha fácil: eles abandonariam o Dark Deal, se tivessem que fazer isso, e deslocariam sua lealdade dos capitalistas chineses, que dependem do Dark Deal, para os capitalistas-nuvem chineses, capazes de acumular rendas das nuvens sem ele.

A segunda consequência não intencional da proibição de Biden foi inspirar capitalistas e rentistas do mundo todo, inclusive os da Europa ocidental, a afluir para as finanças das nuvens na China. Considere mais uma vez Jürgen, nosso amigo de Hamburgo cujo negócio está inextricavelmente vinculado aos mercados chineses. Ele pode ser um cidadão leal da República Federativa, orgulhoso da aliança de Berlim com Washington, e um liberal comprometido com o livre mercado sem nenhuma simpatia pelo Partido Comunista ou pelo Banco Popular da China. Ainda assim, sempre que lê nos jornais sobre as sanções de Washington e um endurecimento geral da postura em relação à China, ele é impelido a adquirir uma conta em iuanes digitais para superar obstáculos futuros ao fazer e receber pagamentos que são cruciais para seu negócio de exportação de propulsores.

Não foi a primeira vez que uma guerra acelerou, mas também distorceu, transformações históricas. A Segunda Guerra Mundial abriu caminho para que o dólar assumisse o papel de domínio que era da libra esterlina nos pagamentos internacionais (o petróleo árabe, por exemplo, foi rapidamente redenominado de libras para dólares). A Guerra da Ucrânia incitou os Estados Unidos a tomar iniciativas que redirecionaram fluxos consideráveis de dinheiro do sistema de pagamentos baseado em dólar para um sistema baseado em iuanes, administrado pelo capital-nuvem chinês. Enquanto escrevo, rendas das nuvens chinesas se acumulam, ofuscando cada vez mais os lucros dos capitalistas chineses, acelerando a transição da China para o tecnofeudalismo e, crucialmente, enfraquecendo o Dark Deal entre as duas superpotências mundiais.

As repercussões disso tudo para a guerra e a paz, as tensões e a cooperação internacionais, não podem ser subestimadas. Tirando o foco das nossas circunstâncias presentes por um momento, a fim de entender o panorama mais amplo, vale a pena lembrar que, logo depois de seu nascimento, e apesar de sua juventude e vitalidade, o capitalismo demonstrou uma inabilidade inerente para gerar mercados domésticos grandes o suficiente para absorver todas as mercadorias que as indústrias capitalistas locais estavam produzindo.[13] O resultado foi uma expansão agressiva para o estrangeiro – um novo tipo de imperialismo motivado não tanto por um desejo de pilhar terras distantes, mas de garantir e encurralar mercados distantes para mercadorias produzidas domesticamente.

Com diversas nações capitalistas competindo pelo mesmo território, na África, na Ásia e nas Américas, esses conflitos neocolonialistas levaram à sangria repulsiva do fim do século XIX na Europa e, em última instância, na primeira metade do século XX, a duas guerras mundiais. A ascensão do capitalismo, em suma, inspirou uma carnificina de escala industrial e global.

O que devemos esperar, hoje, durante as primeiras fases do tecnofeudalismo? Já temos pistas do que está por vir. Sob o auguro da Guerra da Ucrânia e da Grande Inflação, que estão aprofundando a pobreza, as mudanças climáticas e uma atmosfera de medo, o mundo está se dividindo em dois superfeudos das nuvens, mutuamente antagonistas – um norte-americano, o outro chinês. Pouco de bom e louvável sairá dessa bifurcação.

O espectro do tecnofeudalismo na Europa, no Sul Global, no planeta

Lembra-se de como, em 1971, o presidente Nixon disse para seus interlocutores europeus "Nosso dólar é agora problema de vocês"? A história não poderia tê-lo apoiado de modo mais contundente.

Depois de 1971, o capitalismo norte-americano gerou crises sucessivas: a crise do petróleo em 1973 e 1979, a grande crise da dívida externa depois que o presidente do Fed, Paul Volcker, empurrou as taxas de juros norte-americanas para mais de 20% em 1981, a crise de 1991 após o estouro de diversas bolhas nas redes financeiras dos Estados Unidos, o fiasco do pontocom em 2001 e, por último, mas não menos importante, o *crash* de 2008.[14] Estava na natureza da fera – ou seja, do Minotauro –, que desviava para os Estados Unidos mais de 70% dos lucros dos capitalistas europeus e asiáticos. Cada uma dessas crises deixou a Europa mais fraca, mais dividida, mais reacionária.

Não foi por falta de tentativa. Em reação a cada onda sísmica que atravessava o Atlântico, os líderes europeus faziam seu melhor para proteger a Europa da seguinte. A abordagem deles foi expandir e consolidar as instituições e os recursos europeus, levando, em última instância, ao estabelecimento de uma única moeda comum.[15] Por que esses vários projetos – todos visando liberar a Europa de sua vulnerabilidade à economia rentista dos Estados Unidos – acabaram falhando? A resposta não é particularmente complicada: a razão é a dependência total da União Europeia de seu próprio Dark Deal com os Estados Unidos. É a mesma razão por que os mais sagazes entre os mais poderosos europeus – exportadores alemães, holandeses e franceses – não têm interesse em ver o euro tirar o dólar de seu trono de moeda de lastro. É por isso que a união monetária da Europa continua intencionalmente incompleta.[16] Dito de forma simples, se, por um lado, eles talvez queiram se proteger das muitas mudanças e choques do dólar, por outro, não desejam de fato de se livrar de seu pacto com os Estados Unidos, que permite que os capitalistas europeus lucrem com a demanda gerada pelo déficit comercial dos Estados Unidos e transformem esses lucros em ativos norte-americanos.

Será que alguma coisa pior poderia afligir uma Europa dependente do Dark Deal do que o fim do Dark Deal? Sim, existe uma coisa ainda pior: a mudança gradual e mundial de dinheiro e poder da esfera capitalista para a esfera capitalista-nuvem. Se estiver correta a minha hipótese de que o capital-nuvem está avassalando o capital terreno, sugando cada vez mais capital-nuvem da cadeia de valor global, então a Europa está em sérios apuros. Porque a Europa não é a China. Ela não tem uma única empresa de Big Tech que possa competir com as do Vale do Silício, e seus sistemas financeiros são totalmente dependentes de Wall Street. A falta de capital-nuvem da Europa significa que a Nova Guerra Fria,[17] junto com o choque de energia que a Guerra da Ucrânia infligiu sobre seus fabricantes, já tornou a Europa geoestrategicamente irrelevante.[18]

Pelo menos a Europa ainda é rica e, em teoria, capaz de cuidar de seus cidadãos mais fracos. O mesmo não se pode dizer sobre o Sri Lanka, o Líbano, o Paquistão, a Índia, a maior parte da Ásia e toda a África e a América Latina. A alta dos preços de alimento e combustível causada pela Grande Inflação empurrou o Sul Global para uma crise de dívida tão terrível quanto a dos anos 1970 e 1980. Tendo sido incentivados durante décadas a tomar empréstimos em dólares para importar matéria-prima para produzir mercadorias para exportação (e também para facilitar a conversão dos lucros domésticos de seus oligarcas em ativos norte-americanos), os governos do Sul Global estão agora sendo quebrados pelo significativo aumento do custo do serviço de suas dívidas em dólar.[19]

O Sul Global encara uma escolha terrível. Ficar inadimplente com suas dívidas em dólar, o que significa que não conseguirá comprar a energia, os alimentos e as matérias-primas de que precisa para abastecer sua população, operar suas fábricas e lavrar seus campos. Ou conseguir outro empréstimo em dólares, digamos, do Fundo Monetário Internacional, com o qual pode fingir pagar seus empréstimos existentes em dólares sob duas condições inumanas: primeiro, entregar o controle de seus setores essenciais, como água e eletricidade, para oligarcas disfarçados de "investidores"; segundo, aumentar os preços domésticos de combustíveis e alimentos a tal ponto que sua população passa fome. De um jeito ou de outro, esses chamados países em desenvolvimento estão sendo obrigados a se render à dinâmica do subdesenvolvimento.

Mas essa não é a única escolha assustadora que os governos do Sul Global devem fazer. Com o mundo se dividindo em dois superfeudos das nuvens, um baseado no dólar, o outro no iuane, eles estão sendo obrigados a escolher a que senhor feudal se submeter. Lá se foram os dias em que seus oligarcas podiam pegar dinheiro emprestado da China, ou acumular lucros com a venda de grãos em Xangai, e usar o dinheiro para comprar propriedades na Califórnia ou derivativos em Wall Street. Sua nova crise da dívida está obrigando as classes dominantes do Sul Global a escolher um lado. Com qual feudo das nuvens eles vão comprometer seus futuros ganhos com a venda de suas terras-raras e outras matérias-primas? Eles ainda vão depender de Wall Street? Ou vão fazer seus lucros e suas rendas atravessarem os canais das finanças das nuvens da China? De um jeito ou de outro, o Sul Global está sendo dividido, fazendo a Nova Guerra Fria escalar ainda mais.

Isso é muito mais do que o neocolonialismo de sempre. O capital chinês e o norte-americano têm estado às turras por anos. Só que, agora, essa não é mais uma competição baseada nos preços de mercadorias ou na desejabilidade comparativa de diferentes ofertas de financiamento de fornecedores.[20] É uma batalha titânica por territórios tecnofeudais ainda virgens, em que dois sistemas de extração de renda das nuvens querem se estabelecer como senhores. Será preciso um milagre para que essa espécie recém-desenvolvida de imperialismo não resulte em mais guerras e Estados falidos.

Falando de milagres: dada a tendência inerente do capitalismo de exaurir os bens comuns, inevitavelmente seria necessário um esforço enorme de nossa espécie para escapar da catástrofe climática. O avanço do tecnofeudalismo torna esse milagre ainda mais improvável. A Era do Capital-Nuvem ergue dois obstáculos no caminho de um aplacamento da mudança climática. Um opera no nível da política e é óbvio. Um grande acordo entre os Estados Unidos, a União Europeia e a China (para não mencionar o Brasil, a Rússia, a Índia e a África do Sul) é um pré-requisito para limitar o aquecimento global a níveis coerentes com a sobrevivência de nossa espécie. Na sombra dessa Nova Guerra Fria, o melhor que agora podemos esperar são duas transições verdes separadas, uma em cada superfeudo das nuvens – uma bifurcação da agenda verde global que, receio, vai beneficiar os conglomerados de combustíveis fósseis, que encontrarão maneiras de jogar uns contra os outros, permitindo que eles continuem com as perfurações.

O obstáculo menos óbvio que o tecnofeudalismo lança no caminho de qualquer transição verde são os ditos "mercados" de eletricidade. Falo "ditos" porque eles não são, e nunca poderão ser, mercados de fato. Pense a respeito: só um cabo de eletricidade entra em sua casa ou empresa. Essa é *a* definição de um monopólio natural. É claro que se os governos fossem defender a venda de tal monopólio para um competidor privado, que então teria poder de monopólio sobre todos, as pessoas se revoltariam. Então, seguindo os passos de Margaret Thatcher, os governos determinados a fazer privatizações prometeram criar magicamente mercados de eletricidade competitivos em torno da única rede e do cabo solitário que sai da sua parede: rezava a promessa que um punhado de fornecedoras de energia disputaria diariamente, em alguma casa de leilão, para lhe prover a eletricidade mais barata possível. Esses mercados de leilão de faz de conta, em que um punhado de empresas conspira para enganar consumidores e capitalistas menores, são a alegria dos capitalistas rentistas. (Prova A: seus lucros imensos durante a crise energética na esteira da pandemia e da invasão de Putin à Ucrânia.) Mas isso não é tudo. Os rentistas que agora detêm as usinas de geração de energia privatizadas apostam seus rendimentos futuros em um cassino mundial, fazendo empréstimos garantidos por rendimentos futuros para se proteger de perdas futuras.²¹ Em termos mais simples, nossos sistemas de energia foram entregues a oligarcas com um interesse pessoal em enredar a energia em uma teia de financeirizações. À medida que essa teia se funde cada vez mais às finanças das nuvens, perdemos o que resta de nossa capacidade como *demos* (uma comunidade, uma sociedade, uma espécie) de escolher as práticas energéticas que podem evitar o desastre climático.

É por isso que estou ansioso para transmitir, sobretudo para os jovens, a notícia perturbadora de que, quanto maior o poder da classe dos capitalistas-nuvem, e quanto mais rápida a marcha do tecnofeudalismo, menos nós, o *demos*, podemos fazer para evitar a catástrofe climática. Os jovens, que estão na dianteira das "greves pelo futuro", precisam reconhecer que evitar o superaquecimento de nosso planeta anda de mãos dadas com a resistência ao tecnofeudalismo.

De volta à sua pergunta: quem ganha e quem perde?

Quando jovem, você esperava que a mão de obra organizada derrotasse o capitalismo em escala mundial. Quando mais velho, você testemunhou exatamente o contrário: a globalização desenfreada do capitalismo.

Após 1991, duas coisas se globalizaram: o capital financeiro, que podia transpor continentes apenas com o aperto de um botão, e as linhas ou cadeias de produção, que possibilitaram que iPhones norte-americanos, projetados por desenvolvedores indianos em São Francisco, e fabricados por uma empresa taiwanesa em Zhengzhou, fossem vendidos na Filadélfia. Por volta de 2,5 bilhões de trabalhadores, principalmente da China, da Índia e dos antigos países comunistas, se juntaram a essa cadeia de valor internacional, o que tirou muitos deles da pobreza. Mas os aumentos nos rendimentos mensuráveis, que se convertiam em manchetes de jornais, eram muitas vezes comprados ao preço de uma enorme dor.²² Trabalhadores migrantes chineses, trabalhando turnos de dezesseis horas em condições abomináveis para produzir iPhones, viram seus rendimentos quadruplicar, mas se tornaram quase tão suicidas quanto os agricultores indianos cuja subsistência foi destruída quando suas lavouras se tornaram dependentes das sementes geneticamente modificadas da Bayer-Monsanto.²³ Mesmo nos Estados Unidos, o maior beneficiário da globalização, milhares sucumbiram à morte por desespero.²⁴ Essas contradições foram consequências diretas do Dark Deal. Ao mobilizar o déficit comercial dos Estados Unidos para transformar a China em uma usina geradora capitalista, enriquecendo os capitalistas e rentistas no mundo todo, a miséria provocada pelo investimento insuficiente migrou para o Norte Global, enquanto a riqueza induzida pelo excesso de investimentos migrou para o Sul Global.

Dois anos depois do colapso da União Soviética, enquanto a globalização estava ganhando ritmo, você fez a pergunta que motivou este livro, traindo sua esperança teimosa de que o capitalismo poderia não durar para sempre. Uns trinta anos depois, como já apontei, seu desejo se realizou – a internet de fato se provou a ruína do capitalismo –, ainda que não do modo como você possa ter esperado. Se eu estiver certo, a questão agora se torna: quem são os ganhadores e quem são os perdedores dessa transformação da globalização capitalista em um tecnofeudalismo mundial?

Por toda a era capitalista, nada de bom aconteceu quando rentistas tiveram êxito em desviar porções cada vez maiores de lucros dos capitalistas. A conversão de lucro em renda sempre atrapalhou a dinâmica do capitalismo, criou bolhas que estouraram e afundou pessoas e Estados mais frágeis em dívidas tóxicas. A ascensão do tecnofeudalismo tem alçado esse processo de produção de crise a novas alturas – a um estado de *policrise*, para usar o neologismo econômico do historiador Adam Tooze, criado a partir de duas palavras gregas.

Pense naqueles bilhões de servos das nuvens que estão, neste exato momento, empregando tanto tempo e energia na construção do capital-nuvem de outra pessoa. Seu trabalho não remunerado produz poder extrativo e renda das nuvens para bem poucos capitalistas-nuvem, dinheiro que nunca mais voltará à circulação mais ampla de rendimentos, sem gerar ela mesma nenhum rendimento para eles. Permita-me descrever isso como a *redução da base de valor global*. Acrescente a isso o estrangulamento dos salários que o capital-nuvem também impõe aos trabalhadores assalariados, transformando-os cada vez mais em proletários das nuvens. O resultado é uma redução substancial nos rendimentos que as massas conseguem mobilizar para comprar mercadorias. Essa queda secular na demanda efetiva, ou agregada, significa mais e mais profundas crises econômicas. Para usar uma metáfora ecológica, os capitalistas e os trabalhadores estão passando por algo semelhante ao encolhimento de seus habitats, empurrando espécies em risco de extinção para um perigo maior e sofrendo com mais frequência eventos climáticos extremos.

Esse era o estado das coisas antes da Guerra da Ucrânia. Desde a decisão de Washington de travar uma guerra contra as Big Techs chinesas e suas finanças das nuvens, de modo a acabar com o Dark Deal e dividir o mundo em um feudo das nuvens baseado no dólar e um feudo das nuvens baseado no iuane, trabalhadores chineses e norte-americanos certamente sofrerão, mas rentistas norte-americanos e capitalistas chineses também têm muito a perder. Se o mais-valor chinês não migrar mais no mesmo ritmo para os Estados Unidos, os rentistas norte-americanos terão problemas. Seu infortúnio, então, vai ricochetear e vai ferir os capitalistas chineses, que são muito dependentes das importações dos Estados Unidos, as quais, por sua vez, são mantidas pelas rendas denominadas em dólares. Quanto aos capitalistas-nuvem norte-americanos, eles não têm como saber o que esperar: embora ganhem poder relativo sobre os capitalistas, e o resto da sociedade norte-americana, o efeito do fim do Dark Deal sobre seus resultados financeiros é uma grande incógnita.

Empresas como a Apple e a Tesla, que transitam entre o capital terreno e o capital-nuvem, com certeza sofrerão. Ao contrário, digamos, do Google, a Apple investiu bilhões em capital físico na China, onde ela fabrica o iPhone e o iPad. Esse não é um investimento que ela pode repatriar facilmente para os Estados Unidos. A Apple não está fabricando na China por causa da mão de obra barata e qualificada, mas porque, desde 2007, vem construindo todo um ecossistema de processos de fabricação que mistura capitais humano, terreno e nuvem de maneiras que não podem ser reproduzidas em solo norte-americano. Para empresas mais intensivas em capital-nuvem, como a Amazon e o Google, tudo vai depender de como a redução da base de valor global, e a interrupção do fluxo de lucros e rendas chineses para o superfeudo das nuvens do dólar, vai afetar suas vendas.

Uma coisa sabemos com certeza. O avanço tecnológico vai ajudar o capital-nuvem a ir de uma força para a outra. Uma vez combinado com a impressão em 3D avançada, versátil e em larga escala, e com a robótica industrial guiada por IA, o capital-nuvem vai abalar toda a razão de existir dos conglomerados capitalistas tradicionais, cuja vantagem competitiva tem como base as economias de escala. Enquanto isso, a desglobalização do capital físico, desencadeada pela decisão de Washington de travar uma guerra econômica contra a China, vai acelerar. E também vão acelerar os antagonismos entre os dois superfeudos das nuvens pela pilhagem de matérias-primas – terras-raras, lítio e, é claro, nossos dados – do mundo todo.

O auge da globalização, entre 2005 e 2020, viu se desenvolverem grandes falhas sísmicas nos principais blocos comerciais do mundo. Uma dessas falhas dividiu cada vez mais os países deficitários da União Europeia, localizados no sul, dos países superavitários, localizados no norte. Outra falha dividiu as economias costeiras dos Estados Unidos dos cinturões da ferrugem localizados no centro do país. As pujantes regiões costeiras da China foram separadas do interior da porção continental por um Muro de Berlim econômico. Será que essas falhas estão diminuindo, agora que a globalização está em declínio? Muito pelo contrário. Falhas anteriores permanecem, enquanto outras novas emergem, entre o Leste e o Oeste da Europa, por exemplo, e entre norte-americanos conectados ao poder capitalista-nuvem e os restantes. E como consequência da bifurcação tecnofeudal mais ampla, o mundo está se dividindo em superestados continentais, não diferentes daqueles sempre em conflito no livro *1984*, de Orwell.[25]

A paz é a vítima óbvia desse processo, mas não a única: dada a magnitude e a natureza do poder exercido pelo minúsculo bando de capitalistas-nuvem em ambos os lados do Pacífico, qualquer coisa que se assemelhe a uma democracia real parece cada vez mais improvável. Aliás, a grande ironia, de uma perspectiva ocidental, é que a única força política que pode fazer qualquer coisa para manter os capitalistas-nuvem em xeque, e, portanto, a esperança da democracia viva, é o Partido Comunista Chinês. Foi o presidente Xi que estabeleceu limites rigorosos para os capitalistas-nuvem chineses, como Jack Ma, em uma tentativa explícita de manter as finanças das nuvens da China dentro do que o partido considera serem limites aceitáveis: os seus próprios.[26]

O grande desafio para Xi, porém, é que a autoridade do partido depende do crescimento econômico, que por tanto tempo vem sendo gerado pelo enriquecimento de seus capitalistas por meio do Dark Deal. Em teoria, e de uma maneira bastante tortuosa, Xi declarou uma guerra de classes em nome dos trabalhadores chineses, não apenas contra os capitalistas-nuvem, mas também contra os capitalistas chineses. Em agosto de 2021, ele anunciou restrições a "rendimentos excessivos" e, crucialmente, uma nova política para encolher o investimento agregado de 50% da renda nacional chinesa para 30% – algo que só pode acontecer se os lucros capitalistas chineses de exportações líquidas para os Estados Unidos forem reduzidos massivamente, enquanto os salários domésticos aumentam. Mas essa é uma campanha verdadeira ou um mero arroubo propagandista, uma forma de populismo com características chinesas? A classe política do país está apta e disposta a se comprometer com um conflito duradouro tanto com os capitalistas-nuvem quanto com os capitalistas? É impossível dizer. De fato, ainda que Xi esteja mesmo falando sério e tenha êxito em aumentar os rendimentos da classe trabalhadora, não temos como saber se qualquer aumento nos rendimentos da maioria irá revigorar o poder do *demos* da China. Ainda assim, continua infinitamente intrigante o fato de que o único lampejo de esperança para qualquer *demos* no mundo todo brilhe em meio a uma sociedade sob o totalitarismo.

Os liberais um dia temeram pessoas como você e eu – esquerdistas ávidos por uma transformação socialista. Quando a esquerda foi derrotada, os liberais ficaram aliviados, mas continuaram a protestar contra o poder do Estado: a seus olhos, Estados poderosos, até os Estados liberais burgueses, são o que abre o caminho para a servidão. Não é deliciosamente chocante como, no fim, uma super-rodovia global para a servidão foi construída não porque os Estados ocidentais eram poderosos demais, mas porque eram fracos demais? Fracos demais, a saber, para impedir que o capital-nuvem que ao qual deram origem tomasse o controle, desestabelendo o capitalismo e viabilizando o tecnofeudalismo.

7
FUGA DO TECNOFEUDALISMO

Parecia que demorara horas para o artista finalmente aparecer. Esperando por ele no palco estava um exoesqueleto de metal com aspecto robótico, muito grande e brilhante, suspenso por um longo cabo do teto alto do espaço de exposição – uma antiga usina elétrica reformada nos arredores de Sydney. Eu estava na plateia na sala de turbinas com luz baixa, cada vez mais cativado pela trilha sonora envolvente e fascinado pela máquina que brilhava, elegante. O calendário indicava 19 de agosto de 2000 – uns bons quatro anos antes de Mark Zuckerberg lançar o Facebook, seis anos antes do primeiro tuíte, e apenas um ano depois da primeira busca no Google. A internet ainda estava na Idade da Inocência, e o sonho de ela ser um fórum aberto digital para participantes soberanos, e governado por eles, ainda estava vivo.

Finalmente Stelarc, o artista, surgiu.[1] Já dentro do exoesqueleto, Stelarc continuaria livre para mexer as pernas como quisesse, mas seus braços seriam controlados remotamente por um público anônimo que assistia e participava pela internet. Stelarc subiu até a entrada da máquina, à qual deu o nome de Movatar, e o sistema começou a inicializar. Pouco depois, ele se conectou à internet, onde os desconhecidos invisíveis esperavam. Ao contrário de um dançarino que nos fascina com a falta de esforço nos movimentos, o Movatar era cativante por sua falta de jeito. A parte superior de seu corpo se movia aos solavancos, como que em oposição às suas pernas abaixo. Seus movimentos desajeitados eram estranhamente comoventes, repletos de significado – mas significavam o que exatamente? Percebi uma janela se abrindo para o relacionamento entre os humanos e suas tecnologias, e as mesmas contradições que tinham inspirado Hesíodo.

Depois, me lembro de pensar em sua pergunta: a internet era amiga ou inimiga do capitalismo? O Movatar era parte da resposta? E o que isso significava para a condição humana? Na época, eu não fazia ideia. Mas hoje, vejo com clareza: o Movatar de Stelarc profetizou o que aconteceria conosco quando o capital tradicional evoluísse para o capital-nuvem, de um "meio de produção produzido" para um meio de *modificação de comportamento* produzido. Stelarc estava meramente experimentando com a ideia do pós-humano, mas seu Movatar capturou a essência da realidade futura da humanidade. Do modo como o enxergo hoje, o Movatar era uma criatura à mercê do capital-nuvem, movido por algoritmos e hiperconectado. Um outro nome para ele seria *Homo technofeudalis*.

A morte do indivíduo liberal

Até hoje, eu invejo o modo como você vivia, pai. Você era o epítome do indivíduo liberal. Claro, para ganhar a vida, tinha que, com relutância, arrendar a você mesmo para o seu chefe na siderúrgica em Eleusis. Mas, durante o seu horário de almoço, você vagava alegremente no pátio a céu aberto dos fundos do Museu Arqueológico de Eleusis, onde se deleitava com a descoberta de estelas antigas cheias de indícios de que os tecnólogos da antiguidade eram mais avançados do que antes se pensava. E, após chegar em casa, pouco depois das cinco todas as tardes, e de uma sesta tardia, você aparecia pronto para participar de nossa vida em família e, algumas noites, quando não estávamos brincando com metais diversos junto da lareira, para escrever seus livros e artigos. Sua vida na usina era, em resumo, muito bem separada de sua vida pessoal.

Era um reflexo de uma época em que nós achávamos que o capitalismo tinha, ao menos, nos dado soberania sobre nós mesmos, ainda que dentro de certos parâmetros limitados. Por mais duro que tivéssemos que trabalhar, podíamos pelo menos delimitar uma porção de nossas vidas, por menor que fosse, e, dentro daqueles limites, permanecer autônomos, autodeterminados, livres. Pessoas de esquerda, como nós, sabiam que apenas os ricos eram livres de verdade para escolher, que os pobres eram sobretudo livres para perder, e que a pior escravidão era a daqueles que tinham aprendido a amar seus grilhões.[2] Ainda assim, mesmo nós, os mais duros críticos do capitalismo, estimávamos a autopropriedade limitada que ele nos proporcionava.

Dos jovens do mundo de hoje, até essa pequena graça foi subtraída. Realizar a curadoria de uma identidade on-line não é opcional, de modo que suas vidas pessoais se tornaram um dos trabalhos mais importantes que eles realizam. Desde o momento em que dão seus primeiros passos on-line, eles sofrem como o Movatar com duas demandas desconcertantemente contraditórias: aprendem implicitamente a enxergar a si mesmos como uma marca, mas uma marca que será julgada de acordo com sua autenticidade percebida. (E isso inclui potenciais empregadores: "Ninguém vai me oferecer um trabalho", um aluno formado me disse uma vez, "até que eu descubra meu verdadeiro eu".) E, assim, antes de postar qualquer imagem, subir qualquer vídeo, avaliar qualquer filme, compartilhar qualquer fotografia ou uma mensagem, devem estar atentos a quem sua escolha irá agradar ou alienar. Devem, de algum modo, descobrir qual dentre seus potenciais "verdadeiros eus" será considerado o mais atraente, testando constantemente suas próprias opiniões em relação à sua noção de qual pode ser a opinião média entre os formadores de opinião on-line.[3] Toda experiência pode ser documentada e compartilhada, e assim eles são continuamente consumidos pela questão de se devem fazê-lo ou não. E mesmo que nenhuma oportunidade de fato exista para compartilhar a experiência, essa oportunidade pode ser prontamente imaginada, e o será. Cada escolha, testemunhada ou não, se torna um ato na curadoria de uma identidade.

Não é preciso ser um crítico radical de nossa sociedade para ver que o direito a um pouco de tempo por dia para não estar à venda praticamente desapareceu. A ironia é que o indivíduo liberal foi erradicado não pelos camisas-pardas fascistas nem pelos guardas stalinistas. Ele foi extinto quando uma nova forma de capital começou a ensinar os jovens a fazer a mais liberal das coisas: ser você mesmo! (E ser bem-sucedido na empreitada!) De todas as modificações de comportamento que o capital-nuvem arquitetou e monetizou, essa é sem dúvida sua conquista mais gloriosa e de maior alcance.

O individualismo possessivo sempre foi prejudicial para a saúde mental. O tecnofeudalismo tornou as coisas infinitamente piores quando derrubou a cerca que oferecia ao indivíduo liberal um refúgio onde se proteger do mercado. O capital-nuvem estilhaçou o indivíduo em fragmentos de dados, uma identidade composta de escolhas expressas por cliques, que seus algoritmos têm a capacidade de manipular. Ele produziu indivíduos que são mais *possuídos* do que possessivos, ou antes pessoas incapazes de serem senhoras de si. Ele reduziu nossa capacidade de concentração ao cooptar nossa atenção. Nós não nos tornamos fracos de espírito. Não, nossa concentração é que foi roubada.[4] E como se sabe que os algoritmos do tecnofeudalismo reforçam o patriarcado, os estereótipos e as opressões preexistentes, os mais vulneráveis – as garotas, os doentes mentais, os marginalizados e, sim, os pobres – sofrem mais seus efeitos.

Se o fascismo nos ensinou alguma coisa, foi nossa suscetibilidade a estereótipos depreciativos e à atração torpe de emoções como moralismo, medo, inveja e ódio que eles despertam em nós. Em nosso mundo tecnofeudal, a internet traz o "outro" temido e abominado para mais perto, bem diante do seu nariz. E porque a violência on-line parece incruenta e anódina, temos mais tendência a reagir on-line a esse "outro" com insultos, linguagem desumana e fel. A intolerância é a compensação emocional do tecnofeudalismo para as frustrações e ansiedades que experimentamos em relação à identidade e à concentração. Os moderadores de comentários e os regulamentos sobre discurso de ódio não conseguem impedi-lo porque ele é intrínseco ao capital-nuvem, cujos algoritmos são otimizados com vista às rendas das nuvens, que fluem mais copiosamente a partir do ódio e da insatisfação.

Você uma vez me disse que encontrar alguma coisa atemporalmente bonita em que se concentrar, como você fez ao escolher se perder entre as relíquias da Grécia antiga, é nossa única defesa contra os demônios que rondam nossa alma. Eu venho tentando praticar isso ao longo dos anos do meu próprio jeito. Mas, em face do tecnofeudalismo, agir sozinhos, isolados, como indivíduos liberais, não vai nos levar muito longe. Excluir-nos da internet, desligar nossos telefones, usar dinheiro em vez do cartão pode ajudar por um tempo, mas não são soluções. A não ser que nos unamos, nunca vamos civilizar ou socializar o capital-nuvem, e, assim, nunca reaveremos nossas mentes de suas garras.

E aqui reside a maior contradição: recuperar aquela ideia liberal fundamental – de liberdade como autopropriedade – irá, portanto, exigir uma reconfiguração abrangente dos direitos de propriedade sobre os instrumentos de produção, distribuição, colaboração e comunicação cada vez mais baseados nas nuvens. Para ressuscitar o indivíduo liberal, nós precisamos fazer uma coisa que os liberais detestam: planejar uma nova revolução.

A impossibilidade da democracia social

Por que o tecnofeudalismo não pode ser domado pela política do mesmo modo que o capitalismo foi contido, pelo menos por um tempo, por governos social-democratas?

Os sociais-democratas conseguiram fazer diferença em um momento no qual o poder estava investido no capital industrial à moda antiga. Eles atuavam como árbitros entre a mão de obra organizada e os capitães da indústria manufatureira, metaforicamente (e às vezes literalmente) sentando um na frente do outro, obrigando-os a chegar a um acordo. O resultado era, por um lado, melhores salários e condições para os trabalhadores e, por outro, o desvio de um quinhão dos lucros da indústria para pensões, hospitais, escolas, seguro-desemprego e arte. Mas, conforme o poder se deslocava da indústria para as finanças depois do fim de Bretton Woods, em 1971, tanto os sociais-democratas europeus como os democratas norte-americanos foram ludibriados para uma barganha faustiana com os banqueiros de Wall Street, a City de Londres, Frankfurt e Paris. A barganha era malfeita e simples: os sociais-democratas do governo livraram os banqueiros das algemas da regulação: "Divirtam-se! Regulem a si mesmos", disseram a eles. Em troca, os financistas concordaram em entregar as migalhas de suas mesas fartas, na forma de uma pequena porção de seus ganhos gigantescos com uma financeirização desenfreada, para custear o Estado de bem-estar social.[5]

Em termos homéricos, os sociais-democratas tinham se tornado os lotófagos da era. À medida que se empanturravam de financeirização, se tornavam intelectualmente débeis e moralmente coniventes com suas práticas. Seu sumo doce os levou a acreditar que o que antes era arriscado já não tinha riscos, que essa galinha mágica sempre botaria ovos de ouro e que, se aqueles ovos pudessem ser usados para financiar o Estado de bem-estar social, então seria possível justificar qualquer outra coisa que a galinha fizesse. E assim, quando, em 2008, o capital financeiro despencou, eles careciam dos instrumentos mentais e dos valores morais para dizer aos banqueiros: "Já chega! Podemos salvar os bancos, mas não vocês". Daí a combinação letal de socialismo para os banqueiros e austeridade para quase todo o resto das pessoas, descrita no Capítulo 4, que estagnou nossas economias enquanto financiava a ascensão dos capitalistas-nuvem.

Antigamente, os sociais-democratas tinham um grau de poder sobre os industriais porque possuíam o respaldo dos sindicatos e podiam ameaçar uma regulação severa. Hoje, os capitalistas-nuvem não temem sindicatos poderosos porque os proletários das nuvens são fracos demais para formá-los e os servos das nuvens nem sequer se consideram produtores. Quanto à regulação, ela tem atuado colocando um teto nos preços ou desfazendo cartéis. Na Era do Capital-Nuvem, os capitalistas-nuvem se sentem seguros com a ideia de que nenhum dos dois faz sentido. A regulação de preços é irrelevante quando os serviços contra os quais os consumidores precisam ser protegidos ou são gratuitos ou já são os mais baratos do mercado.[6] Quanto a desmembrá-los, como o presidente Theodore Roosevelt fez com Rockefeller quando dividiu a Standard Oil e outros cartéis, isso só era possível nos velhos dias do capital terreno. A Standard Oil abarcava postos de gasolina, refinarias e sistemas de transporte de combustível espalhados por toda a América do Norte. Dividi-la em petrolíferas regionais e incentivar essas empresas a competir umas com as outras era politicamente difícil, mas tecnicamente simples. Mas como dividir a Amazon, o Facebook, o PayPal ou mesmo a Tesla hoje?

Os capitalistas-nuvem sabem que podem destruir qualquer desenvolvedor terceiro (isto é, capitalista vassalo) que esteja ganhando a vida a duras penas em seu feudo das nuvens e ouse entrar em contato com um de seus usuários (isto é, os servos das nuvens) sem antes pagar uma renda das nuvens.[7] Eles sabem que podem tratar seus usuários como quiserem – quando foi a última vez que alguém recusou os termos e condições de uma atualização de software? – por causa dos reféns que detêm: nossos contatos, amigos, históricos de conversas, fotos, músicas, vídeos, todos os quais perdemos se mudarmos para um feudo das nuvens concorrente. E eles sabem que há pouco que o governo possa fazer para detê-los. Ao contrário das companhias telefônicas nacionais, que nossos governos nacionais obrigavam a cobrar a mesmas tarifas quando a ligação era para um cliente de uma companhia concorrente, como eles podem obrigar o Twitter a compartilhar todos os seus tuítes, suas fotos e seus vídeos com, digamos, o Mastodon?[8]

Ainda pior, eles entendem que a maré ideológica os favorece. Quando você ainda era moço, a esquerda política mantinha uma crença na verdade objetiva e em um compromisso com a construção de novas instituições a serviço da redistribuição de renda, riqueza e poder para o elevado propósito de melhorar a condição humana. Os marxistas, como você, iam ainda mais longe, defendendo a revolução pois foram convencidos pela retidão de seu código ético, pela base científica de sua teoria social, para não mencionar a crença de que estavam trabalhando por um desfecho desejável da história – um comunismo liberal suntuoso no qual toda exploração e conflito sistêmicos tivessem desaparecido. Ainda que os sociais-democratas tenham se distanciado cada vez mais da perspectiva marxista, e a difamado, muito do que conquistaram se inspirara daquelas convicções marxistas. A agenda social-democrata foi apresentada como um modo de conquistar as mesmas coisas pelas quais os marxistas advogavam – como assistência médica e educação gratuitas universais –, mas sem dispensar os mercados, o capitalismo e, sobretudo, sem os aborrecimentos do comunismo soviético, a polícia secreta, o gulag.

Do ponto de vista atual, é fascinante lembrar que, para contrapor a convicção da esquerda, foi a direita política da época que abraçou uma forma de relativismo, alertando contra as certezas morais dos sociais-democratas, dos ativistas contrários à Guerra do Vietnã, dos defensores dos direitos civis, das feministas, argumentando que as coisas são mais complicadas, menos preto e brancas, do que os hippies malcheirosos e seus companheiros de viagem, mais velhos e comunistas, presumiam. Mas uma vez que a bandeira vermelha foi baixada do alto do Kremlin em 1991, sinalizando a derrota da esquerda global, o jogo virou inteiramente. De repente, era a direita que abraçava verdades puras e virtudes não negociáveis: os mesmos reacionários que haviam questionado que todos os povos tinham o direito universal a um Estado próprio ou à democracia se tornaram adeptos de que ela fosse imposta (ainda que seletivamente) sob a mira de uma arma.[9] A direita apresentou sua própria nova versão do "fim da história": não o socialismo introduzindo a propriedade compartilhada e a igualdade radical, mas a democracia liberal, os livres mercados e o individualismo possessivo. Enquanto isso, a esquerda cedeu à direita ao abandonar todas as certezas e abraçar o relativismo que a direita tinha acabado de abandonar: o princípio de que todos nós temos o direito de ser livres do poder extrativista de terceiros se transmutou no princípio de que nenhuma perspectiva vale mais do que qualquer outra.

Subjacente a essa transformação da esquerda estava, é claro, a desindustrialização do Ocidente, que fragmentou as classes trabalhadoras, um processo ao qual o tecnofeudalismo dá continuidade até hoje. Quando a classe trabalhadora ainda era relativamente homogênea, uma consciência de classe relativamente sólida permitia que ela colocasse pelo menos certo grau de pressão em governos social-democratas. Hoje, a luta de classe foi substituída pela dita "política identitária". Tragicamente, o ímpeto pela proteção de minorias raciais, de gênero, étnicas e religiosas e em prol da justiça reparatória serve muito bem às pessoas no poder que gostam de parecer socialmente liberais. Elas incorporam entusiasticamente essas causas em sua linguagem quando apenas as apoiam da boca para fora e fazem pouco de substancial para proteger as minorias das causas sistêmicas de sua opressão. Além do mais, essa adesão discursiva a políticas identitárias permite que pessoas em posições de autoridade não façam nada sobre o poder extrativo político e econômico que está cada vez mais entrelaçado com o capital-nuvem. Quanto à direita alternativa, nada poderia ter lhe agradado mais. Ela reconhece a política identitária como uma oportunidade de ouro para capitalizar sobre os sentimentos defensivos, racistas e de pertencimento de grupo que ela desperta em eleitores brancos.

Nesse novo estágio político, a social-democracia é impossível. Nós já não temos o capital de um lado e a mão de obra do outro, permitindo que um governo social-democrata atue como árbitro e obrigue os dois lados a chegar a um acordo. Temos, sim, um centro e uma direita alternativa, ambos prisioneiros de uma nova classe dominante, os capitalistas-nuvem, cuja ascensão ao poder eles possibilitaram, enquanto a esquerda está preocupada com uma guerra civil sobre a definição de "mulher", sobre a hierarquia das opressões e todo o resto. Enquanto isso, ninguém fala dos proletários das nuvens, dos servos das nuvens, dos capitalistas vassalos, do que sobrou do proletariado-precariado tradicional, das vítimas das mudanças climáticas, das massas que o tecnofeudalismo sufoca e aprisiona em seus feudos das nuvens.

Para recuperar a ideia original de social-democracia, e aliás de indivíduo liberal, duas coisas são essenciais. Primeiro, devemos descartar o mito de que a velha distinção entre esquerda e direita é obsoleta. Enquanto vivermos em um Império do Capital que domina, e explora cruelmente, os seres humanos e o planeta, não pode haver política democrática que não esteja arraigada em uma agenda esquerdista de derrubá-lo. Segundo, devemos reconfigurar fundamentalmente o que isso significa e como pode ser alcançado no mundo do tecnofeudalismo, no qual esse império é construído sobre o capital-nuvem, com todas as novas estruturas de classe diabolicamente complexas e conflitos que ele engendra.

Se isso soa difícil e complicado, deixe-me propor uma formulação mais simples. Depois da guerra, o marxismo oferecia confiantemente uma Verdade ameaçadora, a direita angustiada se tornou relativista e a social-democracia teve sua chance. Após a grande derrota do marxismo em 1991, a Verdade Marxista pereceu, a Verdade Liberal voltou à ativa e a social-democracia morreu. Depois do Waterloo do capitalismo em 2008 e da ascensão do tecnofeudalismo, os liberais, os sociais-democratas e os partidários da direita alternativa estão lutando por quaisquer migalhas de poder que os capitalistas-nuvem concordem em deixar para eles. Hoje, nosso futuro depende da recuperação da confiança para revelar uma Verdade condizente com nossa condição tecnofeudal. Não será suficiente. Mas é necessário.

A falsa promessa das criptomoedas

Thomas More escreveu seu epônimo *Utopia* no século XVI como um experimento mental sobre como remediar os males da ordem feudal (na qual, é preciso dizer, ele desempenhava um papel proeminente). Meio século depois, Tommaso Campanella publicou sua própria Utopia, *A cidade do sol*, como uma polêmica contra a eminente visão aristotélica de que qualquer um que realizasse trabalho manual ou braçal deveria ter a plena cidadania negada. Ele contra-argumentou que eram os artesãos e os construtores, não as classes feudais parasitárias, que deveriam deter o poder político. Os defensores fundamentalistas das tecnologias das criptomoedas – com sua fé de que Wall Street, os capitalistas-nuvem, os governos, o Estado profundo e toda a ordem tecnofeudal podem ser derrubados por códigos de computador e algoritmos impossíveis de hackear – são os utópicos econômicos de hoje, e a criptomoeda é uma reação ao tecnofeudalismo tanto quanto a Utopia original foi uma reação ao feudalismo.

Para dizer a verdade, quando me deparei com o artigo original anunciando a chegada das criptomoedas, uma postagem de blog de 2008 assinada pelo hoje infame e evasivo Satoshi Nakamoto, fiquei impressionado.[10] Ele começava com a frase: "O comércio na internet passou a depender quase exclusivamente de instituições financeiras que servem como terceiros de confiança para processar os pagamentos eletrônicos". Ele então apresentava um algoritmo que nos permitiria fazer transações uns com os outros on-line evitando todas as instituições financeiras já criadas. Não era difícil enxergar a enormidade da alegação e a potencial emancipação que ela oferecia dos parasitas do setor financeiro – privados e estatais.

Para entender o apelo da criptomoeda, considere o que acontece quando você usa seu cartão de débito para comprar um bilhete de trem de Londres para Brighton usando um serviço como o trainline.com, que lhe cobra uma pequena renda das nuvens, digamos, 75 pence.[11] Para onde eles vão? Do aplicativo de bilhetes de trem, é feito o upload de seus 75 pence para outra empresa, a Trainline Holdings Limited, que é proprietária do aplicativo de bilhetes de trem. Mas essa empresa é de propriedade de outra que é de propriedade de outra, e de outra, e de outra. À medida que seus 75 pence passam de uma empresa de fachada para outra, eles viajam de Londres para Nova Jersey para Luxemburgo, são validados por diversos bancos centrais, até chegarem a algum tranquilo paraíso fiscal. Por fim, eles se juntam à enxurrada global de capital financeiro dolarizado que nenhum governo, nenhum parlamento, nenhum *demos*, nenhuma mente humana é capaz de rastrear, muito menos de regulamentar.

Agora, compare isso com uma transação em criptomoeda do tipo que o artigo de Nakamoto anunciou. Você se senta na frente do computador. Não precisa de conta bancária, cartão de plástico, número de seguro social que o identifique, nem sequer uma conta de e-mail. Você só precisa de uma chave particular na forma de uma sequência de caracteres aparentemente aleatórios que gerou previamente por meio de alguns poucos passos criptográficos automáticos simples. Essa chave particular é tudo de que você precisa para realizar um pagamento, mandar dinheiro para uma boa causa, até votar em uma pesquisa ou referendo on-line.[12] Em essência, sua chave particular é um endereço, uma conta bancária e um número de seguro social, todos enlaçados em uma única série de caracteres que vive exclusivamente em seu computador e é conhecida exclusivamente por você. Só que no momento em que você o usa para alguma transação, ele é transmitido para uma rede global de computadores que pertence a pessoas como você mesmo. Para uma transação funcionar, ela precisa ser confirmada e registrada, do mesmo modo que o seu banco confirma que você tem o dinheiro e que, uma vez que você o gastou, não poderá gastá-lo de novo. A diferença é que, em vez de confiar a confirmação a um banco ou a alguma outra instituição capitalista parasitária, a verificação é realizada automaticamente por computadores, como o seu, que compõem aquela rede comum.

Essas máquinas trabalham juntas para confirmar sua transação. Elas fazem isso competindo umas com as outras para resolver enigmas matemáticos arbitrários, cujo propósito é oferecer incentivos para os donos dos computadores mais rápidos ajudarem a confirmar sua transação. A máquina que vence essa competição ganha o privilégio de acrescentar, ou registrar, sua transação como um "bloco" em um longo histórico – conhecido como um *blockchain* – de cada transação realizada dentro dessa rede. Em troca desse privilégio, a máquina vencedora – e seu dono – é recompensada com um token *proof-of-work*, um pequeno pagamento que pode ser usado na rede em transações futuras.[13]

É fácil ver a tentação das criptomoedas: em contraste com a loucura que começa na hora em que você paga qualquer coisa usando um cartão emitido pelo banco, a transação baseada no *blockchain* parece a democracia em ação. Ninguém tira um quinhão. Nenhum banco ou corporação está envolvido. Nenhum Estado monitora sua transação. Nenhum capitalista-nuvem guarda um histórico do que você comprou, quando e de quem. Nenhum caminho maluco é seguido por meio de dúzias de intermediários, contribuindo a cada estágio para a acumulação de capital entre os financistas. Além do mais, ninguém é proprietário da rede de máquinas que ajudou a completar sua transação e, portanto, nenhum investidor está observando, vendo se o bolo está crescendo e, junto com ele, sua porção da renda das nuvens, pronto para retirar seu apoio assim que a confiança na empresa começar a diminuir – principalmente porque essa rede baseada nas nuvens *não* gera rendas das nuvens.

O nascimento das criptomoedas em 2008 não poderia ter vindo em melhor hora. No ano em que as finanças capitalistas quase morreram por causa de sua própria arrogância, o Bitcoin inspirou um amplo espectro de pessoas em busca de alternativas: libertários devotos, os anarquistas e socialistas que criaram o movimento Occupy Wall Street, os ditos *cypherpunks* – uma miscelânea de criptógrafos e programadores que vinham se preocupando com a privacidade desde a década de 1980. Mas logo as rachaduras começaram a aparecer, e foi a facção libertária do movimento das criptomoedas que no fim das contas conseguiu vantagem. Para eles, o inimigo número um sempre foram os bancos centrais, que eles retratavam como uma espécie de Igreja Católica, insistindo em atuar como intermediários entre os humanos e seus lucros sagrados. Viam a si mesmos no papel de um Martinho Lutero moderno defendendo uma Reforma Protestante. Assim, o movimento das criptomoedas que também tinha inicialmente atraído anarquistas e socialistas se tornou um mercado de moedas extremamente volátil, no qual qualquer um especializado o bastante na nova tecnologia de *blockchain* emitia suas próprias "moedas", cujo valor em dólar eles tentavam impulsionar antes de liquidá-las. Seu desprezo ideológico pela moeda fiduciária, ou criada pelo Estado, acabou se mostrando um estratagema para emitir sua própria moeda fiduciária. Quando, em 2017, um Bitcoin valia mais de 20 mil dólares, a promessa emancipatória inicial da criptomoeda tinha desaparecido.

Usando métodos semelhantes de blockchain, a modelo Kate Moss vendeu uma foto digital de si mesma na forma de uma sequência de caracteres semelhante à do Bitcoin por mais de 17 mil dólares. Jack Dorsey, então chefe do Twitter, aumentou as apostas ao vender código vinculado a uma imagem do primeiro tuíte de todos os tempos por 2,9 milhões de dólares. Para coroar a loucura, Mike Winkelmann, um artista conhecido como Beeple, conseguiu vender em um leilão da Christie's em Nova York uma sequência de caracteres vinculada a uma colagem fotográfica de seus trabalhos anteriores por formidáveis 69,3 milhões de dólares. Ridicularizando todos eles, um diretor de cinema do Brooklyn recebeu 85 dólares por uma sequência de caracteres ligada a um arquivo de áudio em que ele está flatulando, espera-se que na cara dessa criptoloucura.

Não poderia ter sido de outra maneira. A traição de sua promessa emancipatória inicial estava inculcada na natureza das criptomoedas. A ambição de Nakamoto tinha sido de que o Bitcoin decolasse como uma moeda paralela. Para ter êxito, as pessoas precisariam querer usar o Bitcoin para comprar bilhetes de trem, bebidas e até casas. Mas para arquitetar a escassez que ele acreditava ser necessária para dar valor ao Bitcoin, Nakamoto incorporou ao código da criptomoeda um teto fixo no número total de Bitcoins – 21 milhões, para ser preciso. Sua oferta limitada significava que assim que a demanda por Bitcoins aumentasse, o mesmo aconteceria com sua taxa de câmbio em dólares. Em dado momento, quando o valor em dólares do Bitcoin ultrapassa algum limiar, faz sentido segurar os seus Bitcoins e usar dólares para comprar bilhetes de trem, bebidas e casas, além de mais Bitcoins, na esperança de que seu valor aumente ainda mais. Era inevitável que, no momento em que uma criptomoeda começasse a ter êxito como uma moeda, ela deixaria de funcionar como uma moeda e viraria um esquema de pirâmide, com seus primeiros adeptos ficando mais ricos à medida que mais e mais pessoas aderiam a ela.

Além dessa criptoaristocracia, os únicos verdadeiros beneficiários das tecnologias das criptomoedas têm sido as próprias instituições que os fundamentalistas das criptomoedas supostamente visavam desbancar: Wall Street e os conglomerados da Big Tech. Por exemplo, o J.P. Morgan e a Microsoft recentemente uniram forças para operar um "consórcio de *blockchain*", baseado nos centros de dados da Microsoft, para aprimorar seu poder conjunto de dominar serviços financeiros. Projetos de *blockchain* similares foram anunciados pela Goldman Sachs e pelo banco central de Hong Kong, pelo Banco Mundial, e até pelos próprios Mastercard e Visa![14] Em vez de avançar lentamente em direção à Utopia, a criptomoeda se tornou outro instrumento das finanças das nuvens e um motor para a acumulação de capital-nuvem.

O *blockchain* é, sem dúvida, um instrumento fascinante. Quando me deparei com ele pela primeira vez, escrevi que ele era uma resposta brilhante para uma pergunta que ainda não havíamos descoberto qual era. Mas se a pergunta for como consertar o capitalismo ou destronar o tecnofeudalismo, essa não é a resposta. Ambos são sistemas abrangentes e exploradores que, por natureza, têm o poder de cooptar inovações técnicas para seus próprios fins. Sob o capitalismo, as criptomoedas servem ao capital financeiro. Sob o tecnofeudalismo, elas ajudam e instigam a lógica da acumulação do capital-nuvem. Isso não quer dizer que a tecnologia das criptomoedas não se provará, em algum momento, útil para os progressistas. Se e quando conseguirmos socializar o capital-nuvem e democratizar nossas economias, as tecnologias do *blockchain* serão úteis.[15] Mas antes que tudo isso se torne remotamente possível, precisamos responder à mais premente das perguntas: qual é a alternativa ao tecnofeudalismo? E se a social-democracia é impossível e as criptomoedas são uma falsa promessa, como a construiremos?

Imaginar um novo presente

Uma razão por que nós, a esquerda, estamos chafurdando na derrota perpétua é nosso insucesso em responder à dura pergunta que em uma ocasião me fez um autointitulado "apoiador *cockney* do partido Tory",* que tinha ouvido que havia um socialista no recinto: "Se você não gosta do que nós temos, pelo que você substituiria? Como isso funcionaria? Sou todo ouvidos. Me convença!". Eu nem tentei. Não apenas por causa do barulho no pub lotado, o que significava que eu mal conseguia ouvir

---

* Partido político que surgiu no século XVII e teve sua dissolução no século XIX. Defendia os interesses da aristocracia e do alto clero, sendo sucedido pelo Partido Conservador e Unionista. Atualmente, a expressão tory é utilizada na Inglaterra como sinônimo de conservador. [N.E.]

meus próprios pensamentos, mas sobretudo porque me faltava uma resposta convincente.

Meu consolo foi que eu estava em excelente companhia. Karl Marx, não exatamente um homem que carecia de autoconfiança ou imaginação, se recusou a ir além de referências vagas ao socialismo ou ao comunismo que ele previa e queria que substituísse o Império do Capital. Por quê? A própria desculpa de Marx para não oferecer um projeto socialista era inteligente: está além das capacidades dos intelectuais de classe média trabalhando na sala de leitura da British Library ou conversando em suas salas de estar finas. É na verdade o proletariado que, ao buscar seus interesses coletivos, deveria e irá criar o socialismo à medida que avança – ou ao menos foi o que Marx disse. Hoje, nós sabemos pelas experiências soviética e da Europa Ocidental com a social-democracia que isso era idealismo: um projeto socialista começado pelas bases simplesmente não ocorreu, em lugar nenhum. Mas qual foi a minha desculpa? Tentar conjurar o projeto para uma utopia realista é difícil para burro, para não dizer arriscado. Só que sem uma resposta convincente para essa difícil pergunta, a perspectiva de recrutar pessoas para a causa da recuperação de nossas mentes, corpos e meio ambiente continuará perdida.

Algumas semanas depois daquele encontro no pub, eu me deparei com uma resenha de um livro que eu tinha escrito, aquele destinado à sua neta, sobre como o capitalismo funciona.[16] Era de autoria de um adversário político, o ministro da Fazenda irlandês da época. Ele me surpreendeu com algumas palavras gentis sobre o livro, mas, como era de se esperar, foi contundente em relação a meu apelo por mudança sistêmica: "Uma exortação pela criação de uma 'democracia autêntica' e pela propriedade coletiva da tecnologia e dos meios de produção", ele escreveu, "fica muito indigesta ao lado de seu apresso pelo empreendedorismo e pela iniciativa individual". Opa, eu pensei, o cara está certo. Tinha chegado a hora de parar de inventar desculpas e elaborar um projeto para um sistema alternativo convincente – que combinasse propriedade coletiva dos meios de produção, liberdade pessoal, espaço para reflexão inovadora e progresso tecnológico e, sim, democracia autêntica.

A tarefa era clara e intimidadora: eu tinha que explicar como a produção, a distribuição, a inovação, o uso da terra, a habitação, o dinheiro, os preços e um bando de outras coisas funcionariam numa sociedade que socializou a terra e o capital, incluindo sua variedade algorítmica baseada nas nuvens, alimentada por IA. Eu teria que explicar como o comércio internacional e os fluxos de dinheiro funcionariam. O que a democracia significaria e como ela funcionaria. Cá entre nós, nada menos do que pânico descreve meu estado de espírito ao me sentar para escrever um livro que parecia um dever que beirava o purgatório.

Levei um dia ou dois para chegar a um beco sem saída. Toda ideia que eu tinha para como as empresas seriam administradas ou como o dinheiro seria emitido imediatamente se espatifava contra os montes das minhas próprias objeções. O progresso era impossível. Então, eu tive uma epifania. O que faz um autor quando discorda de tudo o que ele mesmo escreve? Minha resposta foi escrever um romance povoado com personagens que representavam, cada uma, uma das diversas perspectivas que se acotovelavam por influência na minha cabeça.

Por fim, consegui reduzi-los a três personagens: Eva, uma ex-banqueira de Wall Street, manteria sob controle meu projeto de um ponto de vista liberal e tecnocrata (um que o já mencionado ministro da Fazenda irlandês deve apreciar). Iris, uma antropóloga aposentada, levaria para o romance uma perspectiva feminista-marxista que você iria adorar. E Costa, um brilhante tecnólogo desiludido por suas experiências profissionais na Big Tech, lançaria luz sobre o papel do capital-nuvem. Só que mais uma questão precisava ser resolvida.

O sujeito do pub queria saber de que maneira sua vida seria diferente sob meu sistema no aqui e agora, com as tecnologias atualmente à disposição, com nossa reserva humana existente, imperfeições e tudo. Eu não podia, em outras palavras, projetar um futuro tecnologicamente mais avançado. Nem povoar meu sistema alternativo com pessoas melhores, mais inteligentes ou mais bondosas do que as que encontramos no pub ou diante do espelho do banheiro. Para resumir, meu projeto teria que ser escrito como se já tivesse sido implementado. Só que, como a história tem importância, e tudo o que fazemos depende de como chegamos até lá, seria insensato descrever meu sistema como se ele existisse em 2020 – o ano em que o livro seria publicado – sem explicar como ele tinha surgido. Em outras palavras, eu precisava de uma história alternativa crível de uma revolução política e social que teria ocorrido em algum ponto do passado. Para esse fim, eu escolhi o ano de 2008 como o ponto em que essa história alternativa divergia da nossa própria. Na minha história, eu imaginei o que poderia ter acontecido se os protestos e rebeliões que surgiram na esteira do *crash* – concentrações como o Occupy Wall Street, os *indignados* da Espanha, e os protestos em Atenas na praça Sintagma – tivessem de fato sido bem-sucedidos.

E, no entanto, me parecia importante que meus três personagens de algum modo mantivessem um pé no lado do leitor da história – nossa falha realidade tecnofeudal – a partir do qual avaliar e criticar o sistema alternativo que eu estava conjurando. Como isso poderia funcionar? Mentes não contaminadas pela ficção científica podem achar isso absurdo, mas tendo esbanjado – como você bem sabe – parte da minha juventude mergulhado na ficção científica, onde universos paralelos e buracos de minhoca são corriqueiros, a sorte estava lançada: eu imaginaria duas realidades paralelas. Uma, a nossa própria, na qual o leitor, eu, Eva, Iris e Costa vivemos. E outra em que versões alternativas de nós mesmos habitam um mundo em que o tecnofeudalismo foi substituído por um socialismo de base tecnológica. (No livro, ele é chamado de anarcossindicalismo – mas um termo mais simples seria tecnodemocracia.) A trama seria desencadeada quando uma invenção de Costa abrisse um portal para correspondências escritas entre as duas realidades, permitindo que as personagens oferecessem umas às outras descrições de seus mundos alternativos.

Minha resposta para o sujeito do pub, para o ministro da Fazenda irlandês, para qualquer um que deseje saber qual é a alternativa ao tecnofeudalismo que estou propondo, pode ser encontrada nas páginas do livro resultante: *Another Now: Dispatches from an alternative present*.[17] A seguir está um resumo dele, sem as diversas perspectivas, objeções e debates de minhas três personagens, mas compactado de maneira simples em breves vislumbres da minha alternativa ao tecnofeudalismo. Pronto para imaginar Outro Agora?

Empresas democratizadas

Imagine uma empresa em que cada funcionário tem uma única ação, que recebe quando é contratado, do jeito que um estudante retira um cartão da biblioteca quando se matricula na universidade. Essa ação, que não pode ser vendida ou alugada, concede um voto a cada funcionário. Todas as decisões – contratações, promoções, pesquisas, desenvolvimento de produtos, precificação, estratégia – são tomadas coletivamente, com cada funcionário efetuando seu voto por meio da intranet da empresa, que assim funciona como uma assembleia permanente dos acionistas. Só que propriedade igualitária não significa pagamento igualitário.

O pagamento é determinado por um processo democrático que divide a receita da empresa após os impostos em quatro fatias: uma para cobrir os custos fixos da empresa (como equipamentos, licenças, contas de serviços, aluguel e pagamento de juros), outra reservada para pesquisa e desenvolvimento, uma fatia com a qual são feitos os pagamentos básicos da equipe e, por último, uma fatia para bônus. Mais uma vez, a distribuição entre essas quatro fatias é decidida coletivamente, com base em um voto por pessoa.

Qualquer proposta para aumentar uma fatia deve ser acompanhada por uma proposta para reduzir o dispêndio em uma ou mais das outras fatias. Propostas concorrentes são levadas a uma votação na qual os funcionários-acionistas classificam cada proposta em ordem de preferência por meio de uma cédula eletrônica. Se nenhum plano ganhar uma maioria absoluta das primeiras opções, acontece um processo de eliminação. O plano com menos primeiras opções é eliminado e seus votos como primeira opção são realocados para a segunda opção do eleitor. Esse processo algorítmico simples é repetido até que um plano de negócios tenha obtido mais da metade dos votos.

Depois de determinar a quantidade de dinheiro que a empresa irá despender nas diversas fatias, a fatia dos pagamentos básicos é então dividida igualmente entre todos os funcionários – de pessoas recentemente contratadas como secretárias ou na limpeza até os projetistas ou engenheiros mais estrelados da empresa. O que deixa uma importante pergunta sem resposta: como eles decidem a distribuição da fatia do bônus entre a equipe? A resposta é por meio de uma variante do sistema de votação que o Eurovision Song Contest tornou famoso, no qual cada país participante recebe um número de pontos que pode alocar para as canções de cada um dos outros países. Nesse espírito, uma vez por ano, os funcionários recebem cem fichas digitais para distribuir entre seus colegas. A ideia é simples: você destina essas fichas aos colegas que acredita terem contribuído mais durante o ano anterior. Depois de distribuídas as fichas, a fatia total de bônus é alocada proporcionalmente ao número de fichas que cada funcionário recebeu dos colegas.

O impacto de legislar um sistema de governança corporativa desse tipo seria o equivalente a um enorme cometa caindo no leito rochoso do tecnofeudalismo. No nível mais superficial, libertaria os empregados da tirania de gerentes egoístas, mas em um nível estrutural faria muito mais. Primeiro, eliminaria a distinção entre salários e lucros; assim temos propriedade coletiva e eliminamos a divisão de classe fundamental entre aqueles que são proprietários e que recolhem lucros ou rendas e aqueles que alugam seu tempo por um salário. Também abolimos o mercado de ações – apenas um funcionário pode ser dono de uma ação de uma empresa, e apenas de uma ação que não pode ser vendida ou alugada – cortando assim o cordão umbilical que liga as finanças à especulação do mercado de ações. Em uma tacada, acabamos com a financeirização e destruímos as participações privadas. Também, provavelmente, acabamos com a necessidade de reguladores cujo trabalho é desmembrar grandes corporações antes de elas estabelecerem monopólios. Como a tomada de decisões coletivas se torna difícil para além de determinado tamanho – digamos, 500 pessoas –, parece muito provável que os funcionários-acionistas não formariam conglomerados e, no caso daqueles já formados, os desmembrariam em empresas menores.

A maioria das pessoas que conheço, incluindo gerações de estudantes para os quais lecionei, presumem que capitalismo é equivalente a mercados. Que o socialismo deve significar o fim dos preços como sinais para os produtores e os consumidores. Nada poderia estar mais longe da verdade. As empresas capitalistas são zonas livres de mercado em que um processo não mercadológico extrai dos funcionários o mais-valor, que então toma a forma de renda, lucro e juros. Quanto maior a empresa, e quanto mais capital-nuvem ela emprega, maiores as rendas que ela extrai de uma sociedade cujos mercados, como resultado, funcionam mal.

Em contrapartida, as empresas democratizadas que proponho aqui, e em *Another Now*, são mais consistentes com mercados competitivos e funcionais em que os preços – livres do flagelo da renda e do poder de mercado concentrado – são formados. Em outras palavras, eliminar as empresas capitalistas, por meio da dissolução dos mercados de ações e de mão de obra, abre caminho para mercados de produtos verdadeiramente competitivos e para um processo de formação de preços que aciona o grande o motor do empreendedorismo e da inovação que o pensamento convencional, erroneamente, associa ao capitalismo.[18]

O que tudo isso significaria para os capitalistas-nuvem? Os vários Bezos, Zuckerbergs e Musks acordariam e descobririam que detêm uma única ação de "suas" empresas, que lhes renderia um único voto. Em cada um dos itens da agenda de tempo contínuo do processo de tomada de decisões da Amazon, do Facebook, do Twitter ou da Tesla, eles teriam que convencer uma maioria de seus companheiros funcionários-acionistas igualmente empoderados. O controle sobre o capital-nuvem da empresa, incluindo os onipotentes algoritmos em seu cerne, seria democratizado, pelo menos dentro dos limites da empresa. Ainda assim, a potência do capital-nuvem não seria menor – sua natureza como um meio de modificação de comportamento produzido continuaria inalterada –, e então a boa sociedade precisaria de mais proteções contra ela.

Uma proteção desse tipo seria uma Lei de Responsabilidade Social estipulando que cada empresa fosse classificada de acordo com um índice de mérito social, a ser compilado por painéis de cidadãos selecionados aleatoriamente, equivalentes a jurados, escolhidos a partir de um grupo diverso de partes interessadas: os clientes da empresa, os membros das comunidades que ela afeta e assim por diante. Se a classificação de uma empresa ficar consistentemente abaixo de determinado limiar, uma consulta pública pode resultar na dissolução da empresa. Uma segunda e ainda mais pertinente proteção social é proporcionada pela interrupção dos serviços "gratuitos".

Aprendemos por mal o que acontece quando os serviços são financiados pela venda da atenção dos usuários a terceiros. Isso transforma os usuários em servos das nuvens, cujo trabalho aumenta e reproduz o capital-nuvem, estreitando ainda mais seu controle sobre nossas mentes e comportamento. Para substituir a ilusão de serviços gratuitos, nossa realidade alternativa apresenta uma plataforma de micropagamentos, que vamos chamar de "Um tostão por seus pensamentos". Ela funciona mais ou menos como o modelo de assinatura da Netflix, mas combinado com o princípio de provisão universal do Sistema Nacional de

Saúde britânico. Desenvolvedores de aplicativos que precisem de nossos dados precisam pagar para obtê-los de usuários que deem seu consentimento, protegidos por uma Lei de Direitos Digitais que nos garanta todo o direito de escolher que dados desejamos vender e para quem. A combinação da plataforma de micropagamentos com a Lei de Direitos Digitais elimina, na prática, o modelo atual do mercado de captura de atenção. Ao mesmo tempo, qualquer pessoa que use um app paga ao desenvolvedor pelo acesso a ele. As somas envolvidas são pequenas para os indivíduos, mas para um app com um grande conjunto de usuários, elas se acumulam. Isso não impediria algumas pessoas de conseguir arcar com os serviços digitais de que precisam? Não, por causa do modo como o dinheiro funciona nesse sistema alternativo.

Dinheiro democratizado

Imagine que o banco central forneceu a todos uma carteira digital gratuita, efetivamente uma conta bancária gratuita. Para atrair pessoas para usá-la, um estipêndio (ou dividendo básico) é creditado mensalmente em cada conta, tornando a renda básica universal uma realidade. Dando um passo além, o banco central paga juros àqueles que transferem suas importâncias de suas poupanças em bancos comerciais para suas novas carteiras digitais. Com o tempo, se seguiria um êxodo massivo, se não total, à medida que as pessoas transferissem suas economias dos bancos privados para esse novo sistema de pagamentos e poupanças público e digital. Isso não exigiria que o banco central emitisse uma imensa quantidade de moeda?

Sim, o dinheiro dos estipêndios terá de ser emitido, ainda que não a uma taxa superior às quantidades que os bancos centrais vêm emitindo desde 2008 para reforçar bancos privados permanentemente instáveis.[19] Quanto ao resto do dinheiro, ele já foi emitido pelos bancos privados. Tudo o que acontece aqui é que ele migra dos livros-razão arriscados dos bancos privados para o livro-razão seguro do banco central. Quando as pessoas e as empresas começarem a fazer pagamentos umas às outras usando esse sistema, todo o dinheiro permanecerá no livro-razão do banco central, indo de uma parte dele para outra a cada transação, em vez de ficar disponível para os banqueiros e seus acionistas apostarem com ele.

Isso transforma os bancos centrais de servos complacentes dos banqueiros privados em algo parecido com um *commons* monetário. Para supervisionar suas operações, incluindo a quantidade de dinheiro no sistema e a privacidade das transações de cada pessoa, o banco central responde a um Júri de Supervisão Monetária, que também o monitora e é constituído de cidadãos selecionados aleatoriamente e de especialistas de uma ampla gama de profissões.

E quanto aos investimentos? Nesse sistema, você pode emprestar suas economias para uma start-up ou uma empresa madura, mas não pode comprar um quinhão de empresa nenhuma – já que as ações são distribuídas apenas na base de uma ação por funcionário. Em vez disso, você pode emprestar sua poupança diretamente, ou usando a carteira digital do banco central ou por meio de um intermediário –, mas com esta estipulação crucial: esse intermediário não pode emitir moeda do nada, como os bancos hoje fazem sempre que concedem um empréstimo, e sim devem negociar com fundos já existentes de poupadores de fato existentes.

E quanto à taxação? Lembre-se de que há três tipos de rendimentos. Primeiro, os dividendos básicos creditados nas carteiras digitais dos cidadãos pelo banco central. Segundo, ganhos do trabalho nas empresas democratizadas, compostos de salários básicos mais os bônus. Terceiro, os juros pagos aos poupadores pelo banco central ou por intermediários privados. Nenhum desses rendimentos é taxado. Assim como não há impostos sobre vendas, IVA ou qualquer coisa do tipo. Então quem financia o Estado? Cada empresa o faz, por meio de um imposto fixo sobre todas as receitas, por exemplo, 5%. Perceba que essa é uma porção fixa da receita total, não dos lucros, o que impede o escopo infinito de truques de contabilidade que disfarçam despesas como custos para diminuir os rendimentos taxáveis. Os únicos outros impostos recaem sobre terras e edifícios comerciais, discutidos mais adiante.

Quando se trata de comércio e pagamentos internacionais, um novo sistema financeiro internacional garante transferências de riqueza contínuas para o Sul Global, restringindo, ao mesmo tempo, os desequilíbrios comerciais e financeiros do tipo que infla bolhas e provoca *crashes* financeiros. A ideia é que todo o comércio e toda a movimentação financeira entre jurisdições monetárias diferentes – como Reino Unido, Alemanha, China e Estados Unidos – estejam denominados em uma unidade contábil internacional digital que eu chamo de Kosmos. Se o valor em Kosmos das importações de um país excede o de suas exportações, é cobrado do país um *tributo sobre o desequilíbrio*, proporcional a seu déficit comercial. Do mesmo modo, se as exportações de um país excederem suas importações, também é cobrado o mesmo tributo proporcional a seu superávit comercial. Isso acaba com a motivação mercantilista para um país extrair persistentemente valor de outro país vendendo-lhe mercadorias de maior valor do que aquelas que importa dele, e, subsequentemente, para lhe emprestar dinheiro para continuar comprando – uma forma de financiamento pelo fornecedor que coloca o país mais fraco em uma eterna servidão por dívida.

Enquanto isso, um segundo *tributo sobre alta* é cobrado da conta Kosmos de um país sempre que dinheiro demais é movimentado saindo ou entrando do país rápido demais. Por décadas, países em desenvolvimento foram prejudicados sempre que o *"smart" money*, percebendo crescimento econômico futuro (por exemplo, Coreia do Sul, Tailândia, alguns países africanos), se precipitava para comprar terras e empresas antes que seus preços subissem. À medida que os influxos de dinheiro aumentavam, os preços das terras e das empresas disparavam, e expectativas falsas a respeito do nível de crescimento se firmavam, inflando assim as bolhas. Assim que as bolhas estouravam, como sempre estouram, o *"smart" money* saía correndo do país mais rápido do que tinha entrado, deixando apenas vidas e economias arruinadas para trás. O propósito, portanto, do *tributo sobre alta* é taxar essas movimentações especulativas de dinheiro para deter o dano desnecessário aos países mais frágeis.[20] O produto desses dois tributos é então usado para financiar investimentos sustentáveis diretos no Sul Global.

O sistema de uma ação por funcionário tem efeitos revolucionários: ele coloca um ponto-final nos mercados de ações e de mão de obra e no Império do Capital, democratiza os locais de trabalho e diminui organicamente o tamanho dos conglomerados. A reconfiguração do livro-razão do banco central como um sistema de pagamentos e poupança gratuitos tem efeitos igualmente revolucionários: sem banir de fato os bancos privados, ela puxa seu tapete ao nos livrar de nossa dependência deles para realizar pagamentos ou guardar nossas economias. Além do mais, a provisão de dividendo básico revoluciona o nosso modo de pensar o trabalho, o tempo e o valor, nos livrando da opressiva equação moral da labuta e da virtude remuneradas. Por fim, o sistema Kosmos equilibra o fluxo e o refluxo internacional de bens e dinheiro, impedindo a exploração de economias mais frágeis pelas mais poderosas e financiando investimentos sustentáveis nas partes do mundo onde eles são mais necessários.

Esses são os pilares fundamentais de uma economia livre da tirania do capital e, assim, nega-se ao tecnofeudalismo a base de que ele precisa para nos controlar. A pergunta agora surge: como exatamente livramos nossas sociedades da tirania da renda – o velho tipo de renda da terra, que sobreviveu à derrota do feudalismo pelo capitalismo, e das rendas das nuvens de que agora o tecnofeudalismo depende?

As nuvens e a terra como bens comuns

O café está quase pronto. Seu laptop está inicializando. Pouco depois, com a caneca de café na mão, você está lendo atentamente o *feed* de notícias da manhã de um site de mídia operado pela biblioteca do seu bairro. O primeiro item das notícias trata de um referendo local iminente, o segundo fala do esforço brasileiro para compensar seus povos originários por décadas de extração de madeira ilegal, o terceiro relata um debate entre os membros atuais do Júri de Supervisão Monetária sobre se o banco central deve baixar a taxa de juros que os poupadores recebem ou, alternativamente, aumentar o dividendo básico de todos. O noticiário está um pouco árido para o seu gosto, então, cuidadosamente evitando as páginas de esportes, você clica na sua seção favorita dedicada à arqueologia, que é constantemente atualizada por pesquisadores do mundo todo. Ah, sim, isso, sim, faz seu coração bater mais rápido!

Seu *feed* de notícias e as seções que o acompanham são compilados por um algoritmo calibrado e mantido pelo centro de mídia público local, que, por sua vez, é de propriedade de seu município, mas é controlado por pessoas locais selecionadas por meio de uma combinação de sorteios e votações. Às vezes, você fica entediado com o *feed* de notícias deles e se volta para um mapa mundial digital cheio de pontos, cada um representando outros centros de mídia públicos digitais cujos *feeds* de notícias você consegue acessar com um único clique.

Sempre que você visita um centro de mídia de fora da sua área, um pagamento ínfimo deixa sua conta no banco central e ajuda a financiar as boas pessoas que lhe oferecem uma janela para o mundo delas. Não há anúncios, não há algoritmos de modificação comportamental. Quanto a esses pagamentos ínfimos, eles são insignificantes se comparados ao dividendo básico que lhe é pago mensalmente pelo banco central. Além disso, pagá-los faz você se sentir bem. Eles lhe rendem – e a todas as outras pessoas – civilização. Eles lhe oferecem uma vitrine para o mundo, para centros de mídia colaborativa espalhados por todo o planeta, procurando ao máximo oferecer "informação boa, diversa e empolgante, conhecimento e um toque de sabedoria" – como seu portal de mídia local anuncia seus artigos.

Com sua caneca de café vazia, é hora de ir trabalhar. Você clica no app de transporte do seu telefone, também oferecido por seu município, e então clica de novo em "trabalho". Aparece uma lista de tarifas oferecidas por diversas cooperativas de motoristas, junto com a informação de onde e quando você pode pegar o ônibus ou trem mais próximo. Você se lembra com um breve calafrio da época da Uber e da Lyft, aqueles feudos das nuvens que exploravam o trabalho dos motoristas, transformando-os em proletários das nuvens, e os dados dos passageiros, transformando-os em servos das nuvens. A lembrança ruim se dissipa quando você se lembra de que, hoje em dia, os proprietários-motoristas e os funcionários do transporte público controlam os algoritmos – não o contrário. E você parte com um impulso no passo, agora que já não é empregado por uma empresa capitalista, de propriedade de obscuras empresas de fachada, que o tratavam como uma mistura de robô e forragem humana. A vida ainda é um campo minado de preocupações, sobretudo porque talvez tenhamos arruinado o clima irreparavelmente, mas pelo menos o trabalho não é sistematicamente devastador para a alma.

No trabalho, você tem um app no seu telefone que lhe dá acesso a todos os tipos de cédulas de votação para acionistas-funcionários, em algumas das quais você vota – e algumas que você opta por pular. Se tem uma ideia para um novo modo de fazer as coisas ou um novo produto, você a posta no Quadro de Ideias da empresa e espera para ver quem, entre seus colegas, quer trabalhar com você para desenvolvê-la. Se ninguém quiser, você ainda pode seguir em frente e voltar a postar a ideia quando ela estiver mais madura. As coisas não são perfeitas. A natureza humana sempre encontra maneiras de arruinar as coisas mesmo no melhor dos sistemas. Seus colegas, se formarem maioria, podem votar para você ser demitido. Mas a atmosfera no trabalho é agora de responsabilidade compartilhada, o que reduz o estresse e cria um ambiente no qual o respeito mútuo tem mais chance de florescer.

No seu caminho para casa, quando seu táxi deixa a área comercial, você se lembra da *época triste* em que, para ter um lugar para morar, as pessoas tinham que optar entre a servidão por dívida de hipoteca e o aluguel; entre uma vida como cativo de um banqueiro ou de um senhorio; entre taxas de hipoteca predatórias e aluguéis rapinantes. Agora, cada região é administrada por uma Associação Distrital que supervisa a divisão de terras entre regiões comerciais e sociais, de modo que os aluguéis recolhidos do primeiro financiam a provisão de habitação social do segundo. Como é de praxe, as pessoas que presidem a Associação Distrital são selecionadas aleatoriamente – com a ajuda de um algoritmo que garante a representação justa dos diversos grupos e comunidades de um distrito. A moradia já não é uma fonte constante de ansiedade, e, sim, um lugar em que você se sente capaz de criar raízes no longo prazo.

Deixarei você imaginar o restante da sua vida nesse presente alternativo, enquanto explico um pouco mais sobre seu aspecto mais crucial: a posse da terra e da propriedade, a mais antiga das fundações dos sistemas feudal e capitalista, e a partilha de poder.

O segredo do sistema de cobrança de aluguéis na região comercial é um Programa Permanente de Sublocação em Leilão (PPSL), um mecanismo projetado para garantir que as comunidades possam extrair o máximo de renda de suas regiões comerciais para investir em suas regiões sociais. O PPSL funciona mais ou menos como aquele truque famoso para dividir um bolo de maneira justa entre duas pessoas: uma corta, a outra escolhe. No mesmo espírito, o PPSL cria um leilão permanente que opõe os atuais ocupantes de um espaço comercial aos ocupantes em potencial.

Uma vez por ano, na condição de ocupante atual da região comercial, você deve visitar o PPSL e submeter a valoração da sua propriedade baseada em duas regras. Primeiro, o PPSL irá computar seu aluguel mensal como uma porção fixa de seu valor de mercado autodeclarado – sem auditorias, sem burocracia, sem pechincha, sem corretores imobiliários. Ótimo, não é? Mas aqui vem a segunda regra: qualquer um pode, a qualquer altura no futuro, ir ao PPSL e oferecer uma valoração mais alta, em cujo caso você está fora, e essa pessoa, dentro, no prazo de seis meses. Essa segunda regra garante que você tenha um incentivo para declarar sua valoração tão fiel e precisamente quanto puder. Se você exagerar na sua verdadeira valoração, vai acabar pagando um aluguel mais caro do que ele vale. E se você subvalorar, aumenta as chances de se arrepender de sua valoração – assim que alguém oferecer um valor mais alto, mais próximo da verdadeira valoração, e ao fazer isso o colocar para fora.

A beleza do PPSL é que a Associação Distrital não tem que fixar aluguéis na região comercial. Na primeira instância, seu trabalho é simplesmente decidir quais terras e prédios designar às regiões comerciais e quais às regiões sociais. Se reservarem terras demais para as regiões sociais, terão menos dinheiro para investir nelas. Em contrapartida, expandir as regiões comerciais deixa menos espaço para habitação social e empreendimentos sociais. Uma vez que a Associação Distrital tiver decidido como resolver esse equilíbrio, sua segunda e mais difícil tarefa a aguarda: definir o critério de acordo com o qual as habitações sociais – sobretudo as casas mais desejadas – serão distribuídas. Esse é o problema mais difícil de resolver. Então, quem está na Associação Distrital é crucial.

Uma Associação Distrital eleita substituiria a tirania da posse da terra pela tirania dos sistemas eleitorais, que têm uma propensão inerente para gerar hierarquias poderosas. Sabendo disso, os antigos democratas atenienses se opuseram às eleições e as substituíram por sorteios – a ideia que está na raiz dos sistemas de júris ocidentais. Se existe alguma coisa capaz de recriar um *commons* da terra numa sociedade tecnologicamente avançada, essa coisa é sem dúvida sua Associação Distrital, composta de moradores selecionados aleatoriamente.

O mesmo princípio se estende para além das regiões e dos distritos, até a governança da nação como um todo, que acontece com a ajuda de uma Assembleia de Cidadãos nacional. Composta de cidadãos selecionados aleatoriamente de todo o território, ela funciona como uma área de testes de ideias, políticas e legislação. A deliberação pelos membros do seu júri ajuda a dar forma às leis que o Parlamento posteriormente irá debater e aprovar.[21] O *demos*, finalmente, foi recolocado na democracia.

Uma rebelião das nuvens para derrubar o tecnofeudalismo

Ao longo deste livro, esbocei o sistema que passei a acreditar que está substituindo, e que em muitos contextos já substituiu, o capitalismo: o sistema que chamo de tecnofeudalismo. Sempre que apresentei esse argumento no passado, ele foi invariavelmente recebido com consternação e até ira entre pessoas da esquerda. É compreensível: qualquer um que encontre conforto, como você encontrava, pai, na esperança de que o capitalismo está destinado a ser substituído pelo socialismo, como Marx previu que seria, está fadado a se sentir desenganado e desalentado com o fato de que o pós-capitalismo chegou, mas não o socialismo – aliás, com o fato de que o sistema que o substituiu é ainda pior. Só que há outra razão ainda mais perturbadora para a reação deles.

Um ativista marxista uma vez me explicou isso esplendidamente: "Yanis, se você estiver certo de que a exploração acontece para além dos limites das empresas capitalistas", ele disse, com uma honestidade desconcertante, "então organizar o proletariado nunca vai ser o bastante!". Esse é exatamente o meu argumento. Não estou sugerindo que organizar operários, condutores de trem, professores e enfermeiros não é mais necessário. O que estou dizendo é que isso está longe de ser suficiente. Em um mundo cada vez mais dominado pelo capital-nuvem, que é amplamente produzido pela mão de obra gratuita de servos das nuvens não remunerados, organizar o proletariado – e, aliás, o precariado – não vai bastar. Para termos qualquer chance de derrubar o tecnofeudalismo e devolver o *demos* à democracia, precisamos unir não apenas o proletariado tradicional e os proletários das nuvens, mas também os servos das nuvens e, na verdade, pelo menos parte dos capitalistas vassalos. Nada menos do que uma grande coalizão desse tipo, que inclua todos eles, pode abalar suficientemente o tecnofeudalismo.

Isso talvez soe como uma exigência enorme – e é. Mas a resistência ao poder exorbitante do capital sempre foi uma exigência enorme. Quando penso no que era necessário para organizar um sindicato no século XIX, eu estremeço. Operários, mineiros, estivadores, tosquiadores, costureiras encaravam as agressões da polícia montada e a violência de brutamontes a mando dos capitalistas. Sobretudo, eles encaravam perder o emprego, numa época em que renunciar a um salário de um dia significava que sua família passaria fome. Mesmo quando conseguiam levar a cabo uma greve com êxito, qualquer aumento de salário que obtinham era dividido com os não grevistas, piorando um cálculo que já pesava muito contra a mobilização. E ainda assim eles se mobilizavam. Eles o faziam na contramão das probabilidades, esperando prejuízos pessoais imensos e certos em troca de alguns poucos e incertos benefícios compartilhados.

O tecnofeudalismo ergue uma nova e grande barreira à mobilização contra ele. Mas também atribui um grande novo poder aos que ousam sonhar com uma coalizão para derrubá-lo. A nova e grande barreira é o isolamento físico entre os servos das nuvens e os proletariados das nuvens. Nós interagimos com o capital-nuvem e estamos sujeitos a ele através de nossas telas individuais, através de nosso celular pessoal, através dos aparelhos digitais que monitoram e administram os funcionários dos depósitos da Amazon. A ação coletiva fica ainda mais difícil quando as pessoas têm menos oportunidades de se reunir. Mas aqui reside o grande poder que o capital-nuvem apresenta aos seus rebelados em potencial: uma capacidade de construir coalizões, se organizar e agir através das nuvens.

Em seus primeiros tempos, essa era uma das promessas do Twitter, é claro: que ele poderia possibilitar a mobilização das massas. Da Primavera Árabe ao Black Lives Matter, vimos até que ponto essa promessa foi concretizada e até que ponto não foi. Mas não estou falando apenas sobre uma mobilização *através* das nuvens, e sim sobre ações que poderiam de fato acontecer usando os sistemas e as tecnologias *da* nuvem. Em *Another Now* eu imaginei uma ação global visando uma empresa capitalista-nuvem de cada vez – a começar pela Amazon. Imagine uma coalizão internacional de sindicatos conclamando os funcionários dos depósitos da Amazon no mundo todo a não comparecerem por um dia.²² Sozinha, uma ação dessas é frágil. Mas não se uma campanha mais ampla convencesse suficientes usuários e clientes no mundo todo a não entrar no site da Amazon apenas por aquele um dia, para resistir ao seu status de servos ou vassalos naquela pequena janela de tempo. A inconveniência pessoal envolvida seria trivial, mas seus efeitos cumulativos seriam impressionantes. Mesmo que essa ação fosse apenas moderadamente bem-sucedida, provocando, digamos, uma queda de 10% nas receitas habituais da Amazon, enquanto a greve nos depósitos tumultuasse as entregas por vinte e quatro horas, tal ação poderia se provar o suficiente para baixar o preço das ações da Amazon de maneiras que nenhuma ação trabalhista tradicional poderia lograr. É assim que os proletários das nuvens e os servos das nuvens podem se unir de modo efetivo. É isso que chamo de *mobilização nas nuvens*.

A beleza da mobilização nas nuvens é que ela coloca em xeque o cálculo convencional da ação coletiva. Em vez de um sacrifício pessoal máximo para um ganho coletivo mínimo, agora temos o contrário: sacrifício pessoal mínimo gerando grandes ganhos pessoais e coletivos.²³ Essa inversão tem o potencial de abrir caminho para uma coalizão de servos das nuvens e proletários das nuvens ampla o bastante para abalar o controle dos capitalistas-nuvem sobre bilhões de pessoas.

Naturalmente, ações desse tipo contra uma ou até várias grandes empresas capitalistas-nuvem não serão o bastante. A rebelião das nuvens que visualizo terá de recrutar para sua causa muitas bases diferentes – incluindo, por exemplo, qualquer um que perca o sono quando chega sua conta de luz ou de água. Habilmente calculadas, greves de pagamento direcionadas poderiam ser usadas para provocar uma queda equivalente nos preços de ações e derivativos de empresas privadas de serviços públicos. Se levadas a cabo na hora certa, essas greves pacíficas de guerrilha poderiam fazer muito para prejudicar a influência política e econômica de conglomerados cujos destinos estão cada vez mais misturados com o das finanças das nuvens. A rebelião poderia angariar apoio internacional também se lançasse mão, digamos, de um boicote de consumidores nos Estados Unidos para atingir especificamente uma empresa por sua opressão de trabalhadores na Nigéria ou pela destruição de reservas naturais no Congo.

Outra campanha poderia envolver solicitar indicações de pessoas do mundo todo para empresas com os piores históricos de contratos de zero horas ou baixos salários, com as maiores pegadas de carbono ou más condições de trabalho, ou as que têm o costume de "enxugar os negócios" para impulsionar o valor das ações – e então organizar uma retenção maciça de contribuições para fundos de pensão que detêm ações nessas empresas. Tão somente anunciar ter um fundo de pensão como alvo seria o bastante para fazer suas ações despencarem e provocar um êxodo de investidores preocupados de fundos de investimentos relacionados a ele.

Inspirado pelo Wikileaks, eu imaginei em *Another Now* um grupo de rebeldes escrevendo e fazendo o upload de vírus digitais cujo propósito seria simplesmente a transparência: rastrear e revelar para o mundo as conexões digitais ocultas entre capitalistas-nuvem, agências governamentais e atores nocivos, como empresas de combustível fóssil. Como e se isso é possível eu não sei, mas estou convencido de que, se por quaisquer meios essas instituições soubessem que tinham bilhões de olhos treinados observando suas ações, ficariam paralisadas – e conforme as vendas caíssem desses bilhões de olhos, a coalizão ganharia ainda mais aliados e apoio.

Nada disso é fácil ou inevitável. Mas é mais difícil ou menos provável do que aquilo que os mineiros, as costureiras e os estivadores idealizaram e sacrificaram suas vidas para conquistar no século XIX? A nuvem tira – mas a nuvem também dá àqueles que desejam recobrar liberdade e democracia. Cabe a eles, a nós, decidir e provar qual desses dois é maior.

De volta à sua pergunta, uma última vez

O seu eu mais jovem tinha percebido algo importante. O capital privado, você deduziu lá nos anos 1940, só pode ser de propriedade de muito poucos. Enquanto ele for de propriedade privada, está em sua natureza se concentrar. Mas capital concentrado quer dizer poder concentrado, o que quer dizer que, a não ser que a sociedade assuma o controle do capital, tudo é vão: liberdade, autonomia, social-democracia,

democracia liberal – todos termos vazios empregados no negócio de embelezar e adornar uma inevitável Tirania do Capital.

Quando, em 1981, os socialistas levaram as eleições gerais gregas com uma vitória esmagadora, você ficou feliz por não termos mais que temer a polícia secreta. Ainda assim, enquanto todos ao seu redor se embriagavam com o espírito do momento, você permaneceu desafiadoramente pessimista. Sem a democratização do trabalho, você insistia, a social-democracia é impossível, por mais bem-intencionados ou espertos que sejam os sociais-democratas no governo. A história ficou do seu lado, mas não de um modo que lhe agradou.

Nossa maior derrota foi, é claro, não o fracasso da social-democracia na Grécia ou em qualquer outro lugar. Foi o fracasso da experiência soviética, a única tentativa em grande escala de colocar o capital sob o controle da sociedade. Ela produziu inovações significativas, tanto na ciência quanto na tecnologia. Mas o sistema de planificação central soviético não conseguiu colocá-las a serviço da sociedade. Os cientistas soviéticos inventaram a cibernética, décadas antes do Google ou da Amazon, com o potencial de coordenar as preferências e os esforços das pessoas automaticamente. Só que o sistema hierárquico soviético não conseguiu explorar isso em benefício da sociedade à qual devia servir. E, assim, um autoritarismo estarrecedor e a estafa diária levaram à derrota total em 1991.

Em seguida, o capital privado se viu livre para entrar num destrutivo furor mundial que culminou no *crash* de 2008 e na ascensão de sua mutação mais formidável – um capital baseado nas nuvens com um poder monstruoso para usurpar mentes e mercados. Graças aos fundos inesgotáveis dos bancos centrais, com os quais os capitalistas-nuvem criaram seus impérios, todos nós agora estamos, como o Movatar de Stelarc, ligados aos circuitos do tecnofeudalismo.

Então, aqui está, pai, a resposta para a sua pergunta. Ela traz notícias boas e ruins. A notícia ruim é que a internet gerou uma forma de capital que deu cabo do capitalismo, mas o substituiu por algo muito pior. A notícia boa é que agora temos à nossa disposição ferramentas que nem os soviéticos nem os sociais-democratas reformistas um dia tiveram, e com as quais podemos reestabelecer um novo *commons*. Resumindo, vivemos sob uma nova forma de servidão, mas temos nas mãos uma oportunidade de ouro, até então inédita, para realizar seu sonho de um comunismo de hierarquia invertida, maximizador da liberdade e do lazer.

Qual é a probabilidade de que tiremos vantagem disso? E eu lá sei? Mas, de novo, as pessoas como nós em, digamos, 1776 poderiam de modo realista ter imaginado o sufrágio universal ou a abolição da escravatura? O que eu sei é o que você e Hesíodo me ensinaram: nossa habilidade impressionante para revoluções tecnológicas não nos deixa ficar parados. Ela nos impele violentamente para contradições – e para as escolhas que vêm com elas. Estamos nos aproximando rapidamente de uma bifurcação na estrada em que nosso caminho levará ou a um mundo semelhante ao de *Star Trek*, em que as máquinas nos ajudam a melhorar, ou a uma distopia como *Matrix*, em que os humanos são meramente o combustível que alimenta um império de máquinas.

Para a maioria das pessoas, tenho certeza, a barbárie, o Armagedom climático, a *Matrix* parecem muito mais prováveis do que qualquer desfecho positivo. Em contrapartida, sempre que as pessoas acreditaram que desfechos positivos estavam garantidos – estou pensando nos seus camaradas no campo de prisioneiros que acreditavam que um comunismo redentor estava logo ali –, o resultado foi ou um novo tipo de tirania ou a derrota. Você, em compensação, suportou as dificuldades daquele campo de prisioneiros apesar de nutrir dúvidas profundas no lugar das certezas dos seus camaradas. Hoje, nós devemos fazer o mesmo. Enquanto houver a mais remota chance de uma rebelião nas nuvens bem-sucedida, então nossa única chance de conquistar uma boa vida – de *eudaimonia*, ou prosperidade, que Aristóteles acreditava ser nosso objetivo final – é ter esperanças e agir sem a menor das garantias. No mínimo, não temos menos razões para perseverar do que você tinha naquele campo de prisioneiros infernal.

Marx celebremente descreveu nossa condição sob o capitalismo como "alienação" devido ao fato de não termos propriedade dos produtos de nosso trabalho, de não termos influência sobre como as coisas são feitas. Sob o tecnofeudalismo, já não temos propriedade sobre nossas mentes. Cada proletário está se tornando um proletário das nuvens durante o horário comercial e em um servo das nuvens no resto do tempo. Cada trabalhador autônomo empreendedor vira um vassalo das nuvens, e cada trabalhador autônomo precarizado se torna um servo das nuvens. Enquanto a privatização e as participações privadas dissiparem os ativos de toda a riqueza física que nos cerca, o capital-nuvem se encarrega de dissipar os ativos dos nossos cérebros. Para ter propriedade de nossos cérebros individualmente, devemos ter propriedade do capital-nuvem coletivamente. É o único meio de transformar nossos artefatos baseados nas nuvens de um meio produzido de modificação de comportamento em um meio produzido de colaboração e emancipação humana.

Servos das nuvens, proletários das nuvens e vassalos das nuvens do mundo, uni-vos! Não temos nada a perder além de nossos grilhões mentais!

Apêndice 1
A ECONOMIA POLÍTICA DO TECNOFEUDALISMO

Sob o feudalismo, o poder da classe dominante cresceu a partir da posse de terra que não estava disponível para a maioria, embora essa maioria estivesse presa à terra. Sob o capitalismo, o poder se originava da posse de capital que a maioria não possuía, mas com o qual tinha que trabalhar para ganhar a vida. Sob o tecnofeudalismo, uma nova classe dominante extrai poder da posse de capital-nuvem, cujos tentáculos enredam a todos. Neste Apêndice, depois de delinear como o capitalismo gerava valor, mais-valor e poder, vou esboçar a geração e a distribuição de mais--valor e poder em nossas sociedades tecnofeudais.

> AVISO: Minha perspectiva teórica a seguir não é ciência objetiva. Não poderia ser, porque nenhum economista pode afirmar ser objetivo ou científico (sobretudo aqueles que alegam sê-lo). Ao contrário dos ganhadores do Nobel de Física, que sempre se respeitam (mesmo que não gostem uns dos outros), dois ganhadores da distinção equivalente de economia (o prêmio do Banco da Suécia em ciências econômicas em memória de Alfred Nobel) costumam considerar um ao outro charlatões. Isso porque a economia é mais como uma filosofia (ou religião) adornada por equações complexas e estatísticas volumosas, oferecendo aos que falam sua língua um poder enorme sobre o restante que não fala.

> A economia é mais bem-vista como um terreno em disputa, no qual exércitos de ideias politicamente motivadas (algumas favorecendo as classes dominantes, outras as classes exploradas) se chocam impiedosamente para conquistar nossos corações e mentes. Que fique registrado que a análise a seguir segue a tradição dos economistas clássicos, como Adam Smith, David Ricardo, Karl Marx – com toques de John Maynard Keynes, John Kenneth Galbraith e Hyman Minsky.[1]

Capitalismo

A chave para entender como o capitalismo produz riqueza e a distribui está no valor, na mão de obra e no capital, cada um com uma natureza dual. A dualidade em suas naturezas foi a fonte dos grandes mais-valores a partir dos quais os lucros capitalistas se originaram. Esses lucros, junto com a dívida, financiaram a formação do capital cuja acumulação moldou o mundo moderno.

1. PRODUÇÃO DE MERCADORIAS

As mercadorias são bens ou serviços produzidos exclusivamente para serem vendidos, e não para serem experimentados ou oferecidos por seus produtores. Sob o capitalismo (mas também sob todos os sistemas pré-capitalistas), comprar e vender estava restrito aos mercados.

> 1.0 Mercados – Um mercado é qualquer local de comércio descentralizado onde compradores e vendedores se encontram livre e espontaneamente.

Nota: Eles podem ser menos ou mais competitivos, oligopolísticos (poucos vendedores, muitos compradores) ou oligopsônicos (muitos vendedores, poucos compradores); tendendo em seu limite ao monopólio (um único vendedor e muitos compradores) ou ao monopsônio. Os mercados definham quando tanto o número de compradores quanto o número de vendedores diminui, tendendo a um de cada lado (em cujo caso temos uma situação de barganha um para um, ou monopólio/monopsônio bilateral).

Nota: Sob o tecnofeudalismo, o comércio é centralizado e ocorre não em mercados, mas em feudos das nuvens (nas plataformas da Big Tech, por exemplo) criados e administrados pelos algoritmos do capital-nuvem, que emparelham compradores e vendedores – ver 2.2.3 a seguir.

1.1 As duas naturezas do valor
1.1.1 Valor-experiência
1.1.2 Valor de troca (ou de mercadoria)

O valor-experiência flui de qualquer experiência que os seres humanos valorizam; desde tomar um copo de água gelada quando com sede até apreciar um belo pôr do sol, resolver uma equação ou cantarolar uma música, fazer compras, se sentir valorizado. O valor-experiência é, portanto, um valor intangível, não quantificável, subjetivo, imprevisível.[2] Ele sempre existiu e sempre existirá enquanto os seres humanos forem scientes, independentemente de como organizamos a produção.

O valor de troca é o valor quantificável de uma mercadoria sob o capitalismo. Mais precisamente, o valor de troca de uma unidade de alguma mercadoria é mensurado pelo número de unidades de outras mercadorias pelo qual ela pode ser trocada. Ele se reflete no preço (mas não se reduz a ele – ver nota adiante) de um bem ou serviço que foi produzido para venda, não para ser experienciado ou oferecido por aqueles que o produziam (ou seja, uma mercadoria é destinada a compradores finais prontos a pagar pelo valor-experiência que obterão dela).

Nota: Quanto maior a competição entre diversos vendedores, mais precisamente o preço de uma mercadoria reflete seu valor de troca, que, por sua vez, é determinado pelo (ou reflete o) trabalho-experiência total (ver 1.2.1 adiante) despendido em sua produção por cada ser humano envolvido, direta ou indiretamente, em produzi-lo.

1.2 As duas naturezas do trabalho
1.2.1 Trabalho-experiência
1.2.2 Trabalho-mercadoria

O trabalho-experiência é o aspecto impreciso, não quantificável, imprevisível e ocasionalmente mágico do trabalho humano que, durante o processo de produção, insufla em uma coisa ou em um serviço a capacidade de transmitir valor-experiência (ver 1.1.1) a quem quer que experimente ou consuma o produto ou serviço final.[3] Em relação às mercadorias (que foram produzidas para venda), o trabalho-experiência é a contribuição humana que infunde nelas valor de troca durante o processo de produção (ver 1.1.2).

O trabalho-mercadoria é o pacote de tempo de trabalho e habilidades que um trabalhador aluga para um empregador. O valor de troca do trabalho-mercadoria é equivalente à soma do trabalho-experiência que outros trabalhadores colocaram nas mercadorias que o salário de um trabalhador assalariado consegue comprar. Da mesma maneira que o preço é o reflexo (raramente perfeito) do valor de troca de uma mercadoria, o salário é o reflexo (raramente perfeito) do valor de troca do trabalho-mercadoria.

1.3 As duas naturezas do capital
1.3.1 Um meio produzido de produção de mercadoria
1.3.2 Uma relação social que proporciona a seus detentores poder extrativo sobre não detentores

Um meio produzido de produção de mercadoria assume a forma conhecida de capital físico, por exemplo, máquinas, prédios de fábricas ou escritórios, tratores etc. Por serem mercadorias (ou, como costumam ser chamadas, bens de capital) produzidas exclusivamente para ajudar na produção de outras mercadorias, elas podem ser consideradas artefatos físicos comprados como potencializadores da produtividade do trabalho. De modo mais abstrato, elas podem ser consideradas trabalho-experiência previamente consumido ou "morto", agora cristalizado em meios de produção físicos.

Uma relação social que proporciona poder extrativo aos detentores de capital sobre os não detentores – além de sua presença física e função, o capital oferece a seus detentores o poder social necessário para extrair mais-valor (ver 1.4 adiante) de trabalhadores que não possuem capital.

Nota: Não há nada de místico ou enigmático na natureza física e na função de varas de pescar, tratores ou robôs industriais (isto é, de bens de capital). No entanto, a natureza do capital como provedor de poder extrativo é menos óbvia. O poder extrativo que ele oferece se origina das relações sociais entre pessoas com direitos de propriedade sobre meios de produção (e, portanto, acesso autônomo a esses meios) – capitalistas, proprietários – e o resto. A assimetria na detenção de capital não deixa alternativa aos que não detêm capital a não ser vender seu trabalho-mercadoria aos capitalistas (ver 1.2.2), por um salário, e, no processo, gerar mais-valor (ver 1.4 adiante) para os capitalistas. Para ilustrar, lembre-se de como (Capítulo 3, pp. 62-64) o sr. Peel perdeu seu poder extrativo sobre os trabalhadores ingleses que ele transportara para o Oeste da Austrália assim que eles obtiveram acesso autônomo a meios de produção (ou seja, a terras abundantes nos arredores) independentemente do sr. Peel. A segunda natureza do capital, seu *poder extrativo*, se origina desse acesso assimétrico a meios produzidos de produção de mercadoria.

> 1.4 Mais-valor é a diferença que um empregador retém depois de produzir e vender uma unidade da mercadoria X. Mais precisamente, é a diferença entre (a) o valor infundido em uma unidade de X pelo *trabalho-experiência* necessário para produzi-la e (b) o valor da quantidade de *trabalho-mercadoria* que o empregador teve de comprar para produzir a mesma unidade de X.[4]

2. DISTRIBUIÇÃO

As receitas da produção e da venda de mercadorias se transformam em quatro tipos principais de rendimentos: salários, juros, rendas e lucro.

2.1 Salários

Assim como os preços refletem o valor das mercadorias (mas não se reduzem a ele), os salários refletem o valor de troca do trabalho-mercadoria (mas não se reduzem a ele) (ver 1.2.2).

Nota: Quanto maior a competição entre diversos empregadores, mais precisamente o salário reflete o valor de troca do trabalho-mercadoria do trabalhador. Assim, em mercados de trabalho dominados por um ou poucos empregadores, os salários estão aquém do valor de troca do trabalho-mercadoria do trabalhador – o que se traduz em um tipo de renda monopsônica (ver 2.3.3 adiante) retida pelo empregador.[5]

2.2 Juros

Os capitalistas devem tomar empréstimos (ocasionalmente de si mesmos, ou seja, de seus lucros acumulados) para adquirir trabalho, terra e bens de capital antes que a produção se inicie. Para que os ganhos se equiparem aos custos, suas receitas devem cobrir – além de todos os seus outros custos – os juros que os financistas cobram deles (ou que eles teriam ganhado se tivessem poupado esse dinheiro em vez de produzir).

2.3 Rendas

Renda é qualquer preço pago por um comprador acima do preço que reflete mais precisamente o valor de troca da mercadoria (1.1.2). Uma definição equivalente de renda é o dinheiro pago por uma mercadoria acima do preço mínimo necessário para que aquela mercadoria tenha sido produzida. Quatro tipos de renda são prevalentes sob o capitalismo:

    2.3.1 Renda financeira
    2.3.2 Renda da terra
    2.3.3 Renda de monopólio
    2.3.4 Renda de marca

A renda financeira se refere a pagamentos para financistas (banqueiros, por exemplo) acima dos juros mínimos necessários para motivá-los a oferecer o empréstimo. A renda financeira também inclui retornos com a especulação nos mercados de derivativos, imobiliário e de ações, em participações privadas etc.

A renda da terra é anterior ao capitalismo e se aproxima do uso cotidiano da palavra "aluguel" (ainda que não coincida com ele): qualquer pagamento por arrendamento de terra acima do mínimo (que pode tender a zero) que seria necessário para motivar seu dono a arrendá-la.

A renda de monopólio é obtida devido à baixa competição ou competição inexistente (oligopólio ou monopólio), que permite a um vendedor extrair dos consumidores pagamentos acima do valor de troca da mercadoria. No linguajar comum, o equivalente monetário da renda de monopólio é conhecido como um "mark-up" (ou "margem") que o vendedor pode cobrar do consumidor acima do valor de troca de uma mercadoria.[6]

A renda de marca é uma forma de renda de monopólio que um vendedor pode extrair de consumidores que são motivados a pagar por um item ou serviço de marca mais do que o valor de troca, por exemplo, em busca de sinalizar status ou posse de bens posicionais (isto é, bens desejados não tanto pelo que são, mas pelo fato de que outras pessoas não podem possuí-los; por exemplo, uma gravura de tiragem limitada ou um vaso antigo).

2.4 Lucro

Lucro é a porção da receita que os capitalistas retêm depois de terem pago os salários aos trabalhadores, o aluguel aos proprietários fundiários, os juros e a renda financeira aos financistas mais os honorários aos profissionais (da propaganda e do marketing, por exemplo), ajudando-os a construir rendas de marca.

3. DINHEIRO E CIRCULAÇÃO

Os valores de troca que o capitalismo produz (ver Figura 1) são transformados em preços, salários, juros e lucros em vários mercados em que mercadorias são trocadas por dinheiro.

Para a produção começar, fundos particulares (abrangendo lucros prévios e novos empréstimos bancários) são gastos por empresas em

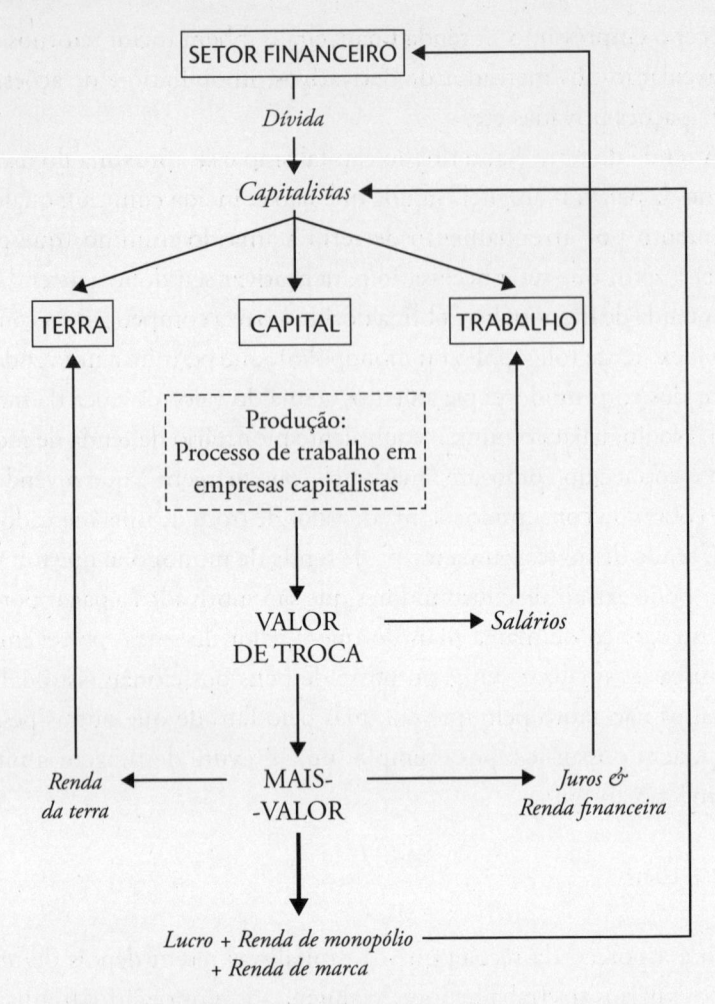

```
                    ┌─────────────────┐
                    │ SETOR FINANCEIRO │◄──────────┐
                    └─────────────────┘            │
                            │                       │
                          Dívida                    │
                            ▼                       │
                       Capitalistas ◄───────────┐   │
                     ╱      │      ╲            │   │
                    ╱       │       ╲           │   │
                   ▼        ▼        ▼          │   │
                ┌──────┐ ┌────────┐ ┌─────────┐ │   │
                │TERRA │ │CAPITAL │ │TRABALHO │ │   │
                └──────┘ └────────┘ └─────────┘ │   │
                   ▲   ┌───────────────┐  ▲     │   │
                   │   │   Produção:   │  │     │   │
                   │   │Processo de trabalho em│ │   │
                   │   │empresas capitalistas│  │   │
                   │   └───────────────┘     │  │   │
                   │           │              │  │   │
                   │           ▼              │  │   │
                   │       VALOR ──────► Salários  │
                   │     DE TROCA              │   │
                   │           │               │   │
                   │           ▼               │   │
              Renda ◄──── MAIS- ────► Juros &     │
              da terra    -VALOR      Renda financeira
                           │                       │
                           ▼                       │
                Lucro + Renda de monopólio ────────┘
                   + Renda de marca
```

Figura 1: A produção e a distribuição de valor sob o capitalismo

insumos como trabalho-mercadoria (ver 1.2.2), capital físico (ver 1.3.2), imóveis e terra, e outras mercadorias necessárias como matérias-primas.

Dentro das empresas, devido à natureza dupla do trabalho e do capital, é gerado um mais-valor que os proprietários da empresa retêm (ou seja, a natureza do capital como poder extrativo permite que a empresa extraia trabalho-experiência – não remunerado – que infunde em sua produção um valor de troca maior do que o de seus insumos).

Uma vez que a mercadoria produzida é vendida, as empresas (cortesia do mais-valor gerado durante o processo de produção) terminam

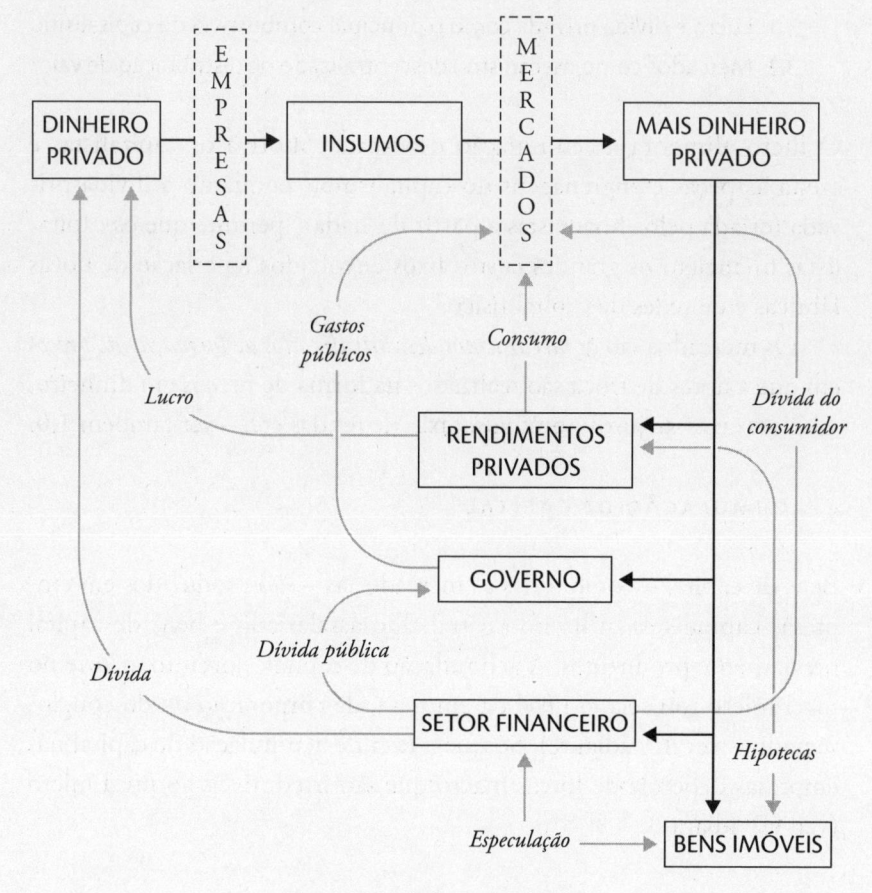

Figura 2: Dinheiro e circulação

com mais dinheiro do que tinham ao iniciar esse ciclo. Esse dinheiro então se torna rendimentos (salários, impostos e diferentes tipos de renda – ver 2.2). O aumento dos rendimentos privados (líquidos de impostos e de todos os gastos com os pagamentos feitos aos financistas ou proprietários), mais gastos públicos e novas dívidas de consumidores, retorna aos mercados na forma de consumo (privado e público) dos consumidores e dos governos. Por último, o lucro capitalista não gasto, mais a nova dívida corporativa, financia o novo ciclo do processo de produção. E assim por diante.

Os dois elementos que mantêm o processo de circulação do capitalismo (ver Figura 2) no lugar são:

3.1 Lucro e dívida privada como o principal combustível do capitalismo

3.2 Mercados como mecanismo descentralizado de distribuição de valor

O lucro alimenta a acumulação de capital, motiva os capitalistas e azeita as peças e engrenagens do capitalismo,[7] enquanto a dívida privada (criada pelos financistas a partir do nada)[8] permite que os capitalistas financiem os grandes custos fixos envolvidos na criação de novas fábricas e de redes de capital físico.[9]

Os mercados são *os mecanismos descentralizados de formação de preços* em que valores de troca são realizados na forma de preços em dinheiro, salários, taxas de juros nominais, taxas de rendas etc. – ver também 1.0.

4. ACUMULAÇÃO DE CAPITAL

Bens de capital – como todas as mercadorias – são produzidos em empresas capitalistas utilizando o trabalho assalariado e bens de capital previamente produzidos. A acumulação de capital, portanto, ocorre no nível micro (ou seja, o nível da empresa, da corporação ou do conglomerado – ver 4.1 adiante). Só que a taxa de acumulação de capital nas empresas depende de forças macro que são irredutíveis ao nível micro (ver 4.2 adiante).

4.1 Determinantes micro (internos à empresa) da acumulação de capital

Esses determinantes incluem o nível de investimento (financiado por lucros passados e dívidas novas), investimentos em pesquisa e desenvolvimento, projetos inovadores, estratégias de administração etc.

4.2 Determinantes macro (externos à empresa) da acumulação de capital

A motivação de um capitalista para acumular capital depende do nível previsto de demanda por sua produção, que, por sua vez, é amplamente determinado pelo nível da demanda agregada (ou em toda a economia). Este depende:

- de quanto se espera que todos os outros capitalistas irão despender com investimentos (já que quanto maior o investimento geral da classe capitalista, maiores os rendimentos em toda a economia que são gastos em mercadorias) – o que, por sua vez, depende do *espírito animal* da classe capitalista,[10] e
- do dispêndio do governo (ou seja, da política fiscal).

5. CRISES

Duas forças principais fazem o capitalismo entrar em crise.

5.1 Queda da taxa de lucro

Lucros em queda enfraquecem a capacidade das empresas de investir em novo capital, consequentemente limitando o mais-valor futuro. Em algum momento, as empresas mais fracas entram em falência. Os funcionários demitidos como resultado reduzem o seu consumo, o que, posteriormente, deprime ainda mais o lucro de empresas que mal conseguiram se segurar – algumas das quais também entram em falência, precipitando assim um ciclo de catástrofe, um efeito dominó de falências que provoca – e é amplificado por – baixas relacionadas nos setores financeiro e imobiliário.[11]

5.2 Crises de dívida

Nos bons tempos, as rendas dos financistas aumentam geometricamente – se não exponencialmente. Arrebatados por uma mentalidade semelhante à da corrida do ouro, eles fazem empréstimos cada vez maiores aos capitalistas – que eles pegam emprestado do futuro. Em algum momento, o presente não consegue produzir valor suficiente para pagar de volta ao futuro, as bolhas estouram e o pêndulo psicológico oscila para a extremidade oposta, fazendo com que os financistas entrem em uma greve de crédito. O resultado é um efeito dominó de empresas e FIRE (finanças, seguros e setor imobiliário) em colapso – e, com frequência, também a dívida pública.[12]

Nota: As recessões costumam ser autocorretoras; por exemplo, salários e preços de insumos caem tanto durante uma baixa que as empresas sobreviventes (que agora enfrentam menos concorrência, resultado de tantos de seus concorrentes terem fechado) veem sua taxa de lucro voltar a aumentar. No entanto, quando a crise é profunda o bastante para abater bancos e enfraquecer o espírito animal dos capitalistas, só a intervenção estatal é capaz de salvar o capitalismo – por meio de estímulos (política fiscal), política monetária frouxa e planos de resgate financeiro de bancos/empresas.

6. CLASSES SOCIAIS

6.1 Classe – Um grupo de pessoas em uma comunidade identificadas por sua posição dentro de um sistema de produção social em que alguma classe (ou algumas classes) tem êxito em se apropriar de uma parte do produto do trabalho-experiência de membros de outra classe (ou outras classes).

6.2 Sistema de classes – Expressão social coletiva do modo como a exploração está incorporada em uma estrutura social.

6.3 Sociedade de classes – Qualquer sociedade construída em torno de um sistema de classes é uma sociedade de classes. Está na natureza de toda sociedade de classes que uma ou mais classes numericamente menor, por possuir e controlar o fator dominante de produção, consiga extrair valor das outras classes; e, portanto, acumular riqueza e poder.

6.4 Sistema de classes do capitalismo – Um sistema de classes capitalista abarca capitalistas e proletários (trabalhadores remunerados), mais uma classe média (lojistas, trabalhadores assalariados qualificados etc.) que é achatada a cada crise capitalista ou revolução tecnológica.

Nota: Sob o feudalismo, a terra era o fator dominante da produção e a renda da terra (paga aos proprietários por camponeses e vassalos) era o principal fluxo de receita sobre o qual os poderes político e social eram construídos. Sociedades de classes feudais continham uma variedade de classes subservientes (artesãos, camponeses, vassalos etc.), mas apenas um fator dominante de produção (terra), resultando em uma única classe dominante (senhores de terras) e um fluxo de rendimentos singularmente poderoso (renda da terra). Sob o capitalismo, a terra foi substituída como fator dominante de produção pelo capital, o feudo foi substituído pelo mercado, e a renda da terra foi substituída pelo lucro.

7. TIPOS DE PODER EXTRATIVO

Antes do capitalismo, cada sistema de autoridade se apoiava em três tipos de poder extrativo.

7.1 Força bruta – O poder de comandar ao exercer (ou ameaçar com credibilidade) diferentes formas de violência física.
7.2 Poder político (ou definição de agenda) – A capacidade de determinar (a) quem é representado nos fóruns onde se chega a decisões coletivas; (b) o que está sendo debatido, discutido e decidido nesses fóruns; e (c) quais questões permanecem silenciadas, tácitas, enterradas em toda a sociedade.
7.3 *Soft power* (ou poder de propaganda) – O poder de moldar o que os outros pensam, estão dispostos a tolerar, desejar e, em última instância, fazer.

O capitalismo introduziu um quarto tipo de poder extrativo, que o ajudou a remodelar o mundo:

7.4 Poder capitalista – O poder investido nos detentores de capital (ou seja, os capitalistas) de comandar *voluntariamente* aqueles que carecem de capital a gerar mais-valor para os capitalistas em suas empresas

Nota: O poder capitalista (7.4) se estendeu para além dos confins da empresa capitalista e contaminou os três tipos de poder extrativo preexistentes. Por exemplo, a classe capitalista controlou amplamente o monopólio de força letal do Estado (7.1), o processo deliberativo da sociedade (7.2) e, através da mídia, o sistema educacional, o aparato de propaganda etc. (7.3).

8. COMO A TECNOESTRUTURA ACENTUOU A SEGUNDA NATUREZA DO CAPITAL

A tecnoestrutura (ver Capítulo 2) desenvolveu dois novos setores econômicos cujo propósito era modificar o comportamento de trabalhadores e consumidores respectivamente. Esses *setores de modificação comportamental* altamente profissionalizados acentuaram significativamente o poder do capital (sua segunda natureza, mais precisamente).

8.1 Setor de Serviço de Comando do Trabalho – Localizados no local de trabalho e ao redor dele, esses profissionais aplicaram procedimentos de administração bem pesquisados e científicos para acelerar os processos do trabalho e para espremer mais trabalho-experiência de uma dada quantidade de trabalho-mercadoria. Suas técnicas incluíam a organização taylorista do chão de fábrica, vigilância sofisticada, linhas de produção fordistas, práticas de administração japonesas (cooptando trabalhadores para a ideologia da empresa) etc.

8.2 Setor de Serviço de Comando do Consumidor – Cheio de anunciantes, profissionais do marketing, redatores e tipos criativos (cujo epítome no Capítulo 3 é a personagem Don Draper), esse setor ajudou a maximizar rendas de marcas ao fabricar nos consumidores o desejo pelos produtos da marca de grandes empresas – apoiando, assim, seu poder sobre os consumidores e os concorrentes menores que carecem de acesso a esse setor.

O desenvolvimento desses dois setores foi refletido em dois novos mercados.

- Mercado para influenciadores profissionalizados – Um novo tipo de gerente começou a dominar os conglomerados, pondo de lado os engenheiros que costumavam ascender na hierarquia da empresa. Todo um mercado para seus serviços, e para formá-los (por exemplo, o culto do MBA), se estendeu dos setores industriais tradicionais a Wall Street e até à administração pública.

- O mercado pela atenção das pessoas – O Setor de Serviço de Comando do Consumidor se dedicava a capturar a atenção das audiências da televisão e do rádio antes de vendê-la para os anunciantes (ver Capítulo 2 – Mercados de atenção e a vingança dos soviéticos).

Com acesso a esses dois setores e mercados de serviços de comando, a tecnoestrutura garantiu para si mesma um privilégio duplo imoderado: um poder (*soft power*) assimétrico para manipular, e modificar, o comportamento tanto dos trabalhadores quanto dos consumidores.

Tecnofeudalismo

Assim como o capitalismo pôs de lado o feudalismo ao substituir a terra pelo capital como fator de produção dominante, também o tecnofeudalismo entrou para desalojar o capitalismo na esteira do capital-nuvem – uma mutação do capital (padrão, terreno).

9. CAPITAL-NUVEM

O capital-nuvem é, fisicamente, definido como a aglomeração de máquinas ligadas em rede, softwares, algoritmos dirigidos por IA e hardware de comunicação entrecruzando todo o planeta e desempenhando uma ampla variedade de tarefas, novas e velhas, como:

- Incitar bilhões de pessoas não remuneradas (servos das nuvens) a trabalhar de graça (e com frequência inconscientemente) no reabastecimento do próprio estoque do capital-nuvem (por exemplo, fazer upload de fotos e vídeos no Instagram ou no TikTok, ou publicar resenhas de filmes, restaurantes e livros).
- Nos ajudar a apagar as luzes ao mesmo tempo que nos recomenda livros, filmes e viagens etc., tão impressionantemente em sintonia com nossos interesses que ficamos predispostos a outros bens vendidos em feudos ou plataformas das nuvens (amazon.com, por exemplo), que estão funcionando exatamente na mesma rede

digital que nos ajuda a apagar as luzes ao mesmo tempo que nos recomenda livros, filmes e viagens etc.
- Usar IA e Big Data para comandar o trabalho dos trabalhadores (proletários das nuvens) no chão de fábrica ao mesmo tempo que dirigem as redes de energia, os robôs, os caminhões, as linhas de produção automatizadas e as impressoras 3D que contornam a fabricação convencional.

Ao automatizar os dois setores de modificação de comportamento da tecnoestrutura (ver 8.1 e 8.2), o capital-nuvem os removeu da economia de serviços prestados por humanos e os incorporou completamente à sua rede de máquinas. Os trabalhos realizados, sob a tecnoestrutura, por gerentes de lojas, anunciantes, profissionais de marketing etc. sob o tecnofeudalismo são agora atribuídos a algoritmos dirigidos por IA completamente incorporados ao capital-nuvem.

Em termos da análise em 1.3, que se refere às duas naturezas do capital (ver 1.3.1 e 1.3.2), o capital-nuvem se distingue das formas anteriores de capital por acrescentar uma terceira natureza às duas naturezas do capital:

1.3.3 Terceira natureza do capital-nuvem – Um meio produzido de modificação de comportamento e comando individualizado

A terceira natureza do capital-nuvem abrange três tipos de modificação algorítmica de comportamento. Uma linha comanda os consumidores a reproduzir capital-nuvem (ou seja, os transforma em servos das nuvens). Uma segunda linha comanda a mão de obra remunerada a trabalhar ainda mais duro (ou seja, transforma os proletários e membros do precariado em proletários das nuvens). E uma terceira linha substitui os mercados por feudos das nuvens. Em certo sentido, a terceira natureza do capital-nuvem confere a seus detentores (os capitalistas-nuvem) um grande e novo poder de extrair mais-valor produzida no setor capitalista tradicional – como ilustra a Figura 3 na página 218.

Mais analiticamente, a terceira natureza do capital-nuvem o equipa com três funções ou formas.

9.1 Meios produzidos de comandar o trabalho (por exemplo, a automação descrita em 8.4)

    9.1.1 Proletários das nuvens – Dispositivos baseados nas nuvens foram inseridos no processo de trabalho (fábricas, armazéns, escritórios, *call centers* etc.), substituindo os gerentes intermediários tayloristas que até então dirigiam ganhos de produção e extração de mais-valor no local de trabalho. O proletariado, portanto, se torna mais precário e é cada vez mais levado a um ritmo mais rápido pelo capital-nuvem.

    9.1.2 Servos das nuvens – Pessoas não vinculadas a qualquer corporação (ou seja, não funcionários) escolhem trabalhar por bastante tempo e com frequência intensamente, de graça, para reproduzir o estoque do capital-nuvem, por exemplo, com postagens, vídeos, fotos, resenhas e muitos cliques, que tornam as plataformas digitais mais atrativas aos outros.

Nota: Pela primeira vez na história, o capital vem sendo (re)produzido por trabalhadores não remunerados. As plataformas de capital-nuvem facilitam que o trabalho saia do mercado de mão de obra para uma economia que é disfarçada pela parafernália dos jogos, da sorte e das loterias quando, na verdade, tudo se trata de trabalho mecânico, repetitivo e fordista. Espaços digitais que parecem modernos, estilosos, amigáveis e neutros são na verdade projetos bem desenhados cujo objetivo é cortar grande parte do trabalho remunerado do mercado de trabalho, tornando o salário opcional e até substituindo-o de todo por uma sequência de apostas.[13]

9.2 Meios produzidos de extrair renda das nuvens de capitalistas para acesso aos feudos das nuvens (alcançados, em parte, através da automação descrita em 8.5)

Como explicado no Capítulo 3 (ver páginas 84-87, "Adeus, mercados; olá, feudos das nuvens"), as plataformas de e-commerce como amazon.com ou alibaba.com não são mercados (definidos em 1.0 e 3.2). A razão por que não se pode considerá-los mercados é que os algoritmos dos capitalistas-nuvem conseguem isolar cada comprador dos outros compradores e cada vendedor dos outros vendedores. Como resultado, o algoritmo dos capitalistas-nuvem concentra em si o poder de emparelhar compradores e vendedores – que é o exato oposto do que um mercado deveria ser: descentralizado. Tal poder investido no algoritmo dos capitalistas-nuvem confere a seu proprietário a capacidade de cobrar dos vendedores (ou seja, dos capitalistas convencionais) grandes quantidades de renda (renda das nuvens) pelo acesso aos clientes.

> 9.2.1 Feudos das nuvens são plataformas de comércio digital nas quais os compradores e os vendedores são emparelhados pelo algoritmo do capital-nuvem. Embora pareçam mercados, sua centralização perfeita (alcançada pelo poder do algoritmo de emparelhar e determinar o conjunto completo de informações de cada comprador e cada vendedor) os transforma em uma espécie de feudo das nuvens pertencendo a quem quer que seja o proprietário do algoritmo ou do capital-nuvem que (a) construiu a plataforma e (b) atrai servos das nuvens para fazer o papel de compradores (bem como de contribuidores para seu capital-nuvem) e capitalistas vassalos para o papel de vendedores.
> 9.2.2 Capitalistas vassalos são produtores capitalistas que, para vender suas mercadorias, devem pagar renda das nuvens para acessar os feudos das nuvens dos capitalistas-nuvem.
> 9.2.3 Renda das nuvens é o pagamento que os capitalistas-nuvem extraem dos capitalistas vassalos para acessar os feudos das nuvens.

Resumindo, o maior feito do capital-nuvem foi cada vez mais induzir em sua rede de IA algorítmica digital não apenas os processos de modificar o comportamento dos trabalhadores e dos consumidores no interesse dos capitalistas-nuvem, mas também o próprio mercado – transformando segmentos inteiros da classe capitalista em seus vassalos.

10. DISTRIBUIÇÃO SOB O TECNOFEUDALISMO

A Figura 1 ilustrou a distribuição do valor de troca sob o capitalismo. Sob o tecnofeudalismo, o setor capitalista continua (como fazia sob o capitalismo) a produzir todo o valor de troca da economia. Só que agora o setor capitalista está incrustado no domínio mais amplo dos feudos das nuvens, construídos sobre o capital-nuvem, e é subjugado neles. À medida que o capital-nuvem se acumula, devido ao trabalho não remunerado de servos das nuvens e às rendas das nuvens dos capitalistas vassalos, cada vez mais do mais-valor gerado no setor capitalista é desviado na forma de mais renda das nuvens para os capitalistas-nuvem. A Figura 3 ilustra isso.

> 10.1 Exploração universal – Enquanto os capitalistas só conseguem explorar seus funcionários, os capitalistas-nuvem se beneficiam da exploração universal, ou seja, dos servos das nuvens que trabalham de graça para aumentar o estoque do capital-nuvem que permite que os capitalistas-nuvem se apropriem cada vez mais do mais-valor que os capitalistas extraem dos empregados já convertidos em proletários das nuvens cujo trabalho é guiado e acelerado pelo capital-nuvem.

11. RESUMO: AS PRINCIPAIS DIFERENÇAS ENTRE O CAPITALISMO E O TECNOFEUDALISMO

> 11.1 Capital-nuvem – A terceira natureza do capital-nuvem (ver 1.3.3) tornou possível a completa automação dos setores de serviço da tecnoestrutura (8.1 e 8.2), cujo propósito era modificar, em prol do capital, o comportamento de trabalhadores e consumidores. O resultado foi um novo tipo de capital (capital-nuvem) que se tornou um meio produzido de, por um lado, comandar o trabalho, e, por outro, extrair a renda das nuvens de capitalistas em troca de acesso aos consumidores (9.1 e 9.2).
>
> 11.2 Lucros e mercados destronados – O tecnofeudalismo substituiu os pilares duplos do capitalismo – Lucro (2.4 e 3.3) e Mercados (1.0 e

```
                                                    Capitalistas-nuvem
    ┌─────────────────────────────────────────┐              │
    │  Setor capitalista (Figura 1)           │              │
    │                                         │──▶ Renda das │
    │         ┌──────────────────┐            │    nuvens para acesso
    │         │ SETOR FINANCEIRO │◀───┐       │    ao capital-nuvem
    │         └──────────────────┘    │       │
    │              │ Dívida           │       │    FEUDOS DAS
    │              ▼                  │       │    NUVENS ou
    │          Capitalistas ◀─────────│───#3──│    O domínio do
    │         ╱    │    ╲             │       │    CAPITAL-  ◀─┐
    │        ▼     ▼     ▼            │       │    -NUVEM      │
    │    ┌─────┐┌──────┐┌────────┐    │       │                │
    │    │TERRA││CAPITAL││TRABALHO│    │      │    habitado por│
    │    └─────┘└──────┘└────────┘    │       │                │
    │       ▲  ┌┄┄┄┄┄┄┄┄┄┄┄┄┄┄┄┄┐ │   │    #1  Servos das   #2│
    │       │  ┆ Produção:      ┆ │   │       Nuvens           │
    │       │  ┆ Processo de trabalho em ┆    │                │
    │       │  ┆ empresas capitalistas ┆ │    incluindo:       │
    │       │  └┄┄┄┄┄┄┄┄┄┄┄┄┄┄┄┄┘ │   │    proletários        │
    │       │          │          │   │    convencionais,     │
    │       │          ▼          │   │    o precariado,      │
    │       │       VALOR ──▶ Salários │    proletários das nuvens,
    │       │      DE TROCA      │    │    as sobras da classe média,
    │       │          │         │    │    os desempregados
    │       │          ▼         │    │    e os capitalistas
    │    Renda ◀── MAIS- ──▶ Juros &  │    (vassalos e aqueles
    │    da terra  -VALOR   Renda financeira  que ainda têm acesso
    │              │                  │    autônomo aos mercados)
    │              ▼                  │
    │        Lucro + Renda de monopólio
    │              + Renda de marca   │
    └─────────────────────────────────┘
```

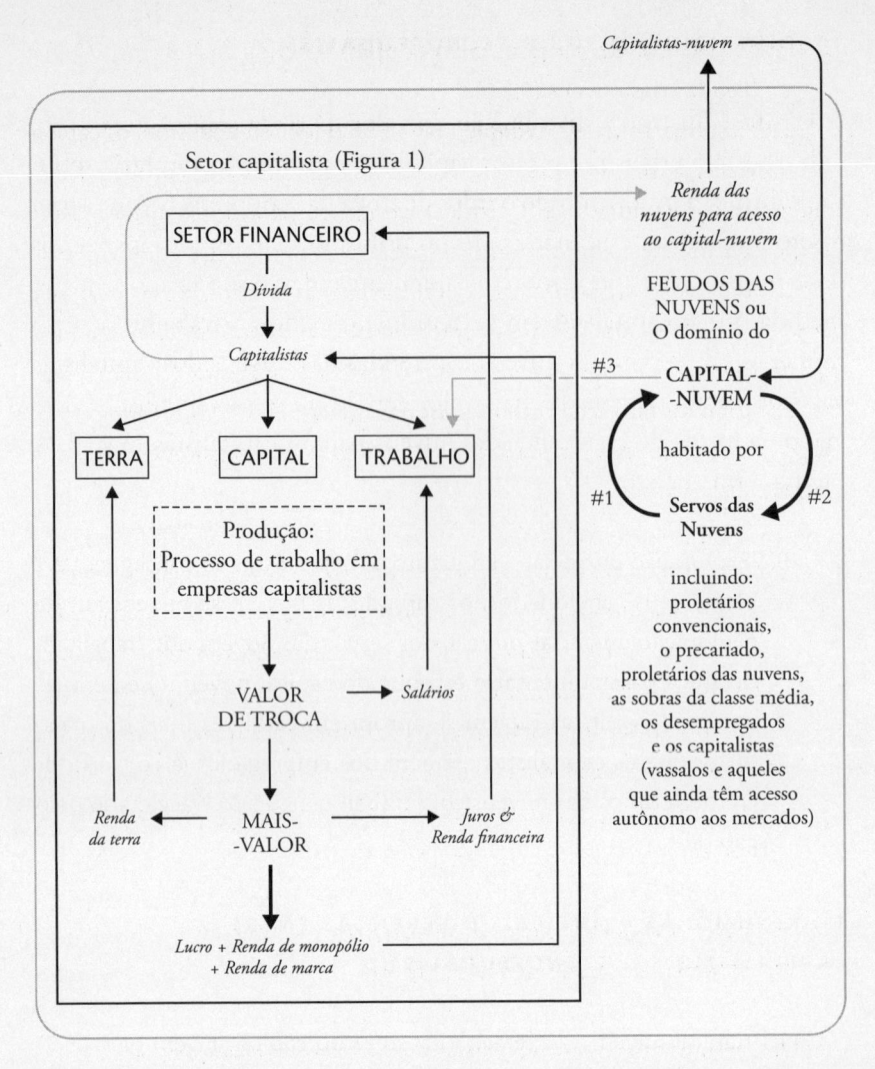

Figura 3: A produção e a distribuição do valor sob o tecnofeudalismo

#1 Servos das nuvens – o trabalho não remunerado ajuda a reproduzir o capital--nuvem.

#2 O capital-nuvem modifica os desejos, crenças e propensões dos servos das nuvens – inclusive suas escolhas como consumidores.

#3 O capital-nuvem também acelera o trabalho da mão de obra remunerada no setor capitalista.

3.2) – por seus próprios pilares duplos – Renda das nuvens (9.2.3) e Feudos das nuvens (9.2.1).

11.3 Sistema de classes tecnofeudal – Sob o tecnofeudalismo, os capitalistas-nuvem (um segmento da classe capitalista que conseguiu acumular capital-nuvem considerável) se tornaram nossa nova classe dominante, confinando o restante dos capitalistas (que carecem de acesso suficiente ao capital-nuvem) ao status de classe vassala (9.2.2). Enquanto isso, os trabalhadores assalariados estão virando proletários das nuvens cada vez mais precarizados (9.1.1) e quase todo mundo atua como servos das nuvens (9.1.2), ajudando o capital-nuvem a acumular e construir os feudos das nuvens (9.2.1) que estão substituindo os mercados.

11.4 Acumulação de capital – Ao contrário do capital padrão, ou terreno, que se acumulava estritamente nas empresas capitalistas (4.1), ainda que a taxas ditadas no nível macroeconômico (4.2), o capital-nuvem se acumula em outros dois níveis mais contundentemente: nas costas do trabalho dos servos das nuvens (9.1.2) prestado por quase todos nós. E com o financiamento massivo diretamente dos principais bancos centrais do Ocidente – ver Capítulo 4.

11.5 Um quinto tipo de poder extrativista – O capital-nuvem acrescentou um novo poder extrativista aos quatro preexistentes (bruto, 7.1; político, 7.2; *soft power*, 7.3; e capitalista, 7.4): um poder capitalista-nuvem investido nos proprietários do capital-nuvem com o qual modificar o comportamento daqueles que não são os proprietários ou controlam o capital-nuvem de modo a permitir que um mais-valor massivo produzido no setor capitalista seja direcionado para os capitalistas-nuvem como renda das nuvens.

11.6 Crise – A acumulação do capital-nuvem amplifica as duas forças que geraram crises capitalistas severas: as taxas de lucro em queda (5.1) e as bolhas de dívidas privadas e públicas passíveis de estourar (5.2). Sob o tecnofeudalismo, a desmercantilização da mão de obra (mão de obra dos servos das nuvens) e a contração da parcela dos rendimentos dos proletários das nuvens se combinam para reduzir o poder de compra agregado ou a demanda agregada da sociedade. Enquanto isso, o direcionamento de mais mais-valor dos capitalistas vassalos para os capitalistas-nuvem reduz o investimento no capital terreno; mais uma influência negativa na demanda agregada.

Nota: Tecnofeudalismo é sinônimo de universalização da exploração (ver 10.1) e de encolhimento da base do valor (proporcionalmente ao aumento da parcela de renda das nuvens sobre todos os rendimentos – ver Figura 3). Essa dinâmica acentua a propensão do sistema a crises mais profundas e mais frequentes. Como resultado, os bancos centrais que financiaram a acumulação inicial do capital-nuvem (ver Capítulo 4) serão forçados perpetuamente a emitir mais e mais moeda para substituir o papel que os lucros e as rendas costumavam desempenhar sob o capitalismo. Mas isso só ajuda o capital-nuvem a acumular ainda mais (já que os capitalistas-nuvem sempre terão uma capacidade maior do que qualquer outra classe de se apropriar da moeda emitida pelo banco central). Resumindo, o tecnofeudalismo está condenado a reproduzir um ciclo de catástrofe dinâmico, ainda mais volátil e explosivo do que o do capitalismo.

Apêndice 2
A LOUCURA DOS DERIVATIVOS

Tudo começou com uma ideia velha e inofensiva. Por décadas, os fazendeiros vinham se protegendo da queda dos preços comprando o direito (ou opção) de vender a safra do ano seguinte por um preço fixo acertado com antecedência. Não era nada mais do que uma apólice de seguro: o lavrador de trigo pagava um prêmio para ter uma garantia contra uma queda catastrófica no preço do trigo.

A primeira mutação dessa ideia para algo mais sinistro aconteceu quando a "coisa" que estava sendo assegurada deixou de ser uma coisa (como trigo) e se tornou uma aposta, um risco, um jogo. Considere Jack, que está prestes a comprar ações que valem 1 milhão de dólares. Como o fazendeiro que adquire um seguro para se proteger contra uma queda drástica no preço do trigo, Jack poderia comprar de Jill uma opção boia de salvamento para vender suas ações para Jill a, digamos, 800 mil dólares (ou seja, ele limita seu potencial de perda a 200 mil dólares). Como qualquer forma de seguro, se o desastre *não* acontecer (ou seja, se o preço das ações não cair mais de 20%, abaixo de 800 mil dólares), a apólice de seguro (ou opção) de Jack não irá pagar nada a ele. Mas se, digamos, as ações de Jack perderem 40% de seu valor, Jack estaria protegido em metade dessa perda. Nada excelente, mas também nada mal.

Essas opções (ou derivativos) estavam disponíveis na época de Bretton Woods. Para virar algo verdadeiramente perigoso, no entanto, Bretton Woods primeiro teve que perecer. Seu fim significou que os banqueiros, livres de suas amarras do New Deal, passaram a ter permissão para apostar na bolsa de valores, primeiro com o dinheiro de outras pessoas e, depois, com o dinheiro que eles conjuraram do nada. Não demorou para Wall Street estar a todo vapor, especialmente depois de 1982. Sem nem sequer saber por quê, meninas e meninos prodígios das finanças começaram a se enxergar como mestras e mestres invencíveis do universo. Sob a influência desse sentimento, tiveram uma ideia: em vez de comprar uma *opção de venda* de ações (como seguro para o caso de as ações que eles estavam comprando perderem valor), por que não comprar uma *opção de compra* de ainda mais ações? Parece maluquice? Talvez. Mas a loucura passou batida na cacofonia de toda a rentabilidade que ela permitia.

Aqui está o que Jack faria: além de gastar 1 milhão de dólares em, digamos, um lote de ações da Microsoft, ele pagaria a Jill outros 100 mil dólares por uma garantia de que, dentro de um ano, ela lhe venderia outro lote de ações da Microsoft como aquele, pelo mesmo preço total que ele pagara hoje (1 milhão de dólares). Na linguagem deles, Jack compraria de Jill uma *opção de compra* de mais ações da Microsoft em um ano, mas ao preço de hoje. Por que fazer isso? Porque se, durante os doze meses seguintes, as ações da Microsoft subissem, digamos, 40%, Jack ficaria com dois ganhos: os 400 mil dólares da valorização do lote de ações da Microsoft que ele de fato tinha comprado, mais outros 400 mil dólares da *opção de compra* de um segundo lote de ações iguais da Microsoft ao preço mais baixo do ano anterior – uma opção que ele poderia agora vender para outras pessoas por 400 mil dólares, sem nem sequer ter de comprar aquele segundo lote de ações. O ganho líquido total de Jack, considerando que ele pagou 100 mil dólares a Jill pela opção, chegaria a 700 mil dólares: um retorno muito melhor (64%) para seu 1,1 milhão de dólares de dispêndios do que o retorno (40%) da compra de apenas 1 milhão de dólares em ações da Microsoft.

Em uma Wall Street em que as altas prevaleceram por muitos anos consecutivos sobre as baixas, e em que tudo estava subindo, ao infinito e além, um surto de ganância irrefreada (capturado tão bem no filme *Wall Street – poder e cobiça*, de Oliver Stone) levou as Jills e os Jacks a uma ideia ainda mais radical: por que sequer chegar a comprar ações?

Por que não comprar apenas opções? Eis o que eles estavam pensando: se Jack gastasse seu 1,1 milhão de dólares apenas em *opções de compra* de ações da Microsoft para o ano seguinte, ao preço de hoje, e o preço das ações aumentasse 40%, seu ganho líquido seria de formidáveis 3,3 milhões de dólares – uma exorbitante taxa de retorno de 300%! Jack, vendo isso, decidiu apostar todas as fichas: pegar emprestado o máximo de milhões que pudesse para comprar essas opções de Jill. Jill, vendo o quanto Jack tinha lucrado com as *opções de compra* que ela lhe vendera, decidiu imitá-lo. Usando o dinheiro que ela recebeu de Jack, e muito mais que pegou emprestado, ela comprou *opções de compra* similares de outros negociantes.

Você pode muito bem perguntar: não havia ninguém esperto em Wall Street para fazer soar os alarmes? É claro que havia. Mas seus avisos foram abafados. Mês após mês, as Jills e os Jacks acumulavam lucros gigantescos. Negociantes que se colocavam contra eles eram rejeitados como otários resmungões. Administradores que mal entendiam a complexidade dos derivativos que faziam seus cofres transbordarem de dinheiro se sentiam compelidos a discordar em silêncio. Os dissidentes tinham uma opção: parar, o que alguns faziam, ou participar desse esquema de *alavancagem* – um tecnoeufemismo para a enorme dívida que alimentava apostas ridículas. Enquanto as coisas estavam correndo bem, foi como se eles tivessem descoberto um caixa eletrônico na sala de estar que não parava de produzir dinheiro ilimitado, sem cobrá-lo de nenhuma conta bancária. Tudo o que eles tinham que fazer era pegar dinheiro emprestado como se não houvesse amanhã. Como já era de se esperar, em 2007, dez vezes mais dinheiro do que a receita total da humanidade tinha sido colocado na roleta, principalmente na de Wall Street e na da City de Londres.

Nessa nova Era Dourada que o Choque de Nixon provocou, a tecnoestrutura enfrentou uma dura competição pelas melhores e mais brilhantes mentes. Doutores em física das melhores universidades, matemáticos espetaculares e até artistas e historiadores acorreram a Wall Street. O poder estava se transferindo rapidamente dos Fords, dos Hiltons e dos Drapers para o Goldman Sachs, o Bear Stearns e o Lehman. Para não ficar para trás, grandes porções da tecnoestrutura se adaptaram e entraram no jogo. Quando os auditores entraram na General Motors falida em 2009, depois dessa bolha de financeirização estourar, descobriram que uma empresa famosa por produzir carros e caminhões tinha se transformado em um fundo de *hedge* que comprava e vendia opções – com alguma produção de automóveis ao lado para manter as aparências.

INFLUÊNCIAS, LEITURAS E AGRADECIMENTOS

Uma influência que me levou a tecnofeudalismo – a palavra – veio do livro de John Kenneth Galbraith, de 1967, *O novo estado industrial*. Nele, Galbraith cunhou o termo tecnoestrutura para denotar a fusão de fato dos departamentos de governo norte-americanos e das corporações cujo conjunto intercambiável de administradores profissionais, profissionais de marketing, analistas, financistas e engenheiros se destacou como uma classe bastante diferente da dos capitalistas e trabalhadores. Ao passo que a tecnoestrutura de Galbraith nunca ameaçou desbancar o capitalismo (na verdade, ela fez o contrário – ver Capítulo 2), há trajetórias claras levando dela à nossa ordem tecnofeudal, meio século depois (ver Capítulos 3 e 4).

Em 2018, eu já estava sondando o terreno com minha hipótese tecnofeudal em vários artigos e palestras. Enquanto isso, os debates sobre o impacto das Big Techs foram reforçados pela noção de capitalismo de vigilância popularizada pelo livro de Shoshana Zuboff *A era do capitalismo de vigilância: A luta por um futuro humano na fronteira do poder*. Dois anos depois, Cédric Durand contribuiu para a empolgação com seu *Techno-féodalisme: Critique de l'économie numérique* (Zones).

Tanto Zuboff quanto Durand tratam a Big Tech como monopólios capitalistas cujas plataformas digitais (Facebook e Amazon, por exemplo) funcionam como serviços públicos (companhias de fornecimento de eletricidade, água e saneamento, redes ferroviárias ou empresas de telefonia), exceto pelo fato de que as Big Techs usam as nuvens para coletar nossos dados a fim de alavancar seu poder de monopólio sobre nós. Ainda que solidário a sua causa, eu estava convencido de que havia muito mais acontecendo no Vale do Silício do que capitalistas meramente alavancando seu poder de mercado sobre nós por meio de vigilância baseada nas nuvens.

Extraí muita coragem do fato de que não estava errado em acreditar que havia alguma coisa mais fundamental em jogo, e que o próprio capitalismo estava em questão, do livro de 2019 de McKenzie Wark *O capital está morto*. Não posso recomendá-lo com veemência suficiente. Muitas das minhas ideias encontram muito eco nas dela, a não ser talvez por uma: Wark escreve sobre uma nova classe "vetorialista", que controla um vetor que liga um fornecedor de materiais a todos os estágios de produção e distribuição de uma maneira que abala, e usurpa, o capital. Essa não era a minha visão. O que ela chama de vetor estrangulador do capital me parecia uma nova mutação do capital – um capital-nuvem tão virulento que criou uma nova classe dominante, com poderes de estilo feudal para extrair riqueza.

Os leitores que me conhecem pelo menos um pouco não se surpreenderão com a referência a *Star Trek* que estou prestes a fazer. Acredite ou não, meu termo capital-nuvem remonta ao vigésimo primeiro episódio da terceira temporada (que foi originalmente ao ar em 28 de fevereiro de 1969) da série original, intitulado "Os Guardiões das Nuvens". Escrito por Margaret Armen (com base em um conto de David Gerrold e Oliver Crawford), o episódio se passa em Ardana, um planeta em que a classe dominante vive de forma luxuosa em Stratos – uma cidade que paira imóvel sobre as nuvens do planeta. Enquanto isso, todo o trabalho é realizado em terra, e em túneis subterrâneos, pelos troglytes, cujas mentes são continuamente envenenadas por um gás tóxico que os apazigua e atordoa. A tentação de fazer o salto dos guardiões das nuvens do *Star Trek* para o capital-nuvem do tecnofeudalismo se provou impossível de resistir. Então, em 2022, me senti justificado quando Brett Scott publicou seu excelente livro neoludista, protestando contra o dinheiro digital e de plástico, chamado *Cloudmoney – dinheiro virtual: a guerra por nossas carteiras na nuvem*.

Além de McKenzie Wark, Cory Doctorow é outro autor cujos argumentos e ideias são mais próximos aos meus. Recomendo fortemente qualquer coisa que ele tenha escrito em seu blogue e em diversas revistas (*Wired*, por exemplo), além, é claro, do livro de 2022, em coautoria com Rebecca Giblin, chamado *Chokepoint Capitalism: How Big Tech and Big Content Captured Creative Labor Markets and How We'll Win Them Back* (Beacon Press).

Por último, mas não menos importante, devo agradecer ao meu editor Will Hammond, com quem trabalhar é a mais pura alegria, e a Judith Meyer, uma amiga e camarada a quem devo muito do pouco que sei sobre modernos algoritmos, programação, tecnologia das nuvens e outros.

NOTAS

1. O lamento de Hesíodo
1. 9: 391. [Tradução de Christian Werner. São Paulo: Cosac Naify.]
2. 174-200. [Tradução de Mary de Camargo Neves Lafer. São Paulo: Iluminuras. pp. 35 e 37.]
3. Karl Marx, discurso no aniversário do *People's Paper*, 1856. [Tradução livre.]
4. *O manifesto comunista*, 1848. [Tradução de Alvaro Pina e Ivana Jinkings. São Paulo: Boitempo. p. 43.]
5. 1865.
6. 1844. [Boitempo, pp. 159-160.]
7. 1848. [Boitempo, p. 45.]

2. As metamorfoses do capitalismo
1. https://time.com/mad-men-history/.
2. O acordo de Bretton Woods foi assim batizado em homenagem à cidade de mesmo nome, em New Hampshire, onde aconteceu a conferência internacional que levou a ele.
3. Para ser mais preciso, Nixon anunciou a revogação do compromisso dos Estados Unidos (sob o sistema Bretton Woods) de resgatar qualquer quantidade de dólares americanos em ouro ao preço fixo de 35 dólares por onça. Só que, de fato, ele estava botando um ponto-final na taxa de câmbio fixa entre o dólar e as moedas da Europa e do Japão. A líderes europeus chocados, seu secretário do tesouro texano, John Connally, dirigiu as inigualáveis palavras: "O dólar é nossa moeda e problema de vocês".
4. Ver no Apêndice 2 a explicação completa de como esses derivativos funcionavam.

3. O capital-nuvem
1. Karl Marx, que relata a história de Peel no primeiro volume de *O capital*, coloca desta forma: "Desditoso sr. Peel, que previu tudo, menos a exportação das relações inglesas de produção para o rio Swan!". [Marx, Karl. *O Capital: Crítica da economia política – Livro 1: O processo de produção do capital*. Trad. de Rubens Enderle. São Paulo: Boitempo, 2013. Posição 1788.]
2. Ver K. Marx e F. Engels, *Manifesto comunista*. São Paulo: Boitempo, 2010. p. 45.
3. Ver capítulo 6 de *Conversando sobre economia com a minha filha*. Planeta, 2015.

4. O pioneiro das redes neurais foi Frank Rosenblatt no Laboratório Aeronáutico de Cornell. Mais recentemente, essas redes conseguiram sintetizar antibióticos (por exemplo, a halicina) processando enormes conjuntos de dados que conectam moléculas a seu potencial para impedir a proliferação de bactérias – e tudo isso com um algoritmo que não sabe nada sobre a química da bactéria que o antibiótico deve combater!
5. Para ler um relato pertinente, ver: https://www.theverge.com/2019/4/25/18516004/amazon-warehouse-fulfillment-centers-productivity-firing-terminations.

4. A ascensão dos capitalistas-nuvem e a derrocada do lucro

1. https://www.theguardian.com/business/2020/aug/12/uk-economy-covid-19-plunges-into-deepest-slump-in-history.
2. https://markets.ft.com/data/indices/tearsheet/historical?s=FTSE:FSI.
3. Curiosamente, os primeiros mercados digitais barulhentos a surgir em comunidades de videogame eram, de certo modo, o sonho dos libertários. Os produtores produziam livremente, se envolviam livremente com os compradores, que também se associavam livremente uns com os outros – enquanto a empresa se mantinha afastada, não promovia nenhum dos produtos à venda e simplesmente ficavam com um quinhão de cada venda (o único aspecto do arranjo que um libertário purista que odeia a renda teria detestado). Em agudo contraste, compradores e vendedores em sites de e-commerce como a Amazon ou o Alibaba não desfrutam de nenhuma dessas liberdades de se associar, de sequer ver as mesmas coisas, enquanto estão on-line – o algoritmo, na verdade, veta aos compradores e vendedores a comunicação autônoma entre si, e ele próprio seleciona o que cada um deles pode e não pode ver ou fazer.
4. A União Europeia se mostrou a mais entusiasmada defensora da austeridade, seguida a alguma distância por dois governos diferentes do Reino Unido que impuseram uma austeridade contraproducente – sobretudo a de Cameron e de Osborne depois de 2010. Enquanto isso, nos Estados Unidos, embora o presidente Obama tenha exaltado seus programas de incentivo, a realidade mostrou algo diferente: não só seu incentivo federal foi pequeno demais em relação à queda na demanda por bens, serviços e mão de obra como, mais pertinentemente, foi anulado por cortes massivos de gastos no nível dos estados cujos rendimentos tinham entrado em colapso (sobretudo devido a uma enorme queda nos preços dos imóveis).
5. Perceba que isso não foi uma aberração. Entre 2009 e 2022, as taxas de juros oficiais permaneceram negativas na zona do euro, na Escandinávia, na Suíça, na Noruega e no Japão. E não foi apenas a taxa oficial. Durante esse período, empréstimos no valor de mais de 18 trilhões de dólares (que era mais do que a receita anual somada da Europa e do Japão) pagaram taxas de juros negativas aos credores.
6. Os planos de resgate financeiro aos bancos não precisam ser tão corruptos quanto os que seguiram o *crash* de 2008. Em 1992, bancos escandinavos faliram e os Estados intervieram para salvá-los. Mas eles não salvaram os banqueiros. Em vez disso, os expulsaram, nacionalizaram os bancos, nomearam novos diretores e, anos depois, os venderam para novos proprietários. O mesmo aconteceu na Coreia do Sul depois da crise bancária no Sudeste Asiático, em 1998. Por outro lado, após 2008 nos Estados Unidos e na Europa, com exceção do Lehman Brothers, os bancos centrais salvaram os banqueiros falidos, o que me levou a cunhar o termo "*bancarrotocracia*" – a nova realidade pós-2008 em que o poder dos banqueiros ocidentais é análogo ao tamanho do prejuízo de seus bancos! Veja o meu *The Global Minotaur*, Zed Books, 2011 [*O Minotauro Global*, Autonomia Literária, 2016].

7. Como o banco central faz isso, na prática? Você e eu não podemos ter uma conta em nosso banco central. Só banqueiros podem. O banco central (como o Banco da Inglaterra ou o Fed) só precisa autorizar um saque a descoberto, digitando uma soma na conta que um banco privado (como o Barclays ou o Bank of America) mantém em seu banco central. Legalmente, para isso acontecer, o banco privado deve depositar garantias, na forma de fundos que o governo (títulos) ou particulares (hipotecas, dívidas de cartão de crédito, títulos privados) lhe devem. Mas em épocas de estresse financeiro, quando todos devem para todos e ninguém consegue pagar, o banco central aceita garantias que não valem nem sequer o papel em que foram impressas.
8. Os presidentes de bancos centrais nominalmente independentes, é claro, precisaram justificar os planos de resgate aos banqueiros apelando para o interesse público. Assim, eles explicaram, para "restaurar a confiança" e "estimular investimentos", não tinham opção a não ser mandar enxurradas de dinheiro para os banqueiros. A situação era tão ruim, eles disseram ao público, que o banco central foi obrigado a entregar dinheiro para os bancos passarem para empresas investirem.
9. Para dar outro exemplo, durante a pandemia, por mais ou menos um dia, o preço do petróleo também caiu abaixo de zero. Foi estranho, mas compreensível: porque a maioria de nós estava em *lockdown*, a demanda por petróleo e diesel murchou. De repente, as reservas de petróleo transbordaram, e seus proprietários, que tinham obrigações de longo prazo para comprar certas quantidades de petróleo por semana independentemente da demanda pelo produto, foram obrigados a pagar às pessoas para ficar com o excesso de petróleo.
10. Adam Smith. *A riqueza das nações*. Tradução de Norberto de Paula Lima. Rio de Janeiro: Nova Fronteira, 2017. Apple Books, posição 826.
11. https://www.pionline.com/money-management/blackrock-aum-recedes-10-trillion--high; https://corporate.vanguard.com/content/corporatesite/us/en/corp/who-we-are/sets-us-apart/facts-and-figures.html; https://newsroom.statestreet.com/press-releases/press-release-details/2022/State-Street-Reports-First-Quarter-2022-Financial-Results/default.aspx. O total de 22 trilhões de dólares em ações e derivativos controlados pelas Três Grandes chega a mais do que a metade do valor agregado de todas as ações de empresas cotadas na Bolsa de Valores de Nova York (por volta de 38 trilhões de dólares). Em pouco tempo, analistas que escrevem para o *Boston University Law Review* previram que as Três Grandes poderiam controlar até 40% dos votos de acionistas nos Estados Unidos.
12. Aproximadamente um ano do produto interno bruto dos Estados Unidos, uma vez que se considere a capacidade de Wall Street de turbinar os créditos de fato do banco central (ou seja, o Fed, o Banco Central Europeu etc.).
13. Por exemplo, a Vanguard é a maior acionista tanto da Ford quanto da General Motors. Como a Vanguard se beneficiaria caso permitisse uma verdadeira competição entre os dois?
14. 174-200. Tradução de Mary de Camargo Neves Lafer. São Paulo: Iluminuras. pp. 35 e 37.

5. O que há em uma palavra?

1. Tirado de um ensaio intitulado *The Power of Words*, inspirado na experiência de Weil na Guerra Civil Espanhola.
2. As Guerras Napoleônicas interromperam a importação de grãos para a Inglaterra, alavancando os preços e beneficiando os proprietários de terras que, naturalmente, busca-

ram estender essa sorte súbita e inesperada após o fim das guerras. Para fazer isso, eles promulgaram as Leis dos Cereais, proibindo as importações de grãos depois do fim dos bloqueios dos tempos de Guerra.
3. Rosa Luxemburgo nos alertou que o socialismo não era inevitável, e que a barbárie era tão provável quanto ele, em um panfleto que escreveu em sua cela em 1915. Intitulado *A crise da social-democracia*, ele é mais conhecido como *A brochura de Junius* – uma crítica potente da liderança pró-Primeira Guerra do Partido Social-Democrata da Alemanha.
4. https://www.cnbc.com/2021/10/31/ula-inside-jeff-bezos-first-investment-in-indonesian-e-commerce-.html.
5. David Ricardo, um banqueiro londrino do início do século XIX e famoso economista do livre mercado, foi claro em relação a isso: qualquer aumento da renda como uma parte de todo o rendimento está destinado a reduzir investimentos, diminuir a demanda por bens e tolher o crescimento. Veja em *Princípios de economia política e tributação*, de 1817.
6. https://www.theguardian.com/business/2020/oct/07/covid-19-crisis-boosts-the-fortunes-of-worlds-billionaires.
7. Ver Apêndice 1.
8. Em capítulos anteriores, também falei de presidentes de bancos centrais envenenando dinheiro por meio de sua prática de emitir grandes somas e direcioná-las para os financistas. Só que também assinalei que era a combinação de emissão de moeda em benefício de banqueiros e austeridade para a maioria que envenenava o dinheiro – não apenas a emissão de moeda. Fico fascinado com o fato de comentaristas famosos se manterem calados sobre a parte da austeridade (claramente porque concordam com ela) e concentrarem seus ataques nos presidentes de bancos centrais por emitirem moeda. O que eles deixam de nos dizer é o que teriam feito diferente depois de 2008. Eles teriam concordado com a única alternativa àquilo que os presidentes de bancos centrais de fato fizeram, ou seja, anular dívidas impagáveis (públicas e privadas), nacionalizar bancos falidos e emitir moeda para custear uma renda básica que salvasse todo mundo durante a Grande Recessão? É claro que não. Assim, suas diatribes antibancos centrais são o epítome da hipocrisia.
9. https://www.ft.com/content/65713f3f-394c-4b31-bafe-043dec3dc04d.
10. https://www.reuters.com/markets/europe/bank-england-buy-long-dated-bonds-suspends-gilt-sales-2022-09-28/. Essa crise aguda e breve significou o fim do mandato mais curto de qualquer primeiro-ministro inglês – o de Liz Truss, que tinha acabado de anunciar a intenção de aumentar consideravelmente a dívida do Reino Unido em benefício dos mais abastados da Inglaterra. A razão pela qual o colapso acabou sendo do mercado de títulos (ou *gilts*) do Reino Unido, em reação ao anúncio de Truss, foi uma mina enterrada na City de Londres durante os anos do socialismo para os banqueiros: os derivativos em que os fundos de pensão do Reino Unido tinham investido massivamente, para se proteger da inflação e de taxas de juros mais altas – derivativos com os quais eles não conseguiam arcar a não ser pegando empréstimos contra seus estoques de títulos do governo do Reino Unido. Então, quando surgiu a notícia de que Truss planejava emitir mais títulos para pagar cortes maiores de impostos, sem medidas de austeridade logo de cara, o preço dos títulos caiu e, de repente, os fundos de pensão precisaram depositar mais dinheiro para cobrir a dívida que haviam contraído ao comprar os derivativos. Num estado de pânico, eles venderam o único ativo líquido que tinham: os títulos! E assim o ciclo da catástrofe começou, até que o Banco da Inglaterra interveio e Liz Truss deixou em desgraça sua residência oficial em Downing Street, número 10.

6. O impacto global do tecnofeudalismo: a Nova Guerra Fria

1. https://www.nytimes.com/2022/10/07/business/economy/biden-chip-technology.html.
2. Também houve efeitos nocivos secundários para os trabalhadores norte-americanos e chineses: à medida que os lucros dos capitalistas chineses inundavam o mercado imobiliário norte-americano, os preços da moradia nos Estados Unidos subiam, aumentando ainda mais o sofrimento dos trabalhadores norte-americanos e deixando-os mais vulneráveis ao sonho tóxico de uma hipoteca ainda maior que lhes permitisse ter a fantasia de que eles "tinham a casa própria". Ao mesmo tempo, quanto mais as importações líquidas norte-americanas faziam os lucros em dólar dos capitalistas chineses aumentar, e esses lucros então tornavam a ser exportados para os Estados Unidos, menor eram os rendimentos totais que ficavam na economia chinesa para as massas que os produziam.
3. Não foram apenas os Estados Unidos que os investimentos massivos da China beneficiaram. Quando as economias mais frágeis da zona do euro começaram a cair como dominós (primeiro a Grécia, depois a Irlanda, Portugal, Espanha, Chipre etc.), as exportações de produtos alemães foram realocadas daqueles mercados em queda para a China – onde a demanda permaneceu alta graças aos imensos gastos do país com investimentos, a exemplo dos milhares de quilômetros de linhas ferroviárias ultrarrápidas que foram construídos em menos de três anos.
4. 10 de janeiro de 2023, quando escrevi essa frase.
5. A Big Tech norte-americana está tentando como pode tirar o atraso em relação à sua equivalente chinesa. Pelo fato de que deve enfrentar um megapoder já formado em Wall Street (cujo monopólio sobre as finanças ele não consegue desafiar diretamente), o Vale do Silício está tentando se achegar às finanças. Por exemplo, a Microsoft fechou um acordo com o London Stock Exchange Group, sua terceira aliança do tipo. Antes, o Google tinha investido 1 bilhão de dólares em um acordo de dez anos de computação nas nuvens com a CME, de Chicago. Para não ficar para trás, a Amazon Web Services (AWS) entrou numa parceria com a Nasdaq, de Nova York, que concordou em transferir uma de suas bolsas de opções dos Estados Unidos para a AWS.
6. Michael Pettis, "Will the Chinese renminbi replace the US dollar?", *Review of Keynesian Economics*, v. 10, n. 4, inverno de 2022, pp. 499-512. Ver também do mesmo autor *Trade Wars Are Class Wars: How Rising Inequality Distorts the Global Economy and Threatens International Peace* (com coautoria de Matthew C. Klein), Yale University Press, 2020.
7. Por exemplo, Saddam Hussein, depois de se desentender com Washington, Irã, Venezuela e, é claro, Cuba e, depois de a Guerra da Ucrânia irromper, a Rússia.
8. https://www.theverge.com/2018/8/13/17686310/huawei-zte-us-government-contractor-ban-trump; https://www.reuters.com/article/us-usa-tiktok-ban-q-a-idINKB-N2692UO.
9. Em 22 de setembro de 1985, os Estados Unidos, o Japão, a Alemanha Ocidental, a França e a Inglaterra assinaram o Acordo de Plaza. O propósito declarado do acordo era desvalorizar o dólar americano, numa tentativa de refrear o Minotauro: conter o déficit comercial norte-americano. Ainda que o Acordo de Plaza tenha conseguido desvalorizar o dólar em relação ao iene em mais de 50% (em dois anos a partir de sua assinatura), o verdadeiro propósito do acordo era mais sutil: o objetivo era, pelo menos em parte, *impedir que o Japão se tornasse uma nação rentista* contra o capitalismo rentista dos Estados Unidos. Enquanto o iene aumentava, a economia japonesa caiu em uma desaceleração contínua. Em resposta, o banco central do Japão injetou muito dinheiro novo nos bancos do país, o que provocou a criação de enormes bolhas no

mercado imobiliário. Quando, no início da década de 1990, as autoridades tentaram deflacionar essa bolha, aumentando as taxas de juros, os preços dos imóveis residenciais e comerciais despencaram. Os bancos do país acabaram com empréstimos enormes em seus registros que ninguém conseguia quitar. Pela primeira vez desde meados dos anos 1930, uma economia capitalista avançada fora apanhada em uma *armadilha de liquidez recessiva* – uma precursora do que aconteceu depois de 2008 no Ocidente. Então, o banco central do Japão inaugurou a política de emissão de moeda em escala industrial (eufemisticamente chamada de "*quantitative easing*", ou flexibilização quantitativa) que, após 2008, foi adotada por todos os bancos centrais do Ocidente.

10. Bancos centrais ocidentais já tinham, no passado, congelado os fundos de bancos centrais, da Venezuela e do Afeganistão, por exemplo. Mas o embargo do dinheiro do banco central russo foi o primeiro caso em que dinheiro pertencente a um banco central significativo foi de fato confiscado.
11. Como o SWIFT, o sistema de mensagens internacional que possibilita as movimentações mundiais de dinheiro. Ainda que de propriedade de uma empresa belga, Washington tem a palavra final sobre quem tem permissão para usar o SWIFT e quem está banido dele.
12. O Federal Reserve dos Estados Unidos e o Banco Central Europeu estão, naturalmente, muito ansiosos para criar suas próprias moedas digitais para competir com o iuane digital da China. Mas eles enfrentam alguns duros obstáculos que o Banco Popular da China não teve de enfrentar: uma oposição inflamada dos bancos de Wall Street e de Frankfurt, que, previsivelmente, veem um dólar ou euro digitais como o diabo encarnado (já que acaba com seu monopólio sobre o sistema de pagamentos). Os banqueiros privados da China também não gostaram do iuane digital de seu banco central. Mas, ao contrário dos Estados Unidos ou da Europa, onde os banqueiros ditam as regras do jogo para políticos e burocratas, na China os banqueiros recebem ordens do Partido Comunista. Uma vez que o partido decidiu que o iuane digital era o caminho a ser seguido, o jogo acabou.
13. A população local, naturalmente, estava muito ávida para colocar as mãos em mercadorias produzidas no país. O problema é que ela não podia arcar com elas, dados os baixos salários com os quais os capitalistas conseguiam se safar. Na linguagem de John Maynard Keynes, não era falta de demanda, mas falta de demanda efetiva.
14. Ver meu livro *O minotauro global*.
15. Por exemplo, a criação do Sistema Monetário Europeu na década de 1970, do mercado comum nos anos 1980, do próprio euro na década de 1990, do Mecanismo Europeu de Estabilidade nos anos 2010, do Fundo de Recuperação pós-pandemia nos anos 2020 etc. Curiosamente, as maiores falhas da Europa se materializaram não apesar desses projetos grandiosos, mas por causa deles: para ler meu relato dessa litania de grandes falhas, veja *And the Weak Suffer What They Must?*, The Bodley Head, 2017 [*E os fracos sofrem o que devem?: os bastidores da crise europeia*, Autonomia Literária, 2016] e *Adults in the Room*, The Bodley Head, 2018 [*Adultos na sala: minha batalha contra o establishment*, Autonomia Literária, 2019].
16. Uma união monetária adequada exige não apenas um banco central comum, mas também um Tesouro comum – com uma capacidade de emitir dívida comum substancial (ou seja, *eurobonds*, o equivalente europeu dos títulos de tesouro norte-americanos). De fato, se a União Europeia criasse um Tesouro comum emitindo *eurobonds* de verdade, então os capitalistas chineses que exportam para a União Europeia poderiam investir seus lucros em euros em *eurobonds*, em vez de em ativos denominados em dólar, como

os Títulos do Tesouro dos Estados Unidos. Isso transformaria o euro em uma moeda de lastro que desafiaria a supremacia do dólar. Mas então os Estados Unidos teriam mais dificuldade em financiar seu déficit comercial, que é a fonte de demanda para as exportações líquidas – e os lucros capitalistas – das economias de superávit europeias, como as da Alemanha e da Holanda. É de se admirar que os capitalistas e os governos do Norte da Europa se oponham à conclusão da união monetária da Europa?

17. Os preços da energia da Europa não são a única questão. Cortando gás natural russo, ela se tornou dependente do gás natural liquefeito vindo dos Estados Unidos. Isso significa que um quinhão maior do lucro dos capitalistas europeus terá de ser reciclado para os Estados Unidos, ainda que não como ativos norte-americanos pertencentes a capitalistas europeus, mas como ativos norte-americanos pertencentes a empresas norte-americanas. O Dark Deal que manteve os capitalistas europeus felizes levou outro golpe pela necessidade da Europa de mudar do gás natural russo para o norte-americano.

18. A irrelevância estratégica da União Europeia pode ser captada pela seguinte pergunta: quando, finalmente, as conversas sobre a paz na Ucrânia começarem, e os Estados Unidos insistirem que a União Europeia pague as enormes somas de dinheiro necessárias para a reconstrução da Ucrânia, quem irá representar a União Europeia nessas conversas? Os governos da Europa do Leste, Báltica e Nórdica não confiam em Paris ou em Berlim para fazer isso, pois acreditam que sejam brandos demais com Putin. Mas Berlim e Paris controlam os fundos da União Europeia. A União Europeia vai, com certeza, fazer o que Washington disser e pagar pela Ucrânia, mas sem uma representação séria da União Europeia nas conversas. Taxação sem representação em escala continental!

19. A diferença em relação às décadas de 1970 e 1980 é que, naquela época, o sofrimento do Sul Global se devia sobretudo às taxas de juros norte-americanos, que aumentaram de 4% para 20%. Hoje, as taxas de juros norte-americanas têm aumentado muito menos. Só que o sofrimento do Sul Global está tão ruim quanto no fim dos anos 1970 e 1980, porque o dólar valorizou em 15%. Em conjunto, a valorização do dólar e o aumento das taxas de juros norte-americanas levam a dificuldade atual para o mesmo nível daquele dos anos 1970 e 1980.

20. Financiamento do fornecedor significa que o vendedor oferece para o comprador o empréstimo para comprar o que o vendedor está vendendo. Por exemplo, quando a Volkswagen ou a General Motors providenciam para você o empréstimo com o qual comprar o carro deles. O mesmo costuma se aplicar no nível da economia nacional, por exemplo quando bancos de Londres ou Nova York emprestam para o governo, ou para importadores do Líbano, do Egito e do Sri Lanka, o dinheiro para comprar navios de guerra, matérias-primas ou até bens de consumo comuns do Ocidente.

21. Isto é o que eles fazem: para reduzir suas perdas resultantes de uma queda dos preços da eletricidade amanhã, apostam bastante dinheiro que o preço vai cair amanhã. Mas como não querem usar o dinheiro que têm, eles pegam empréstimos para fazer essas apostas usando como garantia a eletricidade que ainda não foi produzida. Se os preços caírem, suas apostas vingam e eles são compensados pela perda de rendimentos agora que os preços da eletricidade caíram. Mas quando em 2022 os preços da eletricidade dispararam, os financistas contra os quais eles apostaram que os preços cairiam exigiram muito mais garantias para manter suas apostas ativas. Então as companhias de eletricidade tiveram que vender muito mais da sua eletricidade futura para levantar mais garantias. Isso reduziu o preço da eletricidade futura, o que, por sua vez, baixou o valor de suas ações a tal nível que eles precisaram depositar mais garantias para amparar suas apostas.

Um ciclo cruel e demoníaco tinha começado, do qual eles só conseguiriam sair com a ajuda de um plano de resgate financeiro do governo.
22. Perceba, no entanto, que os principais impelidores do efeito da globalização nos rendimentos eram a China, a Coreia do Sul e, em grau menor, o restante do Sudeste Asiático. Se tirarmos a China e a Coreia do Sul das estatísticas sobre o impacto positivo da globalização sobre a pobreza mundial, muito pouco resta para sustentar a hipótese de que a globalização derrotou a pobreza. Isso é irônico, e um aborrecimento para os defensores do livre mercado (que, naturalmente, querem reclamar a globalização como prova da superioridade do capitalismo de livre mercado), já que a conversão da China em poderio econômico aconteceu *porque* Pequim resistiu à recomendação neoliberal de que os mercados financeiros deveriam ser desregulados e o Estado chinês deveria desistir do planejamento de investimentos.
23. Ver Kathrin Hille, "Foxconn to raise salaries 20% after suicides", *Financial Times*, 29 de maio de 2010; e Saloni Jain e Khushboo Sukhwani, "Farmer Suicides in India: A Case of Globalisation Compromising on Human Rights", *Defending Human Rights and Democracy in the Era of Globalization*, IGI Global, 2017.
24. Ver Anne Case e Angus Deaton, *Deaths of Despair and the Future of Capitalism*, Princeton University Press, 2020.
25. Em *1984*, George Orwell imaginou três super-Estados disputando, sem conseguir conquistar, o domínio mundial: a Oceania, a Eurásia e a Lestásia.
26. Jack Ma é o equivalente chinês de Jeff Bezos, com pitadas de Warren Buffett. Ele fundou e dirigiu o Alibaba, concorrente chinês da Amazon, e o Ant Group, uma empresa de finanças das nuvens – entre muitas outras. Quando o presidente Xi quis sinalizar para os capitalistas-nuvem chineses que seu poder estava prestes a ser restringido, ele se voltou para Jack Ma para fazê-lo de exemplo. Em 2018, Ma foi "incentivado" a deixar o Alibaba, e, em 2021, foi obrigado a abrir mão do controle do Ant Group. Enquanto isso, o governo chinês vazou para a imprensa que Jack Ma não era um alvo isolado, mas que sinalizava a determinação das autoridades de refrear os capitalistas-nuvem.

7. Fuga do tecnofeudalismo

1. A performance de Stelarc, intitulada *Movatar*, foi parte da CYBERCULTURES do ano 2000 e aconteceu na usina elétrica de Casula, na cidade de mesmo nome, na Austrália.
2. Para saber mais, veja *Conversando sobre economia com a minha filha*.
3. John Maynard Keynes uma vez usou celebremente o exemplo de um concurso de beleza para explicar a impossibilidade de alguma vez se chegar a saber os "verdadeiros" valores das ações. Os participantes do mercado de ações não estão interessados em avaliar quem é o concorrente mais bonito. Em vez disso, escolha deles é baseada em uma previsão de quem a opinião média acha que é o mais bonito, a de qual a opinião média acha que é a opinião média – e, assim, acabam como gatos correndo atrás do próprio rabo. O concurso de beleza de Keynes lança luz sobre o drama da juventude de hoje.
4. Ver Johann Hari, *Stolen Focus: Why You Can't Pay Attention*, Bloomsbury, 2022 [*Foco roubado: Os ladrões de atenção na vida moderna*. Vestígio, 2023].
5. Um bom exemplo é o governo de Tony Blair, durante o qual o Serviço de Saúde Nacional viu um aumento em seu financiamento pago por uma pequena fatia dos lucros crescentes da City de Londres – pelo menos até a City de Londres afundar, em 2007-8, o que fez com que bancos e banqueiros precisassem ser resgatados pelo dinheiro dos contribuintes.

6. Em um mundo em que os custos marginais (ou seja, o custo de oferecer mais uma unidade de alguma coisa – por exemplo, mais um minuto de banda larga, mais um vídeo para *streaming*, mais um e-book) estão tendendo a zero, os preços desaparecem e só se pode ganhar muito dinheiro cobrando rendas das nuvens (por exemplo, dinheiro para promover o post de alguém no Facebook ou os 35% que a Amazon cobra das receitas dos vendedores para vender seus produtos).
7. Cory Doctorow, escritor e crítico da Big Tech, descreveu muito bem: "Trabalhar para a plataforma pode ser como trabalhar para um patrão que tira dinheiro de cada holerite por todas as regras que você desrespeitou, mas que se recusa a dizer quais são essas regras, porque, se ele lhe contasse, você entenderia como desrespeitá-las sem ele perceber e descontar de seu pagamento. A moderação de conteúdo é o único domínio em que a segurança por meio da obscuridade é considerada a melhor prática".
8. Nos anos 1990 e 2000, as empresas de telefonia celular tentaram muito evitar que as regulações lhes impusessem a *interoperabilidade* – dar aos clientes o direito de telefonar, sem custo extra, para números de uma rede concorrente; ou de deixá-las e manter o mesmo número. Ao impor a interoperabilidade, os reguladores conseguiram criar muito mais concorrência entre empresas de telecomunicação e baixar os preços. A única coisa que os capitalistas-nuvem temem é a interoperabilidade nas nuvens, ou seja, permitir que seus usuários mudem para outro feudo das nuvens sem perder seus próprios dados, e-books, históricos de conversas, fotos, músicas etc. No entanto, dada a complexidade dos dados pessoais que os usuários gostariam de transferir (comparados a um número de telefone e uma lista de contatos), é fácil entender por que os capitalistas-nuvem não estão preocupados.
9. Nas décadas de 1950 e 1960, as reivindicações de palestinos, curdos e saarianos ocidentais foram respondidas com diatribes conservadoras que questionavam as bases morais de seu direito à autonomia. Do mesmo modo, as reivindicações por democracia de povos da América Latina, do Egito, da Coreia do Sul etc. foram enfrentadas com base nos argumentos burkeanos de que as sociedades ainda não tinham desenvolvido convenções sociais e instituições prontas para atuar como pilares da democracia. Depois de 1991, no entanto, essas dúvidas conservadoras sobre a condição de Estado e a democracia desapareceram – seletivamente, é claro, na antiga Iugoslávia, com as invasões do Afeganistão e do Iraque realizadas em nome da democratização do Oriente Médio – com todas as tropas da OTAN a reboque.
10. A postagem, cujo upload foi feito em 31 de outubro de 2008, intitulava-se: "Bitcoin: A Peer-to-Peer Electronic Cash System".
11. Tomei esse exemplo do livro de Nicholas Shaxson *The Curse of Finance: How global finance is making us all poor*, The Bodley Head, 2018 [ainda sem edição em português].
12. Aqui me refiro à criptomoeda Ethereum, que, ao contrário do Bitcoin original, permite que os usuários não apenas realizem pagamentos, mas também transmitam outros tipos de comunicação, por exemplo, votos, contratos digitais etc.
13. Foi assim que Nakamoto resumiu o processo de verificação *peer-to-peer* em seu artigo original de 2008: "Os nodos trabalham bem com pouca coordenação. Eles não precisam ser identificados, já que as mensagens não são expedidas para nenhum lugar específico, e só precisam ser entregues com base no melhor esforço. Os nodos podem deixar a rede e voltar a se juntar a ela à vontade, aceitando a rede de *proof-of-work* como prova do que aconteceu enquanto eles não estavam lá. Eles votam com a força de suas CPUs e expressam sua aceitação dos blocos válidos trabalhando para estendê-los, e a rejeição dos

blocos inválidos se recusando a trabalhar neles. Quaisquer regras e incentivos necessários podem ser impostos com esse mecanismo de consenso".

14. De acordo com o *Financial Times*, o Goldman Sachs juntou forças com a Autoridade Monetária de Hong Kong, com o Banco de Compensações Internacionais e outras instituições financeiras. Seu projeto conjunto é intitulado "Genesis" e busca aplicar o *blockchain* para ajudar os compradores de títulos verdes a rastrear os créditos de carbono associados a eles ao longo do tempo. O Banco Mundial também está fazendo algo parecido usando um sistema de *blockchain* chamado "Chia".

15. Em 2014, preparando instrumentos que ajudassem um futuro governo grego progressista a criar um sistema de pagamentos externo ao controle do Banco Central Europeu e dos bancos sistêmicos, eu formulei um projeto para um sistema de pagamentos daquilo que chamei de dinheiro fiscal, baseado em *blockchain*. Um ano depois, eu era o ministro da Fazenda da Grécia e trabalhei discretamente para implementar esse projeto. Infelizmente, o então primeiro-ministro vetou sua implementação, se rendeu ao *establishment* financeiro internacional e, portanto, não me deu outra alternativa a não ser renunciar. A história está em meu *Adults in the Room*, The Bodley Head, 2017 [*Adultos na sala: Minha batalha contra o establishment*, Autonomia Literária, 2019].

16. Ver a resenha de Paschal Donohoe de *Conversando com minha filha sobre economia*, no *Irish Times*, 4 de novembro de 2017.

17. Publicado pela editora The Bodley Head em 2020.

18. E aqui está minha resposta para o ministro da Fazenda irlandês, mencionado anteriormente, que presumiu que minha intenção de acabar com os mercados de ações e com a posse do capital por investidores privados fosse prejudicial para a iniciativa de empreendedorismo e inovação.

19. No momento da escrita, em abril de 2023, ainda que os bancos centrais não devessem emitir mais moedas por causa de seu objetivo declarado de combater a Grande Inflação, uma série de falências de bancos os obrigou a emitir bilhões para amparar planos de resgate financeiros. Como explicado no Capítulo 5, desde 2008 o dinheiro do banco central tem substituído os lucros capitalistas como o combustível do sistema.

20. Perceba que esses dois tributos seguem no espírito da International Clearing Union (baseada em uma moeda chamada Bancor, em vez do meu Kosmos) proposta por John Maynard Keynes na Conferência de Bretton Woods de 1944, que estabeleceu o sistema financeiro do pós-guerra – uma proposta que foi abandonada sem cerimônia pelo representante dos Estados Unidos que, como era de se esperar, impôs o dólar norte-americano no centro das finanças globais.

21. A ideia de uma Assembleia de Cidadãos que funciona em paralelo ao Parlamento, é claro, não é minha. A Irlanda estabeleceu uma assembleia do tipo (chamada *An Tionól Saoránach*, ou Nós, os Cidadãos). Ela se provou essencial no debate sobre o aborto e na formulação do referendo que, com a aprovação do Parlamento, foi proposto ao povo irlandês. Ver também *Against Elections: The Case for Democracy* (The Bodley Head, 2016), de David Van Reybrouck, no qual há um relato detalhado de como as assembleias de cidadãos poderiam ser usadas para uma governança nacional como um todo.

22. Desde que *Another Now* foi publicado, muitas pessoas que criaram a Internacional Progressista lançaram uma campanha exatamente assim, com o lema #MakeAmazonPay.

23. Ou, para cunhar termos pseudocientíficos, passar de uma estratégia maximini (maximizar o sacrifício pessoal por um ganho pessoal mínimo) para uma estratégia minimaxi (minimizar o sacrifício pessoal por um ganho pessoal máximo).

Apêndice 1. A economia política do tecnofeudalismo

1. Para uma breve (e não muito técnica) introdução sobre o terreno em disputa que é a economia, o leitor pode consultar meu livro de 1998 chamado *Foundations of Economics: A beginner's companion* (Routledge). Leitores com uma inclinação mais masoquista podem gostar de um volume mais robusto e técnico de que fui coautor com Joseph Halevi e Nicholas Theocarakis, chamado *Modern Political Economics: Making sense of the post-2008 world* (Routledge, 2011).
2. Tradicionalmente, dentro dos círculos de economia política, o valor-experiência era conhecido como valor de uso; um termo confuso porque pessoas sábias podem – aliás, *devem* – atribuir um grande valor subjetivo a coisas que são fins em si mesmas, que – em outras palavras – não têm uso ou utilidade, por exemplo, arte e beleza excepcionais, a própria sabedoria, a emoção de subir uma montanha só porque ela existe. Daí, meu termo "valor-experiência" – ou seja, o valor que se obtém de qualquer experiência satisfatória, prazerosa, saudável e positiva, útil ou não. (Atenção: economistas neoclássicos se referem ao valor-experiência como utilidade – imitando Jeremy Bentham.)
3. Em economia política clássica (Adam Smith, David Ricardo, Karl Marx, por exemplo), o que eu chamo de *trabalho-experiência* é chamado simplesmente de *trabalho*. Acrescento o substantivo *experiência* para distingui-lo (o trabalho como atividade experiencial) do trabalho-como-*mercadoria*. Ver trabalho-*mercadoria* – que os economistas clássicos chamam de força de trabalho. Para resumir, enquanto economistas políticos clássicos fizeram a distinção entre trabalho e força de trabalho, acho menos confuso (e mais esclarecedor) definir as duas naturezas do trabalho como trabalho-experiência e trabalho-mercadoria.
4. Por mais-valor, queremos dizer *valor de troca excedente*, já que o valor-experiência é puramente subjetivo e pessoal e, portanto, não pode ser excedente a nada.
5. Para ser um pouco mais preciso, devemos chamar isso de renda monopsônia (já que o empregador está adquirindo trabalho-mercadoria como monopsonista).
6. Os vendedores se safam com as cobranças dos mark-ups dos preços (ou seja, rendas de monopólio) proporcionalmente ao seu poder de "dominar o mercado" (ou de "escorchar" o consumidor). Em mercados altamente competitivos, a renda de monopólio tende a zero. Em outras palavras, quanto mais monopolizado o mercado de uma mercadoria, mais seu preço excede o valor equivalente do trabalho-experiência total infundido em sua produção – já que qualquer valor de troca (1.1.2) de mercadoria equivale ao trabalho-experiência total (1.2.1) infundido em sua produção.
7. O lucro surgiu como principal impulsionador apenas depois que o capitalismo depôs o feudalismo. Sob o feudalismo, era a renda da terra que funcionava como o impulsionador econômico da sociedade. O lucro, é claro, sempre esteve presente e sempre foi bem-vindo, mas apenas se tornou o principal impulsionador econômico da sociedade quando o capital substituiu a terra como principal fonte de poder. Ver Capítulo 4 de *Conversando sobre economia com a minha filha* para mais.
8. Os banqueiros, e outros tipos afins de financistas, criam empréstimos a partir do nada por meio de uma transferência audaciosa de valores futuros para o presente, para serem investidos em iniciativas capitalistas que, com sorte, produziriam valor suficiente para pagar o... futuro, com juros também!
9. Ao contrário do feudalismo, que seguiu o padrão produção → distribuição → financeirização (ou seja, os camponeses produziam grãos, os proprietários de terra recolhiam sua parte e, só então, o mais-valor era vendido para mercados para acumular dinheiro que seria emprestado), o capitalismo reverteu a sequência temporal: a dívida (ou seja,

financeirização) vem primeiro (no sentido de que os negócios devem garantir a financeirização primeiro), em seguida a distribuição (por exemplo, o capitalista assina contratos de trabalho, de renda e financeiros), e só então a produção tem início. Veja o Capítulo 3 de *Conversando sobre economia com a minha filha* para saber mais.
10. A frase de John Maynard Keynes para captar a disposição coletiva (ou a psicologia de massa) dos capitalistas cujo dispêndio de investimento coletivo determina o nível de demanda geral.
11. Karl Marx argumentava que, se todas as outras coisas permanecerem iguais, a acumulação de capital faz com que a taxa de lucro caia, no longo prazo, porque, conforme a produção fica mais intensa em capital, cada unidade da produção contém menos trabalho-experiência humano em si. Consequentemente, o valor de troca de cada unidade produzida segue um caminho de declínio secular. Inevitavelmente, a taxa de lucro deve segui-lo – ladeira abaixo!
12. Hyman Mynski, se baseando no trabalho de John Maynard Keynes, demonstrou como a instabilidade financeira pode ser causada por estabilidade financeira (que, depois de um tempo, incentiva os financistas que até então tinham aversão ao risco a começar a correr riscos estúpidos).
13. Há de fato uma categoria de trabalhadores que caem em uma zona cinzenta na qual o pagamento pelo trabalho benéfico aos capitalistas-nuvem é considerado um bônus. Suas origens podem ser encontradas em videogames multijogador massivos nos quais os sistemas de semipagamento foram desenvolvidos antes de se espalharem para muitas plataformas digitais ou feudos das nuvens. Inicialmente, o próprio comportamento dos jogadores insuflava espontaneamente valor de troca em determinados artefatos digitais relativamente escassos dentro de seus ambientes de jogos (por exemplo, uma espada ou elmo em particular). Logo, eles eram recompensados pela corporação por trás do jogo com itens digitais cobiçados – os primeiros indícios dos NFTs que se tornaram moda fora das comunidades de jogos em 2020. Mais tarde, as corporações encontraram maneiras de "gameficar" o trabalho que agregava a seus capitais-nuvem. Como quando a Amazon opta por se referir a seus funcionários como "associados", aqueles trabalhadores não são chamados de trabalhadores, mas sim de "players", "usuários", "taskers" etc. Para mantê-los trabalhando duro em seu benefício, o capital-nuvem (por exemplo, o Mechanical Turk, o *sweatshop* das nuvens da Amazon, onde os trabalhadores em 2020 ganhavam menos de 2 dólares por hora, enquanto 90% das tarefas pagavam menos de dez centavos de dólar por empreitada) usa uma série de pagamentos não monetários baseados em token e, crucialmente, classificações na tela para motivar níveis de competição quase stakhanovitas entre os trabalhadores.

**Acreditamos
nos livros**

Este livro foi composto em Adobe Garamond Pro e impresso pela Lis Gráfica para a Editora Planeta do Brasil em julho de 2025.